消費者行動の科学

サービス工学のための理論と実践

北島宗雄・内藤 耕＝編著

東京電機大学出版局

はじめに

人間は過去から未来に向けて一方向に進む「時間の矢」の中で，常に何かを消費しながら生活を送っている．消費は，時々刻々と変化する自身を取り巻く環境の中で起こる．そして消費行動により自身の状態が変化し，それが環境の変化をも引き起こす．消費行動を行う人間と人間を取り巻く環境が，消費行動を介して強く相互作用し，生活の場が形作られている．

消費行動は意思決定の結果として現れる．意思決定が，自身の意識的かつ合理的な思考の結果である場合もあるだろうし，無意識的な経験に基づいた判断の結果である場合もあるだろう．合理的な意思決定ははっきりと決まった目的を達成するようになされるので，線形的であり，わかりやすい．しかし，人間は生活時間の大部分を後者の無意識的な意思決定により過ごしていることが知られている．無意識になされる意思決定は，合理的な思考では原理的に理解できない．また，自身の経験に基づいた思考によっては，それと異なる経験に基づいてなされる意思決定の結果についても原理的に理解できない．

豊かな生活を送りたいという誰もが同じ目標を共有していた時代においては，合理的意思決定が大きなウェイトを占めていたかもしれない．しかし，現代のように生活の目標がはっきりしていない，あるいははっきりとしていたとしても多様となっている時代においては，消費行動を無意識的な経験に基づいた意思決定の結果にウェイトをおいて扱うことが必要である．

つまり，経験は日々蓄積される．そして，個々人は固有の経験蓄積の背景のもとに，その時々の消費行動を示す．個々人の消費行動は，それぞれが蓄積してきた経験に照らし合わせて理解される必要があるということである．

ICT の発展により，人々の消費行動に関わるデータが容易に得られるようになってきた．消費行動を理解するアプローチとして，利用できる消費行動データを分析するという従来からの流れがある．しかし本書では，現代における無意識的な経験に基づいた意思決定の結果が強く影響する消費行動を理解するには，消費行動を生成しているメカニズムを核に据えて消費行動を理解するアプローチが適切であると考え，消費者の意思決定をシミュレーションできる包括的な人間の行動選択機構を提示し，それをもとに構築した消費者行動理解のための調査方法，およびその応用事例をまとめた．

また本書では，人間の行動選択の生成メカニズムの理解があって初めて，その結果として観測される行動データの理解が可能であると考えている．そして，その方法を示している．したがって，人間の行動に関心をもって研究を進めている研究者や学生の人たち，人間の行動をなんらかの形で制御したいと考えているサービス産業・製造業の現場で働く実務者達に，従来のアプローチから得られる知見とは異なった新たな見方を提供できると考えている．

多くの事例研究も本書の中で収録している．各種のサービス現場で顧客がどのようにサービスを受容・消費しているのかを，本書で示す方法によりそれぞれのサービス提供現場で調査した事例である．調査の実施に際しては，それぞれのサービス提供事業者の方々からの多大な協力をいただいた．また，事例研究の中には，平成20年度，平成21年度に実施された経済産業省委託事業の成果も含まれている．ここに，感謝の意を表する．

2010年9月吉日

北島宗雄・内藤耕

目 次

【執筆分担】

序章	内藤耕・北島宗雄
第1章	北島宗雄・豊田誠
第2章	
2.1節（2.1.6を除く）	北島宗雄
2.1.6および2.2節	熊田孝恒
2.3節および2.4節	田平博嗣
第3章	
3.1節および3.2節	北島宗雄
3.3節	新村猛・竹中毅
第4章	
4.1節および4.2節	北島宗雄
4.3節	西崎友規子・永井聖剛・河原純一郎・熊田孝恒
第5章	
5.1節	須藤智・熊田孝恒
5.2節	田平博嗣・北島宗雄
終章	北島宗雄・豊田誠

略語対応表

略語	spell out	日本語表記
CCE	Cognitive Chrono-Ethnography	認知的クロノエスノグラフィ
MSA	Maximum Satisfaction Architecture	満足度最大化機構
PDCA cycle	plan-do-check-act cycle	計画・実行・評価・改善サイクル
NDHB-Model/RT	Nonlinear Dynamic Human Behavior Model with Real-Time Constraints	実時間制約下の非線形動的人間行動モデル
SMT	Structured Meme Theory	構造化ミーム理論
BIH	Brain Information Hydrodynamics	脳内情報流体力学
CP	Critical Parameter	クリティカルパラメータ
CCP	Cognitive Critical Parameter	認知的クリティカルパラメータ
ASID	Autonomous Systems Interaction Design	自律システムインタラクションデザイン
TK 脳モデル	—	豊田・北島脳モデル
MHP	Model Human Processor	モデルヒューマンプロセッサ
MHP/RT	Model Human Processor with Real Time Constraints	実時間制約下のモデルヒューマンプロセッサ
AIST-CAT	—	産総研式認知特性検査

序章

「消費者行動」の科学とは

0.1　求められる日常行動の理解

産業革命の時代から現代まで，産業界は研究開発を通じて積極的に科学技術を導入し，標準的な製品を大量生産してきた．これにより製品製造の生産性は高まり，品質の高い製品をより安価に供給し，社会に大きな価値を創造してきた．

一方，ここに来て，多くの消費者は生活に充足感を求め，最先端の技術を搭載した最新の製品を必ずしも求めなくなり，自ら製品やサービスを慎重に選択するようになった．この消費者の購買行動の変化は，これまでの作り手主導の経済活動を買い手主導の経済活動へ転換させ，産業界に「消費者が真に求める製品やサービスを提供しなければならない」という課題を突きつけた．

少子高齢化に伴う人口減少は，この動きをさらに加速させている．例えば，食品スーパーはオーバーストアの状態にあり，競争を激化させ，商圏を小さくしている．多くの地域で進んでいる住民の高齢化は，主要な移動手段を徒歩や公共の交通機関に移行させ，商圏をますます小さくしている．一方，商圏によって家族構成は大きく異なり，標準化された店舗で同じ商品を大量に全国均一の方法で販売することが困難になっている．これは，チェーン展開する食品スーパーであっても，一店一店がいかに地域に密着し，そこに住む一人ひとりの住民に適応した製品やサービスを提供できるかが重要な競争要件となりはじめていることを意味している．同様なことは，医療や理美容，運輸，観光等のサービス産業でも見られる．したがって，多くの企業にとって，顧客一人ひとりが求めていることを理解しそれに応えることで，必要な製品やサービスを提供していくことが重要になりはじめている．

0.2 サービス産業での取り組み

サービス産業の重要性が高まっている．これは，経済活動に占める割合が大きくなっているだけでなく，雇用の大きな受け皿であり，またサービス産業が日々の生活を支えているからである．この重要性が増している傾向は，先進諸国だけでなく，一部の新興国でも顕著に見られる．また，少子高齢化が急速に進みはじめたわが国では，サービス産業の役割はさらに大きい．

このサービス産業は労働集約的で，製造業に比べ生産性の伸び率が低いところにその課題がある．これは，顧客が求めていることが千差万別であり，一人ひとりの顧客に対して最適な内容のサービスを的確な方法で提供するために，これまでは現場で働く従業員の経験や勘に多く頼ってきたからである．また，製造業に比べ，科学的・工学的手法の導入が遅れているとも言われている［0.1］．

一方，このサービス産業の生産性向上は，これまで困難と考えられてきた．これは，提供されるサービスの価値がそれを消費する顧客の満足で決まるからである．そして，その顧客の満足を決める基準は，一人ひとり異なるだけでなく，その顧客が置かれている状況にも大きく依存し，顧客の満足を高める品質のサービスを提供するには多くの従業員を投入する必要があると考えられてきた．これとは逆に，もしサービス提供の効率を追求していけば，ある一定レベルのサービスの品質を犠牲にしなければならないとも考えられてきた．つまり，品質と効率は二律背反の関係にあり，製造業と異なり，サービス産業の生産性を向上させることはできないと多くのサービス産業の関係者に信じられてきた．

日本生産性本部は，サービス産業の生産性向上とイノベーションを目指し，2007年5月にサービス産業生産性協議会を設立し，先進的な取組を展開するサービス産業を「ハイ・サービス日本300選」として2007年12月より表彰している［0.2］．筆者等は，このハイ・サービス日本300選受賞企業を中心にその取組の調査と分析を行い，そこに品質と効率の二律背反の関係が存在せず，生産性向上に成功している取組を数多く発見した［0.3］［0.4］.

例えば石川県七尾市にある和風旅館の「加賀屋」では，宿泊客から求められる前に的確な内容のサービスを提供できるよう，会話や行動観察を通じて客室係りが宿泊客の要望や嗜好を理解する役割を持っている．そして，客室係りが収集した宿泊客に関する様々な情報を使い，必要なサービスを全従業員で提供できるようにしている．和食レストランを多店舗展開する「がんこフードサービス」では，従業員は来店客の行動を観察し，接客を通じて積極的に会話する．そこで得られた様々な情報の分析と蓄積を行い，必要なサービスを提供できるようにするだけでなく，メニュー等の必要なサービスの開発の際にその情報を活かしている．理美容サービスを提供する「オオクシ」は固定客比率を高めるために，アンケート，POS レジ，従業員の日報を使い，来店客がサービスのどこに価値を見い出しているかを常に捜し求めている［0.5］.

このように多くのサービス産業では，サービスが提供される接客現場での会話や行動観察，アンケート，情報システム等という多様なチャネルを使い，顧客が持つ要望や嗜好を理解し蓄積するようにしている．そしてこれらの企業では，従業員が顧客満足につながる作業に集中できるようにするとともに，それにつながらない作業を排除している．こうすることで，従業員の作業負担を軽減できるとともにムダな材料を出さないようにするだけでなく，高い品質のサービスを効率的かつリアルタイムに一人ひとりの顧客に提供できるようにしている．このように，重要性が増しているサービス産業の生産性向上は実現可能であり，そのためには顧客や従業員の行動選択の理解を通じて，顧客が何を求め，そして従業員が何をやっているのかをサービスの提供現場で客観的に知ることが必要不可欠となる.

0.3　科学的・工学的アプローチの必要性

現在，先進的なサービス産業の現場では，生産性を向上させるために多くの顧客情報の収集と分析が行われている．しかし，実際の現場で導入されている技術は未成熟であり，その方法論は未だ確立されていない．一方，これまで研究開発されてきた科学技術は，実験室の中で精度の高いデータを取得するところに大きな主眼が置かれ，実際にサービスが提供されている日常生活の現場に直接適用することは困難である．したがって，特にサービス産業にとっては，人間の行動選択の理論を確立し，現場で利用できる汎用的な技術パッケージにすることが非常に重要である．本書ではこの行動選択の理論を述べるとともに，それに立脚して構築された人間の行動選択モデル構築技術である「CCE (Cognitive Chrono-Ethnography)」を説明する．

この技術はサービス産業だけでなく，製造業にとっても大きな価値を提供する．これまで技術の性能を高め，製品開発を行ってきた製造業にとって，生活が充足し，顧客が製品を選択するようになったことは大きな脅威である．製品の生産は工場で行われ，消費は生活現場で行われる．生産と消費が同時に行われるサービス産業と異なり，より的確に消費者の要求や嗜好を理解していかなければ多くの在庫を抱えることになる．このため，活発に行われてきた製品の技術開発に加え，製造業にとってもCCEの技術は大きな価値をもたらす．

さらに多くの製造業において，販売やメンテナンス等へ事業領域を拡大させ，そのサービス産業化が急速に進んでいる．一方，多くのサービス産業の現場では，販売する製品の開発や製造を自ら行う企業も増えている．これはサービス産業の製造業化の動きであり，もはや製造業とサービス産業という仕切りは急速に意味を持たなくなりはじめていることを意味している．つまり，産業界全体に求められていることは，いかに顧客を理解し，それに適応した製品やサービスを提供できるかであり，ここで議論しているCCE技術がすべての産業にとって必要不可欠であることを強く示唆している．

0.4 本書の構成

本書は，人間の日常生活における行動選択について解説する．全体で五つの章から構成され，前半を基礎理論，後半をそれを適用した応用事例として，読者が内容をより深く理解できるように工夫している．

第1章では，人間が日常的な生活の営みのなかで行っている行動選択のメカニズムを認知科学の視点から説明する．人間は時間の流れの中で活動する．この活動は，人間自身を取り巻く状況や内部の状態が刻々と変わる中で，それらからの情報の入力，情報の出力を継続的に行うことによって成り立っている．行動選択のメカニズムは複雑である．しかし近年の科学の進歩により，統一的に解明することの可能性が生まれてきた．特に遺伝子や脳の仕組みの解明が進んだこと，また，複雑系科学分野において非線形的な流れを扱うことが可能となってきたことがその背景にある．この章では，まず，人間の行動選択を理解するということにどのようなアプローチができるのかということを説明し，そして，そのアプローチに関わる様々な最新研究を精査することを通じて構築した「人間の行動選択を理解するための理論」を説明する．

第2章では，前章で説明した理論に基づいて，人間の行動選択過程を理解する方法について説明する．この方法を Cognitive Chrono-Ethnography（CCE）と呼ぶが，個々の言葉の由来を，「Cognitive」「Ethnography」「Chrono（-logy）」の順で簡単に説明していく．まず，「Cognitive」である．人間の行動選択の過程は，流れ行く時間の中での情報の入力・出力の結果として観測され，その表出の仕方については行動選択の仕組みに関する理論により導出されるという制約がかかる．本書では，サービス利用時の行動を理解することを主題としている．そして，そのために利用できるデータとして，サービス利用時の行動記録ならびにインタビューなどによって取得される情報がある．「サービス利用」あるいは「インタビュー」が実施されるとき，サービス利用者，インタビュー対象者は，それぞれの場において行動選択を行っている．それらがどのように行われるかは，第1章で説明した行動選択理論に基づいて理解される．行動選択過程の理解を行動選択記録・インタビューで行うとき，それは，行動選択理論に基づいて実施される必要がある．行動選択理論が認知科学を基盤としているので「Cognitive」がつく．次に「Ethnography」である．Ethnography とは，文化人類学，社会学におけるフィールドワークから社会や集団を調査する手法である．サービスの研究は実験室ではできない．現場で，サービス利用者の行動に影響を与えないように観察することが必要である．そこで，Ethnography の手法を導入することが必要になる．次に，「Chrono（-logy）」である．Chronology とは，歴史上の事象の絶対年代や事象間の先後関係を決定する学問である．本書では，サービス利用者の行動選択を理解するということは「サービス利用時の行動」「現在の行動の仕方に至る行動変容」を明らかにすることであると考える．どのような行動選択を行うかは，経験が大きな影響を及ぼす．したがって，現時点での行動選択を理解することは，対象とするサービス受容者の時間軸上で行われる必要がある．このような理解を目指すことから，接頭辞「Chrono」が付く．この章では，この三つの要素を統合して構築されたサービス利用者の行動選択過程を理解するための調査手法 CCE について説明する．また，具体的な実施方法についても説明する．

第 3 章以降は，CCE を適用してサービス利用者の行動選択過程を理解する試みを事例研究として紹介する．サービス利用場面として，ある場所に集まってサービスを利用するという「集客型サービス」（第 3 章），ある場所から別の場所に移動するときにサービスを利用する「輸送サービス」（第 4 章），情報環境においてサービスを利用する「情報サービス」（第 5 章）を取り上げる．以下に，各章で紹介する事例を簡単に説明する．

第 3 章では，集客型サービスの事例として「スポーツ観戦」「観光」「飲食」を紹介する．「スポーツ観戦」では，プロ野球の球場観戦に訪れるリピーターを対象として，その行動変容過程，つまり球場での観戦に訪れていなかった状態から年間 50 試合も観戦に訪れる状態に変わっていった過程を，球場での観戦行動の記録，回顧インタビューを実施してモデル化した調査を紹介する．これは，フルセットの CCE 実践事例である．「観光」では，温泉地を訪れる観光客がどのように温泉地観光を楽しんでいるのかを調査した事例を紹介する．観光の仕方にはいくつかのタイプがあり，タイプが異なると温泉地でどこに立ち寄るのか（土産物屋，史跡，外湯など）が異なっていることが見い出された．この調査では行動変容を明らかにするまでにはいたっていないが，現時点での行動選択を扱っている CCE 実践例である．「飲食」では，何を観測すると飲食行動を理解できるのかに挑戦している．ここでは，食べ残し（食品残渣）を計測することやメニュー選択項目の制御が飲食行動を理解することに有効であろうということを導いている．CCE による行動選択過程の理解のスタート地点に立つところにまで至った研究としての位置付けである．

第 4 章では，輸送サービスに関わる事例として「鉄道駅での乗換」「自動車における案内」「自動車運転行動」を紹介する.「鉄道駅での乗換」では，鉄道駅における案内表示による乗換や駅施設利用のためサービスを検討している．ここでは高齢者が対象である．案内表示を利用して駅内を移動をするとき，刻々と状況が変わる中で行動選択を行わなければならない．加齢に伴って認知機能が低下するが，それが行動選択過程に影響を及ぼす．CCE 調査では，移動中の行動選択に，注意機能，プランニング機能，作業記憶機能や過去の経験がどのように影響を及ぼすのかを，実際の駅内行動の記録，それを利用したインタビューを行うことによって調べたフルセットの CCE 調査の事例である.「自動車における案内」では，運転手の満足度を向上させる情報を明らかにするための CCE 調査を紹介する．運転者は，時々刻々と変わる道路状況，運転状況の中で，安全に目的地に向けて運転しなければならない．運転者は，運転のための行動選択過程を実行している．そのことから来る認知的な制約を考慮して調査方法を設計し，実路走行により運転行動を記録し，運転手の運転時の満足度を高める情報を抽出した．クロノロジー（chronology）はやや弱いが，ほぼフルセットの CCE 調査として位置づけられる.「自動車運転行動」では，自動車のシステムが複雑化する中で人間がどのように振る舞うのかを適切に理解することが今後の自動車開発には絶対に必要であるという問題意識のもと，運転行動の個人差を行動選択過程の個人差として捉えるアプローチによりチャレンジしている．CCE 調査のすべてを含んだ事例ではないが，エッセンスを含んだ好例である．

第５章では，情報サービスの関わる事例として「情報機器の操作」「情報収集活動」について紹介する.「情報機器の操作」では，高齢者の認知機能と情報行動との関係について検討する．情報機器の操作は，情報空間内におけるナビゲーションとしてとらえることができる．輸送サービスの章（第４章）で取り上げた駅内の移動行動は，物理空間内における移動行動あるいはナビゲーションとしてとらえることができる．ここでは駅内移動行動の CCE 調査の方法を踏襲した形で実施し，リモコン操作にかかる CCE 調査を紹介している.「情報収集活動」では，消費に伴う快楽経験が次の消費につながる「快楽消費」という現象の中で，情報の消費を検討する．ここではプロ野球観戦行動と温泉旅行の観光行動における情報取得行動と消費経験について，CCE 調査を紹介する．いずれの事例も，集客型サービスの章の中では球場に訪れる，あるいは観光地を訪れるという行動に着目して取り上げているが，ここでは情報の消費という視点から CCE 調査の結果に新たな分析を加えた内容となっている．

理論の理解は，理論の適用事例と合わせてはじめて可能となる．これは，本書で説明する理論の含意するところでもある．第 1 章，第 2 章の理論編を読み進んでいっても，そこに書かれている内容から，行動選択過程の理論を適切に理解することは難しいと思う．第 3 章以降の事例編を読みながら，理論編を振り返るという読み方をすることにより，理解が深まると考えている．

参考文献

[0.1] 経済産業調査会『サービス産業のイノベーションと生産性向上に向けて』（経済産業省編），2007

[0.2] サービス産業生産性協議会『サービス・イノベーション：サービス産業の生産性向上の実現のために』生産性出版，2009

[0.3] 内藤耕編著『サービス工学入門』東京大学出版会，2009

[0.4] 内藤耕・赤松幹之『サービス産業進化論』生産性出版，2009

[0.5] 内藤耕『サービス産業生産性向上入門―実例でよくわかる！』日刊行業新聞社，2010

理論編

第1章　日常の行動選択メカニズムの理解
第2章　CCE に基づく日常行動選択の理解

第1章 日常の行動選択メカニズムの理解

1.1 新手法の確立に向けて

現代社会は，これまで長期に渡り物質的な豊かさを追求してきた．その成果が実り，現在では多くの人がかなりの程度の物質的な豊かさを享受できるようになっている．多くの先進国では物質的な充足という目標が達成されたので，次に続く新たな目標として「生命体としての人間が感じる日常生活自体の精神的な豊かさの実現」を設定し，その実現に向けて動き始めている．この目標を達成するためには，人間の日常行動を支配する仕組みを理解する必要があり，そのための様々な研究が開始されてきている．

しかし，仕組みの解明・理解に向けて研究がスムーズに進んでいるというわけではない．その解明は困難を極め，依然として本質の解明に繋がる重要な手掛かりは得られず，曖昧な状態が続いているのが実情である．その理由は，解明すべき対象の複雑さにある．日常の環境において個人の生活は個々に異なり，多様で複雑な様相を示す．日常行動は時間軸上で進展する継続的な作業である．個人個人は，それぞれに関係する他者との関係構造，組織や社会との関係を決める環境条件の中で活動し，これらは個人によって異なっている．個人個人の生活の中で，各時点での行動指標となる「行動の目的」は単一ではなく，複数存在する．そして，それぞれの目的は固有の価値基準を持ち，評価に関わる事象の時空間特性も異なる．さらに，各時点で設定された目的は，時々刻々と変化する情況に応じて評価基準が変更されたり新たな目的に更新されたりする．

個人個人の日常生活行動が異なることを前提としたとき，その複雑性に対応して行動のメカニズムを解明するために従来からとられてきた手法は，統計的手法である．多くの研究は，表層的な現象を観測して得られるデータを統計的手法を適用して分析し，何らかの規則性（因果関係など）を見い出し，それをもって現象を理解したとする．そして，生活を改善するための施策を導き出すといったことを行っている．

しかし，これらの方法は対症療法的である．既に物質的に満たされている時代背景のもとでは，まったく有効ではない．現在の状況に至る以前においては，個々の人間の行動選択は効率性，機能合理性やコストなどの基準に基づく物質的価値評価を背景にしてなされていた．このような場合には，表層的データの統計分析は有効である．しかし，行動選択基準が多様化した状況にその手法を流用しても，良い結果を生み出すことは困難である．

現在，社会の向かう方向を，単純に効率を改善するということによって決定して進めるということは限界に達している．これ以上，効率改善を是とするやり方を継続して押し進めると，個人のストレスを増大させてしてしまう危険性がある．それは，個人の努力に対しての見返りが現実の体感としてないからである．できるだけ早く，個人，社会，いずれにとっても良い結果をもたらすことができるような，新しい知見に基づく新たな手法が確立されることが求められている．

幸いなことに，最近になってようやくこの現状を打破するために必要な条件が整ってきた．まず，遺伝子や脳の仕組みの詳細な解明などを総合的に用いることができる環境が整ってきた．これは，これらを計測分析する機器の発展により急速に進んだ．また，非線形的な流れを扱うことが可能な研究が複雑系科学において大きく進展した．この流れは近年になり本格化し，従来の生命の仕組みに関する研究のレベルを超えることを可能にした．これらの分野の研究成果の蓄積を用いて，これまでとはまったく異なったアプローチにより人間の日常行動を解明することの可能性が生み出された．

本章では，満たされた時代の人間の行動選択を理解することがようやく可能になったことを具体的に述べる．まず，様々な最新研究を精査し，その結果を集成することによって構築した「人間の行動選択を理解するための理論」を説明する．そして，第２章では，この理論に基づいて構築した人間の行動選択を理解するための新たな手法を提示する．続く第３章，第４章，第５章では，その有効性を確認するために実施した調査と結果の概略を示す．

1.1.1 認知科学とエスノグラフィ

我々の構築した「人間の行動選択を理解するための理論」は，認知科学とエスノグラフィ（民族誌学）を融合したものである．ここではまず，このアプローチをとった理由を述べておく．

我々の研究基盤は認知科学にある．これまでの認知科学研究の標準的な研究スタンスは，脳の処理を機能モデルとして描くことであった．そのため研究対象は，作業の内容を明確に定義できるかなり限定された範囲のものにならざるを得なかった．日常生活を研究の対象とするためには対象自体を客観的に規定することが必要であるが，それが非常に難しいために，従来の認知科学で対処することは実質的に不可能である．では，どのようにしたらこの難局をブレークスルーできるのであろうか．

一つの可能性は，異分野の研究成果の中に我々の目的の達成に役立つ方法を見つけ出し，それを移入することである．認知科学のアプローチとの親和性が高いこと，個人を社会の文脈の中で扱っていることといった視点から検討した結果，社会を機能構造的に解析する構造主義の研究がかなり高いレベルで有効であることがわかった．そこで採られている手法のフレームワークは，我々のアプローチと似ていて親和性も高い．レヴィストロース（C. Lévi-Strauss）らにより進められた文化人類学は，構造主義の研究の進展に多大な貢献をした．そこで利用された手法である「エスノグラフィ」は，特に，我々の研究の目的に沿うものであった．文化人類学におけるエスノグラフィ [1.5] [1.26] は，過去の静的分析を行う．我々は，認知科学の立場から発展的にエスノグラフィを取り入れ，現在の状況に基づいて，予測可能な近未来を脳の処理能力から動的に分析・推定する方法を考案することにしたのである．

1.1.2　個人生態と集団生態の界面

個人の行動選択のメカニズムを理解するためには，個人生態の特性を個人が関わる集団生態との関わりの中で理解することが必要である．すなわち，個人生態と集団生態の界面（インタフェース）で起きていることを理解し，その上で個人がどのような行動を取るのかを理解する必要がある．そこで以下では，個人生態，集団生態が最新の研究成果によってどのように描き出されるのかを説明し，界面で起きる現象を理解するには何が理解できればいいのかを説明していく．

(1)　個人生態：遺伝子，脳，意識の知見

個人生態を理解するためのキーは，複雑系の科学の研究成果にある．プリゴージン（I. Prigogine）らが確立した複雑系の科学は，生命は先の定まらない進化の途上にあり，その進化の道筋も行き先も何も決定されていない不確実なものであることを明らかにした [1.17] [1.18] [1.19]．この意味するところを正しく理解することは重要である．これは，これまで生命体について明らかとなっていない問題は，いまだ解き明かされていない何らかの真実を見い出すことによって解決できるというわけではないということを言っている．

系が安定状態にあり，再現性が保証される範囲が存在する．このような場合，任意の時刻の特定の入力に対して，系は特定の時間発展をする．しかし，通常，その範囲は限定的である．それ以外の状態に系が置かれた場合には，後天的に形成される性質が系の発展を決定付ける．性質の獲得は環境条件の影響を受け，偶発的になされる．環境から種々の制約力を受ける中で，系には何らかの「ゆらぎ」が生じ，その作用の中で系の性質は決定される．ある系は，その系の歴史の中でのみ存在する．系が安定な状態にある限りにおいては，相当に完全な合理的演算の上で時間発展が生じる．しかしそれ以外の状態において，系の時間発展は，もはや旧来の線形の世界の扱いやすい手法によっては扱えない．このことは，生命科学の最新の知見とも符合する．それは，ダーウィン的な進化が実際に可能であることを示す重要な知見である．遺伝子工学や進化生命科学の分野などの研究者の努力により，遺伝子は以前に考えられていたような生命

を完全に復元する設計図ではなく，比較的安定的に継承される生体構造を復元する「階層的基礎構造形成メカニズム」，および生体復元完了後に働く非明示的に仕組まれた内部各種器官の協調作業で生み出される「環境への適応メソッド」によって構成されていることが明らかにされた［1.2］［1.7］．すなわち遺伝子は，形成後の姿を完全に規定するものではなく，仕組みの初期基盤を与えるということである．

次に，最新の脳科学の知見と，本書の主題である「行動選択」との関係を説明しよう．従来，意識は行動の支配者であるとみなされてきた．この考え方に従えば，意識は行動に先行するものとなり，脳は意識の発する命令の実行者となる．しかし，最新の脳科学が明らかにしてきたことにより，このような脳の働きについても見直しが必要となった．つまり「行動選択」が，必ずしも意識下の意思決定に基づく行動選択を含意しないということになる．

化石からたどれる生命の進化過程を顧みると，意識という機能の脳への付加は，進化歴史の尺度では最近のできごとであったと推測できる．我々人間は，推論と呼ばれる機能を持つ．これは，行動の決定に準じたレベルの機能である．しかし，それ以下のレベルの機能の脳を持つ生命体で，生存行動を行っている生命体は無数に存在する．彼らも行動選択を行っている．また，最近の脳の研究成果からも，詳細な解明までには未だ到達していないが，主要な動きは把握できてきており，意識は脳の機能のすべての支配者ではなく，主要な自律的機能の一つであるといえる．

以上のことから，脳は単純な一つの器官ではなく，いくつかの自律的機能を内在する複合的な構造を持つ器官であると考えられる．そして，その能力は先天的に備わっているものではなく，脳が示す特性の多くは後天的な作用による変異（エピジェネティクス）として形成されたものであるといえる．

(2) 集団生態：生命科学の知見

我々は集団を形成し，生存をしている．個人は，集団内で様々な異なる役割を果たして生活をしている．これまでは，すべての人間は本質的に同様な能力を持っていて，たまたま社会に参加する段階で，社会の要請と個人の選択の相互作用の結果としてその役割を担うことになっていると考えられてきた．しかし，前項で述べたように，個人の能力を発揮する上で重要な役割を担う脳の能力がエピジェネティク（後天的な作用による変異）なものであるということになれば，これまでの考え方を見直す必要がある．つまり，エピジェネティクスによる能力形成ということは，個人個人が成人した段階で備える能力とその性質は，その個人に固有なものとして存在するということを意味するからである．

最新の生命科学は，生命体の成長の形成過程において，遺伝子と同様にホルモンが重要な役割を果たすことを突き止めた．このホルモンが，集団生態における役割の決定に重要な役割を果たしている．このことを示す例が，昆虫綱ハチ目に見られる．たとえ同じ遺伝子から発生したとしても，ホルモンの働き方の違いにより個体は異なる形態と働きを持つものに成長する．その結果，異なる役割を持つ複数の集団が形成され，全体として有機的に統合された生態系が生み出される．

昆虫綱ハチ目の例を参考にして人間を考察してみると，人間の能力差を生み出す重要な要素の一つとして脳を位置付けることができ，人間も同様な有機的に統合された機能集団を形成し生存する種であることがわかる．形成される集団は，それ自体が変化可能な柔軟性をもった構造を備えている．これは，人間の脳が非常に柔軟な可変機構であること，また，非常に大きな記憶能力をもつこと，さらに，人間は複雑な言語機能を獲得して高いコミュニケーション能力をもつことなどによる．

これまでに文化人類学の研究によって，各種の文化的集団の構造が明らかにされてきた．それらを見ると，文化的集団は生存環境の条件ならびにそこに存在する要素を生存基盤として，その上に持続可能な生存の仕組みを独自に作り出していることが読み取れる．文化は個々の集団に独自のものであり，発展的に集団形態を変化させながら発展する．現在の人間の集団生態は，昆虫綱ハチ目のような単純な機能層の役割分担の仕組みとは異なり，多様性に富み，それ自体が複雑な構造をもつ，独自に進化する有機的な存在にまで発展していると考えられる．

(3)　個人生態・集団生態の界面現象

ここまで個人生態と集団生態の特性を見てきたが，これらを合わせると個人

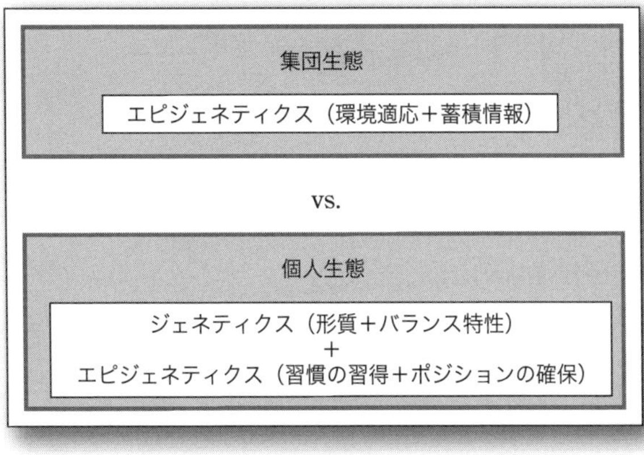

図 1.1.1　集団生態と個人生態の関係

生態と集団生態の界面で起きていることを描出できる．まず，両者の相互作用を抽象度の高いレベルから見てみよう．図 1.1.1 に集団生態と個人生態の関係を示した．集団生態は個人生態のエピジェネティクス（環境適応＋蓄積情報）を集成したものであるが，それが及ぶ範囲は個人のジェネティクス（形質＋バランス特性）の反応機構の影響の及ぶ領域の範囲であるという制約を受ける．また，個人がジェネティックス反応を起こす行動の範囲は，成長段階期に所属する集団の生態の影響を受けて決まるエピジェネティクス（習慣の習得＋ポジションの確保）な範囲であるという制約を受ける．このように，両者の関係は相互に影響を受け，調整的に変化して行く．

図 1.1.2 は，集団生態と個人生態の関係を時間軸上で示している．重要な点は，集団生態の特性時間と個人生態の特性時間が大きく異なっている点である．集団生態の特性時間は個人生態の特性時間，つまり生命の誕生から死までの一世代の時間の少なくとも数倍は長い．集団生態の変化は，いわゆる世代交代が対応する．

(4)　集団生態・個人生態の時間発展

集団生態の変化がどのようにして生じるのかを，図 1.1.2 を見ながら考えて

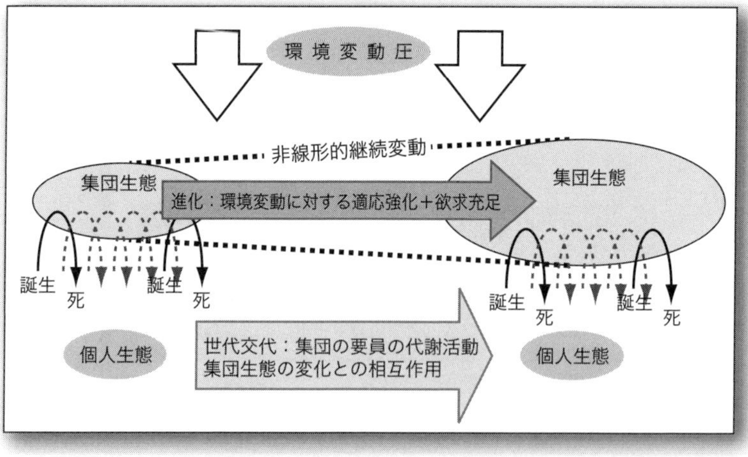

図 1.1.2　個人生態と集団生態の時間発展

みよう．まず，集団生態を個人の意思で簡単に変更することは不可能である．すなわち，個人生態が直接的に集団生態に働きかけることによって，時間的に同期した集団生態の変化を生じさせることはできないということである．集団生態を変化させるためには，集団生態内に参加する機能集団の意思決定機構に従い，間接的かつ時間的に非同期的に事態を進展させる必要がある．間接的とはいっても，ある種の制約は存在する．すなわち，集団生態の中での行動は基本的に個人の欲求の充足を目的としているのであるから，ただちに個人の反応が集団生態の行動に反映されることはなくとも，それを逸脱して集団生態が進展することには制約が掛かる．

図 1.1.3 は，上に説明した個人生態と集団生態変移の相互関係を，個人生態に焦点を当てて示している．個人は，自身の心的状態を向上させるために行動を起こす．それは，動的かつ循環的に進行する仕組みに包含されている．この図には，重大な問題点が示されている．すなわち，個人の思いが自身の身体行動に反映されるようにするには集団の生態の変化を経由する必要があり，時間的なズレが生じることである．集団生態における変更は，個人の思いの集合が

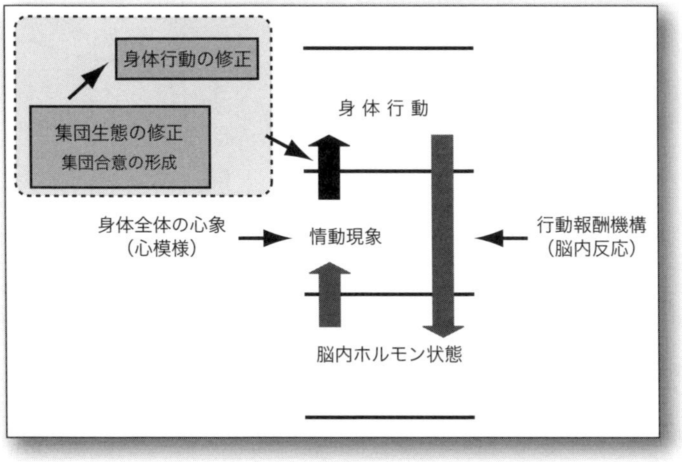

図 1.1.3 個人生態の修正の流れ

集団生態の変更の意思決定の合意を形成するレベルに到達してようやく行われる．ここで，その変更の結果が，的確に個人の思いに適合するものであることの保証がないことに注意することが必要である．当然，感じ方には個人差がある．そのため，集団の合意は困難を極める．よって，終わりのない調整が継続的かつ不規則的に続いていくことになる．

ここで，改めて集団生態に注目し，集団生態の変化の仕方が示す特徴について考えよう．図 1.1.4 に集団生態の変化の動きを示した．集団生態内では，個々の構成員の間に内容とその変化の時空間特性の異なるタイプの接続関係系が形成され，さらにそれらが複雑な接続構造を形成している．そして，集団生態の全体の活動の継続性の維持は，各種関係系および系間の関係がバランスするように，逐次様々な相互調整がなされることで実現されている．よって，集団生態は複雑系の性質を示すことになる．そして，集団の構成員も同様な性質を示す．生態は，安定期と不安定期を繰り返しながら変遷する．これは，複雑系の示す代表的な特性の一つである．安定期間においては，環境全体の変化に対して関係内調整で対応できる．一方，不安定期間においては，系自体の再構

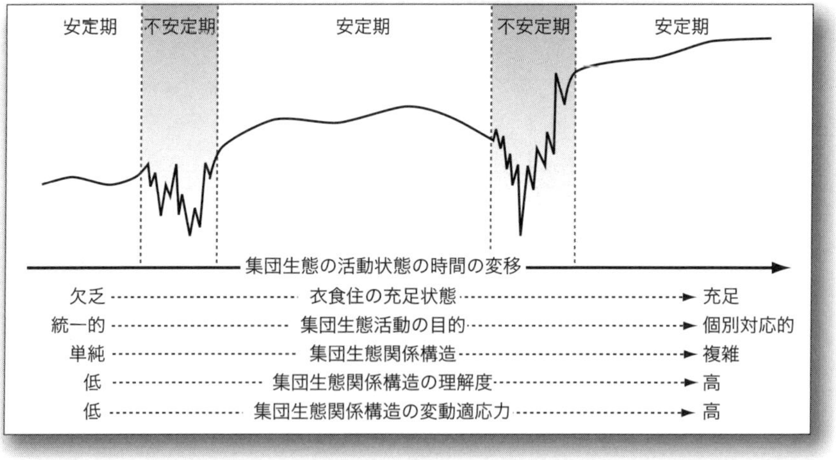

図 1.1.4　集団生態の変動の安定期と不安定期

成が発生する中での調整や，もっと大きな枠組みでの各種関係調整が必要になる．

(5)　集団生態・個人生態の接合：ミーム

個人は，基本的には集団生態の成果の受容者である．しかし，集団生態の一員として行動するときに，自分自身の個人的欲求を直接的に反映した行動をとることは不可能である．参加する集団生態の行動様式に従い，集団生態の利益に沿った範囲で行動することが求められる．これは，時として別人格のように振る舞うことにもなる．また，集団生態は継続的に進化の道を進むが，その構成要因である人間はほぼ安定した生命体寿命をもち，世代交代により集団生態を支える．これらの事実は，ある固有文化を形成する集団が他の固有文化を形成する集団から何らかの文化を取り入れる際に，単純な文化の移行は困難で，何らかの移行手続きが必要とされることを示している．

このように考えてくると，個人生態と集団生態の界面に，その両者を調整し媒介するものの存在を想像することができる．このような存在の研究を他の分野に求めると，ドーキンス（R. Dawkins）が唱えた「ミーム」という考え方の

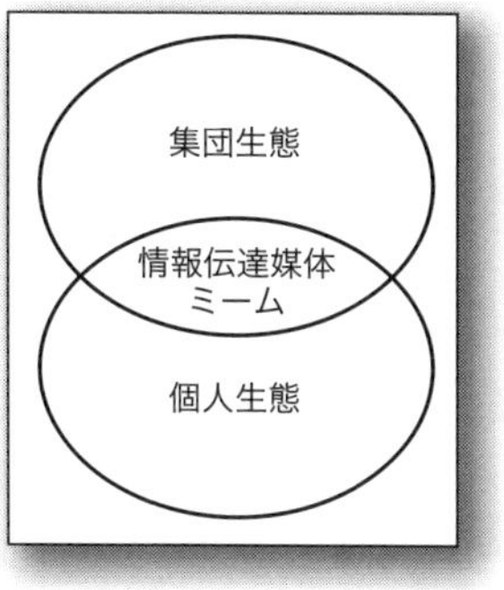

図 1.1.5 個人生態と集団生態の接合

存在が浮かぶ．同様な考え方はそれ以前より文化人類学の研究に見られるようであるが，ミームの考え方は我々の現在の考え方にかなり近い存在として認識できる．ただし，認知科学としてそのまま用いるには問題があり，我々なりに再定義をすることが必要である．我々が再定義したミーム論は，後の項（1.4節）で具体的に記述する．差し当たりここでは，集団生態と個人生態の界面に存在し，情報を媒介するものを指した概念的表現としてミームを導入しておく（図 1.1.5）．

以上の検討により，我々が解き明かす必要があるものを整理すると，以下のようになる．

・個人生態
・ミーム
・集団生態
・全体的関係構造

1.1.3 生態の解明に有効な技法

ここで再び，図 1.1.4 を見ながら生態の解明にどのような方法が有効となるかを説明しよう．

まず，生態関係構造の安定期においては，現状の安定した線形的動きを示す状態を解析し，さらにアブダクション的推論などを用いた仮説モデルを導き，ベイジアンなどの技法を適用することでモデルの精度の向上を図るという手法が有効である．

一方，生態関係構造の不安定期においては，不安定期に移行する直前の安定期モデルから，過去の同様な事象などを参考に，現状の環境条件の変化，構成員の反応の変化，関係系の変動などを総合的に考慮し，不安定化の原因を推論し，次の新たな安定構造を仮説モデルとして想定する．ここでの現象は，非線形的で離散的である．そのため，エスノグラフィのような多次元的でありかつ統合的な解明手法が有効になる．不安定期の現象の安定化に有効な仮説モデルあるいは技法は，結果としてイノベーションと呼ばれることがある．イノベーションは，企図された不安定化を経て新たな安定構造を生み出すように用いられることもある．

1.1.4　生態構造の不安定期における行動選択

現代のように満たされた時代は，生態構造の不安定期と考えられる．ここで，これまでに述べてきたことからどのような解明の方法が有効となるのかを検討していこう．まず，図 1.1.2 に示した集団生態と個人生態の時間発展の中のどの部分を対象とするのかを考えよう．我々が対象とする時空間の範囲は，進化的変移の起きる時間の流れから見れば停止しているとみなせるレベルだろう．したがって，遺伝子で規定される人間の能力の範囲は安定していると考えて良い．よって個人生態は，生存環境と既存の集団生態との関係によって規定される限られた範囲内に拡散して存在するものとして捉えて問題がないであろう．つまり，個人生態の仕組みを，定常的な状態にある集団生態という境界条件のもとに解明するということになる．

我々は，次項 1.2 節で解説するように，すでに脳を中心にした人間の動的な行動の仕組みを解き明かすためのモデルを構築した状態にある．そこで当面の作業としては，まず問題を局所化して調査を進め，基本的な特性の洗い出しを行い，我々が構築したモデルと手法の検証を行うことになる．そこから順次，複雑な問題に取り掛かることが有効であろう．本書に記載した内容は，この最初の段階の成果を整理したものである．

生態の特性を特徴付ける最も重要な要素は自律性である．個人も自律的活動体であり，集団も自律的活動体である．そしてもちろん，体内の各種器官も脳をはじめとした自律器官が重要な役割を担っている．自律的システムの振る舞いは個々の自律システム構成員の振る舞いが合わさったものであり，そのことが構成員間の関係性を複雑にして解明を困難にしている．しかし，この自律性が効率的な活動を営み，総体として全体を良い方向に導いている要因であることも事実である．この自律性が様々な状況でどのように表出し，どのように働くかを明らかにしていくことにより，自律システムの全体像を明確にしていくことになる．

1.2 日常の行動選択メカニズム解明のための基礎理論

1.2.1 研究の流れ

我々は，日常の行動選択のメカニズムを調べるための手法を導き出すために，その前段階として，その基礎となる脳の仕組みに関連する理論をいくつか構築した．本項では，それらの基礎理論について簡単に説明する．

本書のテーマである「日常の行動選択メカニズムの解明」と「非常に包括的な脳の仕組みの基礎理論群の構築」との間に直接的な繋がりがなく，ギャップを感じるかもしれない．そこでまず，そのような研究方略をとった理由を説明しておこう．

我々の研究者としてのポジションは情報科学および認知科学にあり，その基盤の上に研究を進めている．この研究に関連した研究の系譜を図 1.2.1 に示した．情報科学，人工知能，認知科学，認知心理学，脳神経科学，経済学，行動経済学という研究分野が関連している．これらの中で，行動経済学の分野で解明されたことが研究方略の決定に大きな影響を及ぼした．カーネマン（D. Kahneman）らは，経済行為という人間の行動選択の中でも最も合理的な行いがなされると考えられる状況を対象に研究を行い，多くの場合に，実際に人が

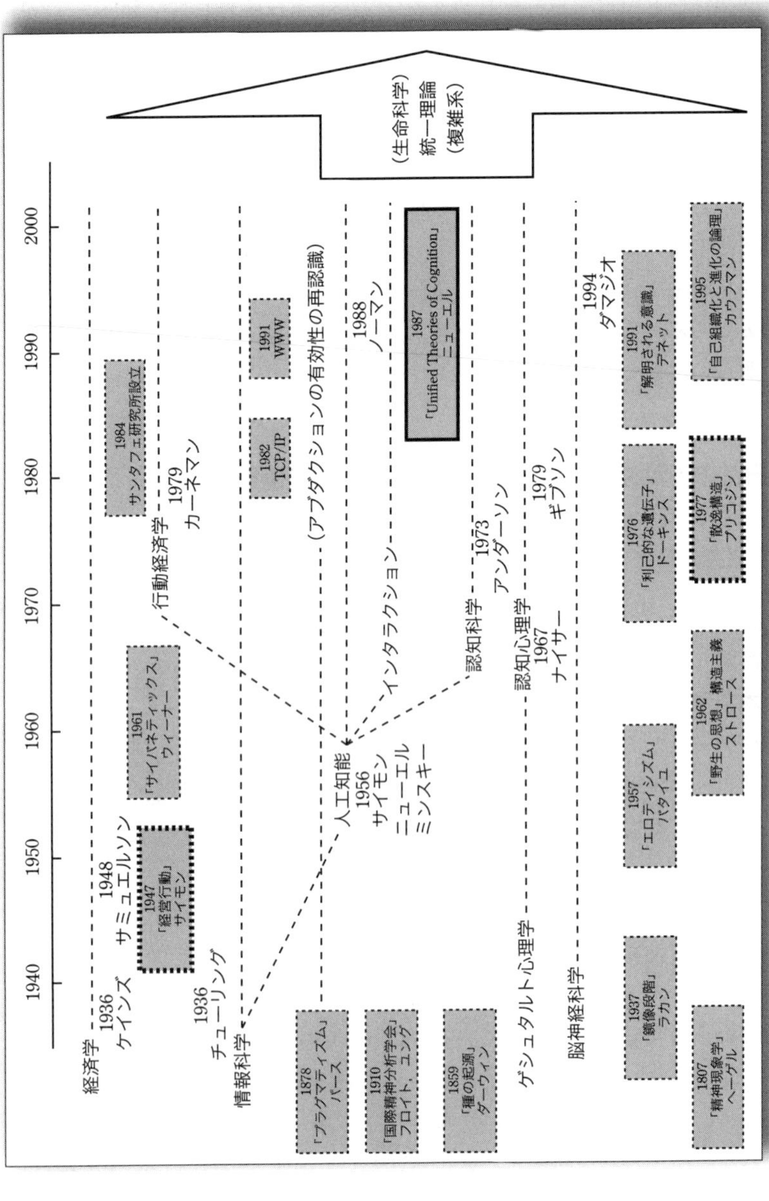

図1.2.1　関連研究の系譜

選択した行動が合理的なものとは異なるものであることを明らかにした．我々は，合理的とは言えない行動選択が経済行為という状況にとどまらず，より広い範囲の日常的な行動選択を特徴付けると考えた．これは，読者の直感とも合致すると思う．

行動選択の結果は観測できる．外界からの入力との関連を調べて，相関や因果関係を導き出すことはできる．これをもって行動選択メカニズムを解明したと言うことは可能だ．しかし，「それでは不十分だ」というのが我々の考えである．実際に起きていることは，外界がある状態にあるときに，それが脳内で処理され，観測できる行動となって現れるということであり，現実の目の前の個人の行動を観察された相関や因果関係から推測して言い当てることは困難である．それを解明するということは，とりもなおさず，所与の外界状況の中に個人が置かれたときに，その個人の脳の自律的な処理がどのような仕組みで機能して，どのように行動選択が行われているのかを，事態の発展する時間軸上で理解するということである．相関や因果関係は，時間軸を陽には扱っていない．行動選択メカニズムの解明には力不足である．

図 1.2.1 に示すように，近年の生命や脳に関係する研究は著しい発展を見せ，理論構築に必要な基礎データ類が整備されてきた．我々は，それらを集成することによって，脳内機能の時間発展を陽に組み入れた脳内情報処理に関わる基礎理論群を構築することが可能であると考えた．図 1.2.1 に示した分野における重要な文献を章末に掲載したので参考にしてほしい．さらにそれらに基づいて，行動選択メカニズムを解明することができると判断した．

構築した基礎理論群をひとことで表現すれば，「ニューエル（A. Newell）が彼の著書 "Unified Theories of Cognition"［1.14］に著した理論を時間制約のある日常行動選択の理論に拡張したもの」となる．脳の仕組みの解明が進み，多少の考え方の違いは生じているが，ニューエルの脳の認知科学的解析は，ほとんどそのまま継承しているといってよい．ニューエルの理論を軸として，最新の研究成果を組み入れることにより拡張を行った．具体的には，心理学，文化人類学，進化生命科学などの人間の行動研究の関連分野を調査し，それらを最新の複雑系の科学がもたらした知見を参考にふるいにかけて整理し，ニューエ

研究対象と理論				
	個人的生態行動			
		基礎理論		
			Nonlinear Dynamic Human Behavior Model with Real-Time Constraints (NDHB-Model/RT)	[1.24]
		部分理論		
			満足度最大化機構 (MSA)	[1.11][1.25]
			構造化ミーム理論 (SMT)	[1.21]
			脳内情報流体力学 (BIH)	[1.10]
			Dynamics of consciousness-emotion interaction: an explanation by NDHB-Model/RT	[1.20][1.21]
	集団的生態行動			
			The Organic Self-Consistent Field Theory	[1.23]
観察的解明手法				
			Cognitive Chrono-Ethnography (CCE)	本書
理論の応用分野の例				
		マーケティング		
			長期間マーケティング	
		情報通信技術		
			Autonomous Systems Interaction Design (ASID)	[1.9]

図 1.2.2　我々が進めてきた研究の一覧

ルの理論に組み入れた．理論拡張の重要なポイントは，生命界のような複雑系に表出する非線形性と階層性をどのように取り入れ，体系化するかであった．これらの概念は，プリコージンにより発展した非平衡熱力学と散逸構造理論においてもたらされたものである［1.17］［1.18］［1.19］．

本書では基礎理論群を概説する．図 1.2.2 に我々がこれまでに進めてきた研究の概要とその成果の公開情況について記載しているので，これらの内容の詳細に関心がある方は参考にして頂きたい．

1.2.2　自律システムとしての脳と外部環境

近年に至り，脳に関する捉え方が劇的に変化した．特に，意識の存在についての捉え方はまったく異なったものとなった．これまで人間の行動は，大脳に支配されていると考えられてきた．その意味するところは，「大脳の中に形成される「意識」により自身の全体的行動が決定され，そのもとで身体的活動が実行されている」ということである．しかし，近年の心理学，神経科学，生命科学，進化発生学などの研究は，身体活動と脳の関係や活動の仕組みについて，従来のものとはまったく異なる考え方を多様な面で報告してきている．多くの身体活動は意識の認識なく執り行われ，意識の認識と身体反応は非同期的な動きを示すということや，大脳活動はすべて基本的に神経回路の処理で行われていると考えられていたが，神経伝達物質も関わる複合的な処理により行われているということなどである．精神活動の問題への治療用の薬品が開発されたのは，これらの研究の成果である．

(1)　基本的制約

これから，我々が独自にこれまでの研究成果を整理し構築した基礎理論群を具体的に説明していく．

関係する分野の研究成果の中で利用できるものは多数ある．それらを集成して，時間制約下の人間の行動選択モデルを構築する必要がある．我々はこの作業を進める中で，以下に述べるいくつかの制約を課すことによって効率的にかつ根本的な誤りを犯さないようにした．「効率的」ということの意味は，制約により取り入れる知見の範囲を限定するということである．また，「誤りを犯さない」ということは，現時点で明らかとなっているものから構築されるモデルはあくまでも第0次の近似モデルであるが（世界で最初に構築されるので第0次としておく），これからの研究の積み重ねにより得られる新たな知見を組み入れて構築される新たな人間の行動選択モデルが，この第0次近似モデルを改訂して構築されるということを保証するということである．

我々の課した制約は，取り込む知見の質のコントロールである．脳機能関連の計測機器の性能の向上は目覚ましい．しかし，現在のレベルをもってしても，それらの機器の性能は現象的に詳細な働きの確認をとるのに求められるレベルには至っていない．その結果，計測結果を利用して理論を構築するという作業は，帰納的に行わざるをえない．そこで，理論構築に用いる基礎素材となる脳の仕組み，特性，理論などは，少なくともすでに複数の研究においてその存在が確認され，その分野の専門家に認知されたものだけを使用することとした．そして，利用できる知見から帰納的に理論を導出する過程に再現性を保証できるようにする．そうすることにより，結果として構築される理論のユニーク性が保証される．つまり，これまでの進化研究の理論の中で同様な現象が進化の過程で起きていると推測されるものの範囲で，確実に理論構築作業が実現でき，理論が再現できるということである．

以下に展開する説明は，この制約のもとに構築した理論の概略である．

(2)　脳の処理系

脳の処理を身体行動との関係で整理すると，以下の三つの処理系に分けて捉えることができる．

意識処理系：意識的に認識される活動を行う．

自律自動制御処理系：身体動作の自動的な制御を行う．ここで身体動作は，大脳の支援のもとに実行される小脳を中心とした神経系による身体動作が，体験的訓練を経ることにより無意識に実行できるようになった状態のものを指す．

身体処理系：身体内部の自律器官や体性器官間の活動状態に対応した調整と，身体の欲求状態に対応した行動のシグナルを生成する．

以上の処理系のおおまかな関係は次のようになる．

身体処理系が生命としての欲求をシグナルとして発信する．意識処理系，自律自動制御処理系は，それを身体行動として協調的に行動目的化して活動し，身体処理系の欲求を充足する．行動選択の処理を解明するには，基本的には所与の身体欲求の条件下で，意識と自律自動制御の二つの処理系が協調して結果を導き出す過程に注目して解析を進めればよい．

図 1.2.3 に行動が表出するまでの経過を，脳を通過する情報の流れに着目して情報動態構造として示した．身体処理系の発する身体欲求は，「体内情報IN」として小脳に流入する．意識処理系が司る話題の提供や発話などの意識下の活動に伴う情報は，「環境情報 IN（大脳）」として大脳に流入する．自律自動制御処理系が司るうなずきや視線を合わせるなどの無意識下の活動に伴う情報は，「環境情報 IN（小脳）」として小脳に流入する．小脳には，これらの情報源の異なる流れが合わさって流入する．そして，大脳の支援を受けて行動選択が

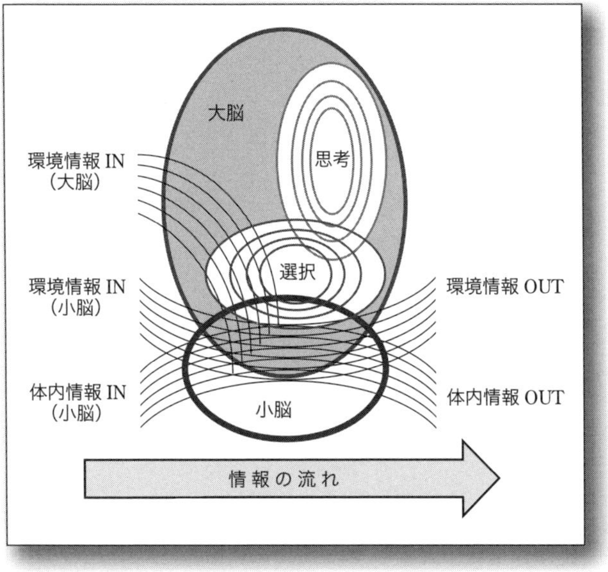

図 1.2.3 人間の脳の情報動態構造（文献［1.24］の図 7.3 より引用）

行われる．その際に，思考を伴う場合もある．行動選択の結果は，「体内情報 OUT」として身体処理系に出力される．また，「環境情報 OUT」として自律自動制御処理系に出力され，身体行動として表出する．

環境は，それ自身がもつ固有のメカニズムに従って時間発展する．したがって，各時点における環境状態が身体内に環境情報 IN として，身体の状態とは無関係に流入する．環境情報の流れと身体内の情報の流れとは，非同期の関係にあることになる．しかし身体は，環境の状態に同期するように環境に情報を出力しなければならない．つまり，行動を選択した後，それを身体行動として表出する際には環境との同期をとる必要がある．図 1.2.3 に示したように，意識処理系の司る思考は同期をとるべき部分とはかなり離れた場所にあり，表出する行動との関連がかなり弱い．実際，意識と表出している行動が遊離する場合が多いことが推察される．仕組みとしても，それぞれの部分の機能の処理速度は大きく異なり，相互の同期は限定された制約的な範囲でしか行うことができず，事前に予測のできないものとなっている．

(3)　モデルヒューマンプロセッサ

我々は，図 1.2.3 に示した情報動態構造の「選択」の部分の詳細メカニズムを記述した TK 脳モデル（Toyota-Kitajima Brain Model）を構築した．これは，カードらが 1983 年に出版した著書 “The Psychology Human-Computer Interaction”（Card, Moran, and Newell, 1983）[1.3] に記述された「モデルヒューマンプロセッサ（Model Human Processor; MHP）」（図 1.2.4）を拡張したものと位置付けられる（MHP の簡単な記述は『サービス工学入門』[1.22, pp. 73〜74] を参照されたい）．TK 脳モデルは，MHP との対比によって最も良く理解できる．そこで，本項では MHP について説明し，次項で TK 脳モデルを説明する．

MHP は，コンピュータ作業を行うユーザ（例えば，ワープロや CAD の操作）の行動選択過程をシミュレートするための基盤となるモデルであり，当時，認知心理学，心理学，人間工学などの分野で利用できる知見を集成して構築された．MHP のハードウェア構成を図 1.2.4 に示した．MHP は，コンピュータを利用してタスクを遂行するユーザが，コンピュータ画面から情報を読み取り，次に何をなすべきかを決定し（行動選択），手・眼球などを動かして操作を実行し，タスクを進展させる過程のシミュレーションを行う．

MHP は，3 種類のプロセッサ（知覚プロセッサ，認知プロセッサ，運動プロセッサ）および 3 種類の記憶（イメージ貯蔵庫（視覚，聴覚），作業記憶，長期記憶），それらの性能を示すパラメタ（容量（図中，μ），減衰時間（図中，δ），データ型（図中，κ））の値と，それらの間の結合の仕方を規定する記述，ならびにこのハードエェア構成のもとでどのように動作するのかを記述する 10 の動作原理によって定義される（動作原理は割愛）．

MHP の動作原理のうち，「合理性原理」と「問題空間原理」という二つの動作原理に従って構築されたモデル群（GOMS モデルと呼ばれる）は，明確な目標が設定されて実行されるルーチンタスクのシミュレーションにおいて効力を発揮し，ポインティング，キーボード入力，ボタン押下などの操作を含むタス

図 1.2.4　モデルヒューマンプロセッサ

クの遂行時間を高い精度で予測できた（例えば，アナログ地図のデジタル化の例［1.6］）．グレイらが構築した CPM-GOMS モデルは，MHP に基づいて構築された最も詳細な GOMS モデルである（［1.8］［1.15］）．三つのプロセッサが並列で動作することが陽に取り入れられ，各プロセッサの単位処理時間（50ミリ秒程度）の詳細さで要素オペレータが定義されている．モデル名に含まれる「CPM」は，考慮されている処理レベルがコグニティブ（Cognitiv，認知），パーセプチュアル（Perceptual，知覚），モータ（Motor，運動）であるということ，それと同時に並列処理のスケジュールを決める方法にクリティカルパスメソッド（Critical Path Method，限界経路法）を利用していることに由来する．このモデルでは，コレクトコールやクレジットカードに課金する通話を電話交換手が処理する過程のシミュレーションを行い，提案されている新しいワークステーションの仕様では作業効率が上がらないことを予測した．

1.2.3　MHPからMHP/RTへの拡張

TK脳モデル構築のアプローチは，MHP構築のアプローチにならっている．ただし，MHPが作業の目標が明確に定められ繰り返し実行されるルーチン的なコンピュータ作業を対象としていたのに対し，TK脳モデルは日常活動の中の行動選択を対象としている．これらの大きな相違点は，(1) 行動目標の構造，(2) 行動選択への知識の利用のされ方，および (3) 外部環境と行動の時間軸上での同期にある．日常行動を対象としたMHPを構築するためには，これらの点においてMHPを拡張する必要がある．それぞれの拡張について構築した理論の概略を以下に説明する．

(1)　行動目標の拡張：満足度最大化機構（MSA）

まず，行動目標について．MHPが対象としている作業の場合，行動目標は堅牢な階層構造により表現される．すなわち，主たる行動目標があり，それを完遂するために実行しなければならないサブタスクがあり，そして個々のサブタスクを完遂するためのサブサブタスクが存在する．電話交換手の作業を例にとれば，主タスク（行動目標）は「コレクトコールを処理する」，サブタスクは「相手先の電話番号を確認する」「相手がコレクトコールを承諾するかどうかを確認する」など，サブサブタスクは「『相手先の電話番号を教えてください』と言う」「電話番号を打ち込む」などである．下位のタスク群がすべて完遂されることにより，それの直上のタスクは完遂される．このように，非常に明確な階層構造をもつ．これが，このような作業で必要とされる知識である．上位の目標が決まれば，その目標を達成するために必要となる知識の範囲は限定的に決定される．まったく柔軟性のない知識であるが，そのような表現と運用形態をもつからこそ，効率よく繰り返し行う作業を実行できるのである．

一方，日常行動の場合，行動目標は多様である．作業の目標を達成するというような目標もあるが，コミュニティへの帰属の度合いを高める，困っている人を助けるなどである．また，環境と直接的に連鎖をした自律自動制御層による無意識的な行動がなされる場合も多々ある．例えば，休日を家族と過ごすような場合である．このような場合には，行動目標が明確に意識されない．このように，日常行動の場合には，行動目標は階層的に組織化されていない．そして，状況の変化に応じて行動目標が柔軟に設定され，それを満たすような行動が表出する．

我々は，このような状況に応じた柔軟な行動目標の管理に関する理論として，満足度最大化機構（Maximum Satisfaction Architecture; MSA）を構築した．この理論の概要は，1.3 節に述べる．

(2) 長期記憶の拡張：構造化ミーム理論（SMT）

次に，知識の利用のされ方について説明する．日常行動では行動目標が階層構造をなしていない．そのことにより，MHP が対象としている場合のようには知識は使われない．つまり，「行動目標」という明確なキューによって長期記憶に格納されている知識を引き出すということが行われない．我々は記憶を，利用可能な知見からの帰納推論により自律的に働く一つの器官として全体系に組み入れることが適切であるという結論に至った．このように考えることにより，意識系における処理と自律自動制御系の処理の間の同期を自然にとることが可能になる．記憶が自律的な器官としての動きをすることは，記憶器官で用いられる神経伝達物質が自律神経系のものと同様であることからも裏付けられる．

MHP において，長期記憶に格納されている知識は，作業記憶に置かれた要素をキューとして検索されて利用される．また，長期記憶には，作業記憶に置かれた項目がそのときの文脈と合わせて格納される．記憶を自律器官として考えても，MHP の動きには何の影響も及ぼさない．MHP が対象とするような明確な行動目標をもつ定型的な行動の場合には，行動系列はほぼ決定論的に目標の階層構造を順次処理するように時間発展する．その中での記憶の利用も，決定論的な因果関係の中での利用となる．したがって，線形的な関係構造で近似的に行動メカニズムを記述することが可能である．しかし日常行動は，上述したように明確な行動目標構造のもとで表出しているわけではない．行動表出に関与するそのときの気分による選択，第六感的選択などの自律器官および記憶（自律）器官の間の関係は状況に依存し，非線形な関係になる．

このような自律器官としての記憶に関する理論として，「構造化ミーム理論（Structured Meme Theory; SMT）」を構築した．ミームについては，個人生態と集団生態の界面に存在し，個人生態の組織化に利用される情報を定義するものとして導入した．この理論の概要は 1.4 節に述べる．

(3)　環境との同期：脳内情報流体力学（BIH）

MHP では，環境と行動の同期を時間軸上で取ることは重要な問題ではなかった．それは，行動目標が堅牢な階層構造をなしており，目標構造が行動の組織化を媒介していたからである．ある目標 G を達成するためには，それに先立つ目標 G' の達成が必要とされる．この構造は，時間を主たるパラメータとしない．G' と G の間の順序が重要である．

一方，環境中における日常行動を組織立てる主要なパラメータは時間である．環境を構成するオブジェクトは，それぞれ固有の時間特性を持って時間軸上で変移する．個体は，この環境に強い結合により組み入れられている．個体が表出する行動は環境の状態を変化させ，それが次の時点での個体の表出する行動に影響を及ぼす．個体は，フィードフォワード制御とフィードバック制御が混在した制御系の特徴を示す．

我々は，図 1.2.3 に示した脳の情報処理系の概念図をベースに，脳内で生じる多様な並列分散情報処理に関する理論として，それを脳内での情報の流れにたとえて捉える「脳内情報流体力学（Brain Information Hydrodynamics; BIH）」を構築した．意識は情報流体内の渦としてモデル化され，局所的な情報の流れの様相に応じて生成・消滅する．また，感情は，それが生じることにより環境と脳内情報処理系の同期がとられる，というようにモデル化される．

ここで，なぜ，脳の処理の全体の動きを示す理論に「流体力学」という名を用いたかについて説明しておきたい．生命界は非平衡熱力学の世界で生まれ，現象的には流体力学に支配された動きを示す．その他の気象をはじめとする動的な事象の多くも，流体力学に支配された動きを示す．脳の中での処理の目的は外部環境への適応である．それを実現するために，脳は外部環境の情報を取り込み，外部環境の脳内表現を再構成し，その上で処理を行っている．それは神経のフィードバック回路網という形で実装され，並列分散的に情報を対流させる機構となっている．神経回路の処理は神経伝達物質により実行される．そして，その流れの変動が感情として捉えられるようになっている．つまり，情報の対流とそのパターンの変動が，脳内処理を理解する上で重要となる．このことにより，流体力学の名を付けたのである．脳内処理の流体力学アナロジーのさらに詳しい記述は，我々が出版したこの理論の解説書に記載されているので，そちらを参照してほしい [1.24].

1.2.4 実時間制約下の MHP（MHP/RT）

図 1.2.5 は，日常行動シミュレーションのための「実時間制約下のモデルヒューマンプロセッサ（Model Human Processor with Real Time Constraints; MHP/RT と略す)」を示している．その特徴は，行動目標の多様性，自律器官としての記憶の活用，環境と個体の同期にある．これまでに説明した三つの理論を MHP に取り入れることにより，日常行動のシミュレーションを行えるようにしている．日常行動のシミュレーションモデルとしての MHP/RT と，その元となった MHP との最も大きな違いは，時間軸上での同期である．そこで，モデル名に実時間制約を表す「RT（real time constraints)」を付記している．

図に従って，情報の流れを中心に日常行動シミュレーションの概略を説明する．

- 環境情報と体内情報が感覚情報フィルタを介して入力される．
- 作業記憶内に入力された感覚情報の表象が認知フレームとして生成される．

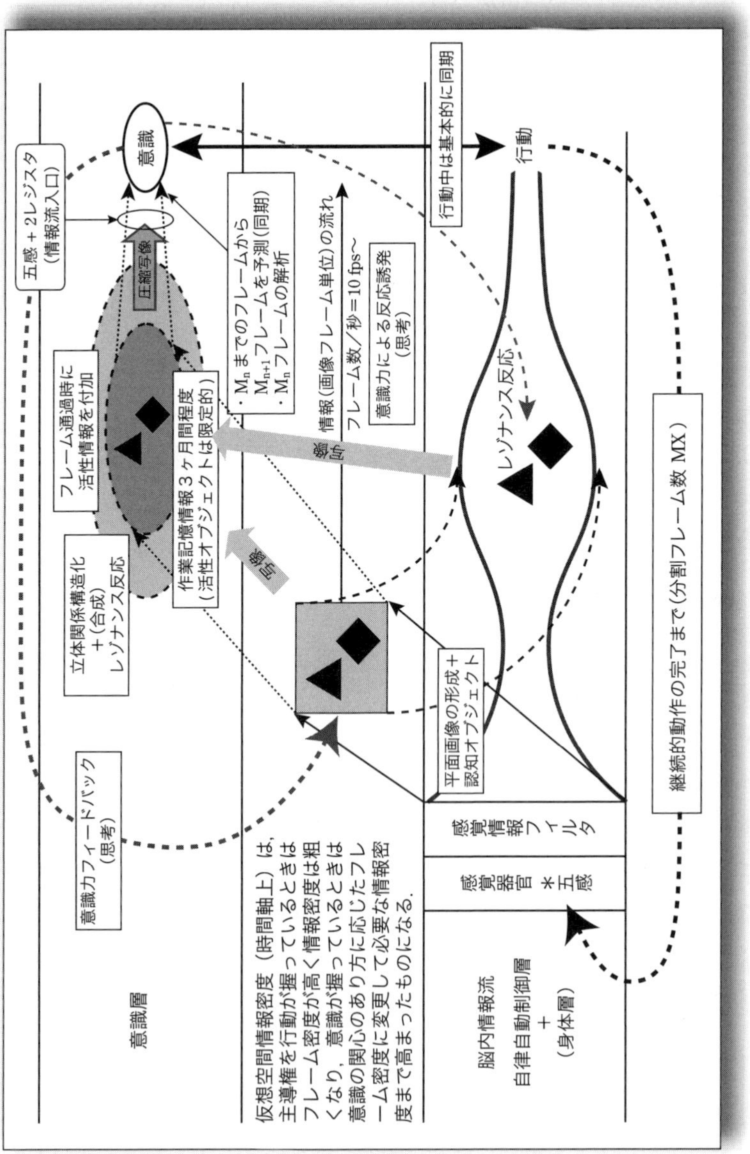

図1.2.5　MHP/RT（Model Human Processor with Real Time Constraints）（文献［1.23］の図32より引用）

認知フレームの更新レートは 10 fps（1 秒間に 10 フレーム）程度である.
・認知フレームと自律記憶とのレゾナンス反応が生じる.
・レゾナンス反応部分が脳内情報流に加わり，情報流束が生じる.
・認知フレームと情報流束から情報流塊が形成され（意識層への写像），現在の認知フレームの情報が圧縮されて意識化される.
・圧縮された情報は通常の行動中は環境情報と体内情報から作られる脳内情報流と同期し，矛盾を生じない.
・意識は過去の認知フレームから次の認知フレームを予測し，作業記憶にフィードバックする．これは，感覚情報フィルタの動作に影響を及ぼす.

作業記憶における情報密度は，認知フレームの更新頻度と認知フレーム内に表現される情報の細かさの積である．行動が主導権を握っているときは認知フレームの更新頻度が高く，そこに表現される情報は粗い．一方，意識が主導権を握っているときは意識の関心の有り方に応じた認知フレームの更新頻度に変更し，情報の細かさは必要に応じて高くなる．MHP では知覚プロセッサ，認知プロセッサ，運動プロセッサの三つのプロセッサがあり，それらが系の時間特性を決定するように見えていた（実際は目標構造が系の時間発展を決める）．一方，MHP/RT では環境との同期を取らなければならないことから，MHP のように三つのプロセッサを置くことをせず，認知フレームの更新頻度とフィードフォワード制御による行動表出，フィードバック系による意識の表出行動のモニタにより，全体系の時間特性が決定されているという構造になっている.

1.2.5 TK 脳モデル

前項での MHP/RT の説明は，それがシミュレーションモデルであることから情報の流れが中心であった．したがって，目標の管理機能（満足度最大化機構：MSA）や，記憶の蓄積・利用機能（構造化ミーム理論：SMT）の働きがわかりにくかった．そこで，MHP/RT の各パーツが担う機能の観点から整理し，見直したものを図 1.2.6 として示す．環境や身体からの情報の入力は，「知覚情報処理自律システム」が処理を行う．処理された情報は，「意識処理自律シス

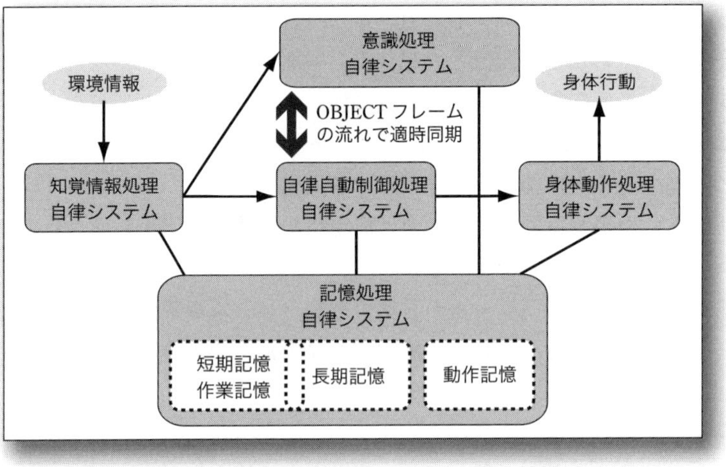

図 1.2.6　脳内主要自律システム間協調機構の概要

テム」「自律自動制御処理自律システム」に直接的に流れ込む．これらの二つの自律システムは，常に更新される認知フレームの流れの中で適時同期が取られる．自律自動制御処理自律システムの出力は「身体動作処理自律システム」への入力となり，行動が表出する．ここまでに登場した四つの自律システムは，「記憶処理自律システム」と連結している．連結はレゾナンスによるので，どちらが入力でどちらが出力という方向を持った関係にはなっていない．

図 1.2.7 は，図 1.2.6 を詳細に示している．満足度最大化機構（MSA），構造化ミーム理論（SMT），脳内情報流体力学（BIH）の三つの理論の全体の関係を表現するものであり，これを TK 脳モデルと呼んでいる．

以下に TK 脳モデルの動きを，図 1.2.7 を使って大まかに説明する．

日常行動は多様な目的行動の集合である．ある時点では，ある目的のための行動を行う．しかし，個人により時間の配分や優先度は異なる．個人は状況に合わせてバランスを取りながら，時分割的に処理を行う．図では，個人が置かれる可能性のある状況として，仕事，公共，共同体，仲間，家族，個人を想定している．どの状況に置かれるかによって，表出する行動が異なってくること

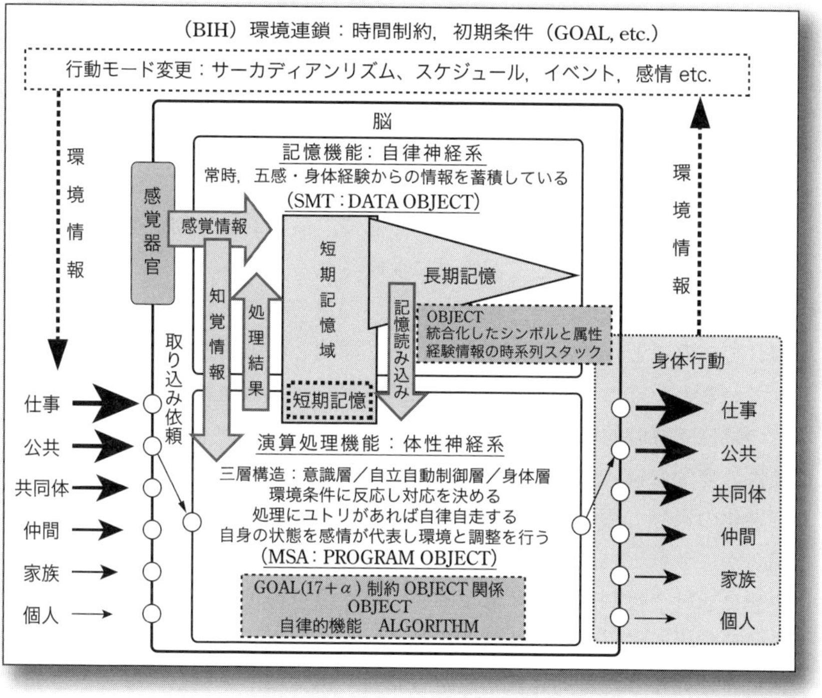

図 1.2.7　TK 脳モデル（文献［1.24］の図 9.2 より引用）

を表している．

まず脳は，その個人の置かれた環境状態の中で，環境の中の情報を BIH 理論で規定される継続的な変化を伴う情報の流れとして受けながら，自身の自律的活動を決定する．

脳は，外部の状況を知覚器官を通して取り込む．そしてそれを，記憶処理系（自律神経系）と行動決定処理系（体性神経系）に引き渡す．それ以後，両処理系は短期記憶・短期記憶域を共通の記憶域として用い，調整的に環境情報の出力である行動を選択していく．記憶処理系は知覚器官からの情報の流れにしたがって継続的に情報を検索し，さらに行動決定処理系からの要請に応じて関連情報を追加的に作業域を経由して行動決定処理系に引き渡す（SMT）．これらは自律的に行われる．行動決定処理系は，状況に応じて行動目的を更新する（MSA）．しかし，それが直接的に作業記憶域に反映されることはなく，要求情報（取り込み依頼）の変化として現れる．そして，それが直接的な原因となって作業記憶域の情報が変化する．つまり，時間軸上で発展する行動の各時刻の行動の間に相互影響が生まれている．そして，最終的に行動が選択される．行動の結果は，処理結果として記憶系に反映される．

脳内の情報処理様式は外部環境との強い関連の中で決定され，様々な時定数で現れていることが解明されてきている．環境との強い連鎖のもとに脳が形作られているということである．例えば，睡眠をはじめとして日，週，季節，年などの単位で経時的に変化する生物のリズム（サーカディアンリズム）は，環境条件の変動に適応するように形成されている．これは，生命科学の研究により，進化の過程で環境条件の変化に反応して起きるようにできていることとして明らかにされている．そして，個人の日常生活のリズムも，自身が属する集団生態における役割に適合するように，多くはその役割を脳が担い，調整するように仕組まれている．これは，行動モードの変更として表出する．行動モードによって異なった行動目標が設定される．例えば，家族といるときと一人でいるときの行動の違いである．同じ行動であっても，行動目標の観点からは異なった評価となることがある．行動と行動目標の間に乖離がある場合には感情が生起し，行動をコントロールする．これは，意識が行動を決定するにしても，意識の判断がかなりのレベルで感情の動きに影響されることを示している．このような仕組みが実際に存在することは，実験心理学により証明されている．

1.2.6　行動の階層構造

日常行動を考えるとき，具体的に観測される行動を，いくつかの時間スケール上で生じていることの合成されたものと考えることができる．時間スケールはミリ秒，100 ミリ秒，数分，数週間などである．これらの時間スケールで生じることがらを，時間の増大に伴って連続的に変化するものであると捉えることは間違いであり，それぞれ不連続に接続する非線形の関係にあると考える方が

表 1.2.1 Newell's Time Scale of Human Action（人間の行動の種別の階層区分とその基礎活動単位時間）（文献［1.24］図 3.2）

スケール（秒）	時間単位	システム	世界
10^7 10^6 10^5	数ヶ月 数週間 数日	—	社会帯 Social Band
10^4 10^3 10^2	数時間 10 分 数分	タスク タスク タスク	論理帯 Rational Band
10^1 10^0 10^{-1}	10 秒 1 秒 100 ミリ秒	単位タスク 操作 行為	認知帯 Cognitive Band
10^{-2} 10^{-3} 10^{-4}	10 ミリ秒 1 ミリ秒 1 マイクロ秒	神経回路 神経 細胞器官	生物帯 Biological Band

適切である．表 1.2.1 は，ニューエルが行動種別と時間階層の関係について説明した表である［1.14］．行動種別には，1 ミリ秒～10 ミリ秒の特性時間を持つ「生物帯」，100 ミリ秒～10 秒の特性時間を持つ「認知帯」，数分～数時間の特性時間をもつ「論理帯」，そして，数日～数ヶ月の特性時間をもつ「社会帯」がある．

MHP は，認知帯を中心にした行動帯域を対象とする．日常行動を対象としたときには，論理帯より上の行動帯域も対象とする必要がある．日常行動においては，社会の影響を考えないわけにはいかないからである．そこでは，他者との関係がミームとして組み込まれる．そこでの特性は，環境・時代に依存して変動する（図 1.1.2 を参照のこと）．

1.2.7 日常の行動選択のメカニズム理解の鍵

図 1.2.5 は，情報入力から行動表出に至る MHP/RT の処理プロセスを示している．このプロセスで重要な点は，フィードバック制御に関わる意識層の行動の組織化に及ぼす影響の大きさと，フィードフォワード制御に関わる自律自動制御層の行動の組織化に及ぼす影響の大きさが，各時点でとられている行動

への意識の関与の大きさに応じて相対的に決定されることである．そしてそれは，認知フレームの更新頻度と認知フレームに表現される情報の粒度との関係に現れる．以下に，この点について説明する．

(1)　意識層と自律自動制御層の関係

自律自動制御層が行動を完全に支配している場合，認知フレームの更新頻度は最速になる．これは，無意識に行動をしている状態に対応する．レゾナンス反応により活性化される記憶を参照して，行動が適切に行われているかがモニタリングされる．差が見い出されない限り，フィードバック制御は働かない．自転車で通い慣れた道を走行しているような場合に相当する．ここでのモニタリングは高い頻度で行う必要はない．そのため，無意識に行動を行いつつ，意識が行動と関係のないことがらの処理を行うということが起きる．意識が浮遊している状態である．自転車に乗りながら携帯電話で相手と話をするような場合がこれにあたる．

逆に，意識層が行動を完全に支配している場合は，行動を伴わないで思考をしている状態に対応する．このとき，環境からの入力情報に応じて行動を生起させるために割り当てられるリソースは最小になる．図 1.2.5 では，これは自律自動制御層の情報流の流量が小さいことに対応する．作業記憶は意識層がほぼ占有する．ただし，環境の急激な変化，たとえば電話の音には反応できるように情報フィルタは機能する．

(2)　身体の覚醒

図 1.2.8 に，身体が覚醒するときの脳の状態を表した．睡眠中は，大半の感覚器官は休止状態にあり，脳には身体の体温調整など身体を安定した状態に保持するための静かで緩やかな情報が流れている（情報流の実線の部分）．覚醒とともに各種感覚器官は活動を始め，情報を取り込み，情報流は急速に拡大していく（情報流の点線の部分）．そうすると，情報は神経ネットワーク網を循環しながら流れることから，渦の中心が明確になってくる．それは，実際には，神経ネットワーク網の発火の連鎖の流れが集中する場所である．神経ネットワーク網のクロスリンクを通じ，意識層にエネルギーが流れ込み，意識層での活動が誘発される．

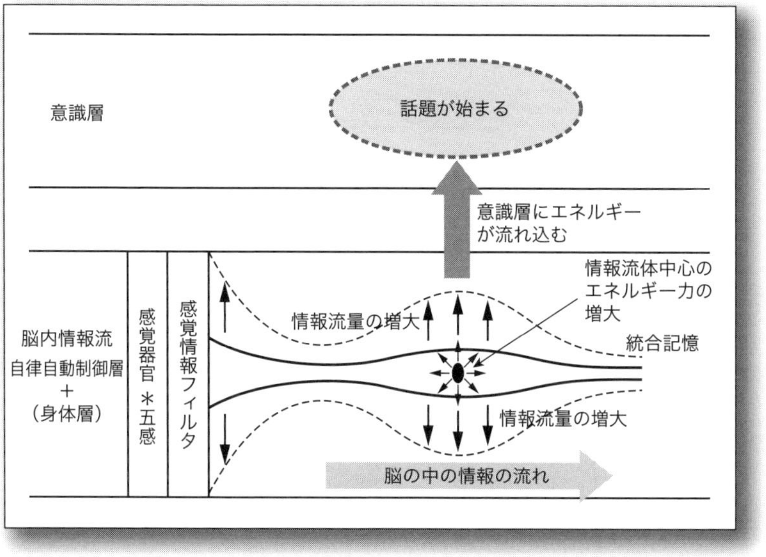

図 1.2.8　**身体の覚醒**（文献［1.24］の図 22 より引用）

(3)　感情と意識の相互作用

図 1.2.8 の状態から発展し，感情と意識が生まれたときの脳の状態を図 1.2.9 に示す．意識層の活動が活発化し，意識層の中で活動中心が生まれ，意識が活動を始める．多くの場合，それは自分の位置と状況の認知的確認作業である．

意識層の中で意識は，現時点以降にどのように情報を扱うかによって意識の発生点から移行していく．図では，その方向を左右方向として示している．意識層の中で初期意識は，情報をより精細に扱う方向に向かう場合（図の左方向）と情報を広い範囲で扱う場合（図の右方向）がある．多くの場合，これは意識が発生した地点において経路調整を行う活動に関連している．特定の作業中は情報の流れは安定しているので，意識の位置は一定と考えてよい．左右の方向へ意識が動く場合は，その移動量に比例して扱う情報の密度が変動する．ただし，脳の処理能力は集中力で変動するので，扱われる情報の量はその影響を受ける．

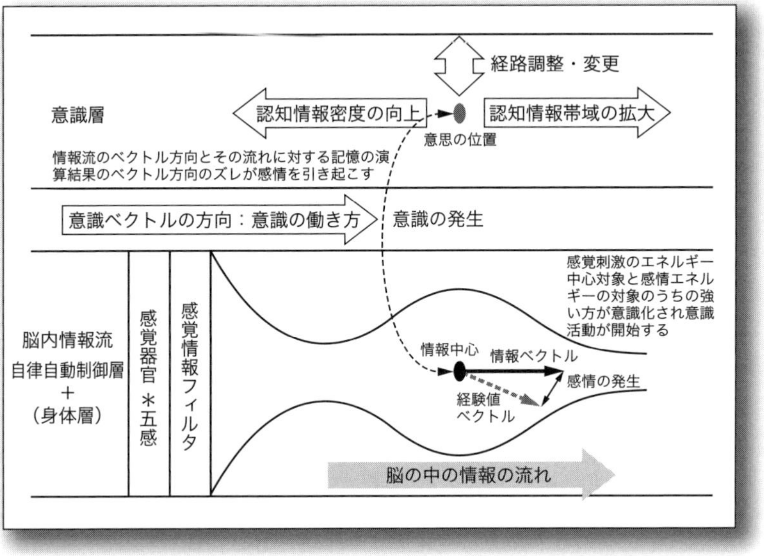

図 1.2.9　感情と意識の発生（文献［1.23］の図 22 より引用）

身体が覚醒して各種の知覚器官から情報が流入すると，それが誘因となって神経ネットワーク網の発火の連鎖が生じ，新たな流れが生じる．その情報流は記憶システムに流れ込み，レゾナンス反応を呼び起こす．このレゾナンス反応により活性化された過去の経験に対応する情報流の流れのベクトルと，現在の行動の方向を示す情報流の流れのベクトルに違いがあると，感情が生じる．経験情報流ベクトルの方向と現在の行為情報流ベクトルの方向との間の食い違いが不都合なものであれば，感情がそれを修正する役割を担う．また，レゾナンス反応の値は，そのときの自身の生活の環境との調和状況を知らせる感情と関連している．

その後，その感情を意識が受け取り，意識が知る感情分類に対応させることにより，どのような感情が生起したかを認知する．

(4)　意識システムと自律自動制御システムの関係

意識と自律自動制御層の関係を意識と行動の同期がとれているかどうかで分

表 1.2.2　意識システムと自律自動制御システムの平行処理形態の種類

同期モード	意識主導（Ⅰ）	未習熟作業，学習
	自律自動制御主導（Ⅱ）	日常生活行動，習得技能活動（運動，操作）
非同期モード	同相モード（Ⅲ）	作業記憶の共用 同期に移行が容易
	異相モード（Ⅳ）	作業記憶の非共用 同期に不連続的タイムラグが発生

類すると，表 1.2.2 のようになる．同期モードは，意識主導の場合と自律自動制御主導の場合がある．非同期モードは，意識と行動が別々の目標を持って同時並列的に動いている場合である．同相モードでは，作業記憶を意識と行動が共用する．病院の待合室で名前を呼ばれるのを待ちながら本を読んでいるというような状況がこれにあたる．異相モードでは，意識が浮遊している．自動車運転中（自律自動制御層の活動）に携帯電話のメールを読んでいて（意識層の活動），歩行者に気づかず事故を起こしてしまうような状況がこれにあたる．

1.3　行動選択に重要な役割を担う脳の報酬系（MSA）

日常的な行動選択がどのように組織化されているかを理解するための鍵は，脳の報酬系にある．行動の結果が個人にとっていいものであったかどうかは報酬系の反応に現れる．我々は，行動の結果が報酬をもたらすような生き方を「人が幸福感を感じる生き方」と象徴的に表現し，それがどのような基準によってもたらされるのかを考察してきた．そして，脳の仕組みや様々な人間の生態事象から得られる知見を総合することにより，報酬系の動きを行動目標のレベルで柔軟に表現する枠組みとして，満足度最大化機構（MSA；Maximum Satisfaction Architecture）を構築した．価値構造が単純であった時代には，明確な目的の達成（蓄財する，有名になるなど）が報酬系の動きと連動していた．しかし，現代のような満たされた時代においては，比較的長い生活期間で起きる多様な出来事を様々な視点から考慮して報酬系の働きを理解することが必要である．MSA は，人々の多様な生き方を，満足度を最大化するための報酬系を背景にした活動の現れとして理解するための基盤を提供する．

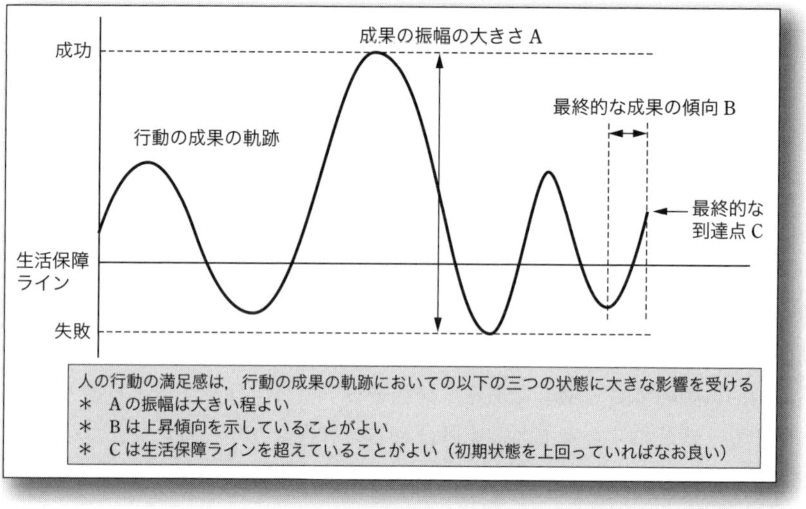

図 1.3.1　満足感を決める三つの重要ポイント（文献［1.24］の図 2.9 より引用）

1.3.1　満足度最大化機構（MSA）の概要

図 1.3.1 は，生体が満足感を得る仕組みを示している．これは，MSA の最も基本的な動きである．満足感は成功と比例して得られるのではなく，図中の「行動の成果の軌跡」として示した期間を経て得られる．この期間は中長期の何らかの節目となる期間に対応し，最短でも半年を超える．このように時間がかかるのは，人間の体験の詳細な情報が作業記憶域に保持される期間が 3ヶ月程度と想定されるからである．この期間を経過しないと，その期間内に作業記憶域に残っている記憶が様々に影響を及ぼしあい，行動の成果の軌跡の総合的な結果がどのようなものになるかが定まらないからである．

では，行動の成果の軌跡と満足感の関係はどのようになっているのであろうか．それは，要約すると，軌跡の反応値が集積されるのではなく行動の成果の印象の記憶が集積され，それが満足感に影響を与えるということである．印象は，記憶が作業記憶から長期記憶に移行していく際に様々な変更が加えられた結果として形成される．図1.3.1に示したように，成果の振幅の大きさ，最終的な成果の傾向，最終的な到達点が変更の内容に大きく影響を及ぼす．

満足感が得られるプロセスは，図1.3.1に示した行動の成果の軌跡の形に集約されている．以下では，その重要なポイントを示す．

1. **変動**：知覚機能は動的な変移（差分）を感知することにより働くので，安定状態でいる間の反応はきわめて限定的である．したがって，満足感を得るためには変動が必要である．
2. **良い結果が継続的に生じる**：継続する幸福過程での記憶は，最良反応のものと全体の評価とが記憶に残る傾向がある．
3. **最終的な成果の傾向**：良い変化に対しては，その変化分に比例するように満足感が生じ，それが記憶される．
4. **成果の振幅の大きさ**：良否事象間の振幅が大きい程，その事象全体に対して強い印象が残る．それを乗り越えたことが，自身の努力の成果として良い評価が与えられ，記憶される傾向がある．
5. **最終的な到達点・最終的な成果の傾向**：評価の最終時点での結果が許容できるものであり，作業記憶域において隣接する記憶が良いものであるとき，それらが評価に及ぼす影響は非常に強い．その結果，最終的な評価に良い結果をもたらす．
6. **悪い結果は記憶されない**：悪い結果をもたらす事象が生じたときは，心身が忌避すべき限界値に至った段階で強い反応を示し，今後の避けるべき事象として記憶されるようにできている．しかし，途中の状態では意識がその回避のために全力で取り組むので，あまり記憶に残ることはない．

人間の日常行動において，当然，意識は良かれと思う行動を選択する．無意識下では，通常の状況であれば無意識的かつ経験的に良い方向が選択される．流れの中で知覚情報の中に悪い方向の限界値境界を検知したときだけそのことは意識化され，避けるようにするという動きをする．よって一般的に，継続的行為の最終段階に起こることが自身の努力の成果として意識化され，途中の出来事は印象の強さの集積としてだけ意識化され，その組合せが全体の総合的な評価となる場合が多いのである.

もちろん，日々穏やかな規則的な良い生活が送れることは，身体バランス的に良い状態であり，十分に満足感・幸福感を感じる状態にあるため，重要である．しかし，この状態自体は意識の結果として認識する機会が限られるので，意識化されることが少ないという性質を持つ．それ故に，残念ながら意識の行動目標になりにくい.

行動目標は，成功体験で得た高い満足感・幸福感以上の体験の再現を追い求めるように意識化される．実際の経験的体感とは離れて，行動の初期段階では，成功したこと自体が幸福であるような錯覚を感じることになることは致し方ない問題なのかもしれない.

1.3.2　行動生態と幸福の分類

人間が行動を選択するとき，満足感・幸福感を得ようとすることは重要な動機となる．人間が感じる満足感・幸福感は，行動生態の中で様々な形で生じる．そして，その表出構造は，位相の異なる複数の仕組みの組合せとして形成されている．満足感・幸福感がどのようなときに表出するのかを分類することを目的とした研究は多い．その中でも，文化人類学者のモリス（D. Morris）の導き出した分類は，我々自身の生活感から素直に受け入れることができるものと考えられる [1.13]．彼は類人猿などとの比較を行い，最も素の状態に近い人間が表す行動生態の中で，多くの人間が共通に幸福感を抱く場合を分類した．表1.3.1は，モリスの分類をもとに現代の生活においてどのようなときに幸福感が抱かれるのかを，個人が置かれる場の特徴との関係性の中でマトリックス状に整理したものである.

生体が感じる幸福感には二つの種類がある．一つは，生命体として身体に組み込まれた知覚的反応の素直な評価として生じる反応であり，「美味しい」「美しい」などがある．ただし，これらの反応は個人の生育環境の影響を受ける．そのため，それぞれの個人で異なる反応を示す．表1.3.1の分類項目のうち，認知階層の第1階層で幸福感を感じる可能性の高いものがこれにあたる．もう一つは，自身の行為がいわゆる成功と言われる結果を導いたときにもたらされ

表 1.3.1 幸福のマトリックス（文献［1.24］の図 2.7 より引用）

モリスの幸福の分類	認知階層		
	第 1 階層 身体・個人	第 2 階層 家族・コミュニティ	第 3 階層 企業組織・行政組織
1. 目的の設定と達成	◎	◎	◎
2. 競争の勝利		◎	◎
3. 協調の成果		◎	◎
4. 種の繁栄（遺伝）	◎	◎	
5. 官能（性と食）	◎	◎	
6. 知的想像（脳の活性）	◎	◎	☆
7. リズム	◎	◎	
8. 痛みに対する忍耐	◎		
9. 危機への挑戦	◎	☆	△
10. 執着的意思の遂行	◎	☆	△
11. 瞑想（現実の遮断）	◎		
12. 献身		◎	☆
13. 苦悩からの解放	◎	☆	
14. 化学的刺激（麻薬・酒）	◎		
15. 空想	◎		
16. 笑い	◎	◎	
17. 偶然がもたらした利	◎	◎	◎

幸福の可能性：◎強い；☆；普通；△；弱い

る，相対的な事象の変化を感じ取ることにより生じる幸福感である．これは個人的な感情である．個人が置かれている環境での立場，責任，その行為の目的などで，受ける感覚はまったく異なったものとなる．すべての認知階層でこの幸福感が抱かれる可能性がある．

人間は日常生活を営む中で，様々な状況に置かれる．表 1.3.1 の 17 項目を見ると，種々の状況下で表出する行動の良否が判定されるようになっていることがわかる．また各項目には，すべての認知階層で有効なもの（1. 目的の設定路達成，17. 偶然がもたらした利），ある認知階層でのみ有効なもの（8. 痛みに対する耐性，11.瞑想)，複数の認知階層で有効なものがあり，人間の日常的な活動の範囲で利用できる分類図式であることがわかる．

現在，幸福感をもたらす仕組みは，神経伝達物質のセロトニンとドーパミンにより担われていることが判明している．人間の行動生態に至るまでの進化の過程で，脳の構造は階層的に複雑化してきた．その中においても，この仕組みが遺伝子として継承的に組み込まれていることは驚くべきことである．

この幸福感の分類は，人が幸福感を感じる可能性の，生態の中での場と捉えておけば良いであろう．

1.3.3　身体的行動の動機と幸福感

個人の行動は，主体的行動と従属的行動に分けられる．主体的行動とは，自身の強い自律的活動により引き起こされる行動である．それに対して従属的行動とは，習慣的な行動や他者からの指示による行動である．行動が主体的になされるのか，従属的になされるのかが，幸福感に大きく影響する．図1.3.2にその関係を示す．行動の目的を設定する際の制約が弱ければ弱いほど，そして，目的を満たすための行動の自律性が高ければ高いほど，大きな幸福感が得られ

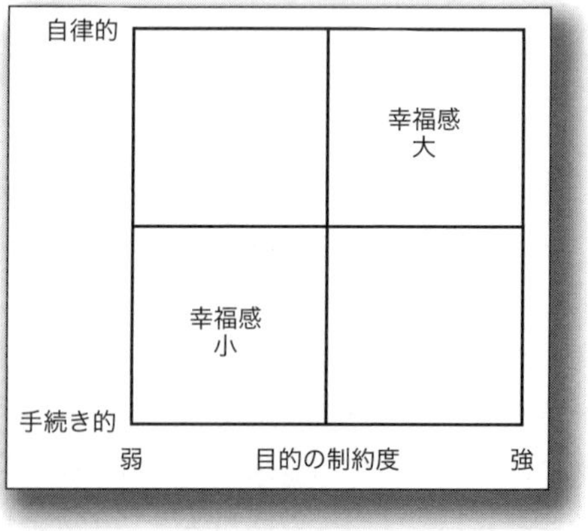

図1.3.2　行動の中で得られる幸福感（文献［1.24］の図2.8より引用）

表 1.3.2　手続き的作業と自律的作業の比較

	手続き的作業	自律的作業
幸福感	小	大
作業にかかる時間	短	長
作業の困難さ	小	大

る．これは，行動の理由が自己目的であり，そのときの行動の選択肢が多く存在する場合である．逆に，目的が他者の設定によるものであり，それを満たすための行動も決められた手続きによるものである場合は，幸福感は小さくなる．

通常の仕事は手続き的な作業を多く含んでいる．一方，日常生活は，仕事に比較すると自律的な作業の比率が高い．表 1.3.2 は，作業の性質に従って，手続き的作業と自律的作業を整理して示している．手続き的作業（仕事に多く含まれる）は，作業にかかる時間は短く，作業の困難さは小さい．しかし，得られる幸福感も相対的に小さい．一方，自律的作業（日常生活に多く含まれる）は，作業に時間がかかり，困難さも大きい．しかし，得られる幸福感は大きい．

1.3.4　報酬機構と幸福感

脳全体の幸福状態をコントロールする神経伝達物質には，ドーパミンとセロトニンがある．大雑把にいえば，ドーパミンは成功体験などの行動に伴う良い結果が意識化され，認知された場合に幸福・満足感をもたらす．一方，セロトニンは情緒・気分という種類の調和バランス的な良い状態を表出し，その良い状態が継続することを通じて落ち着きのある幸福・満足感をもたらす．

簡単に言い直すと，以下のように整理できる．

成功報酬系の特徴：刺激量に応じたドーパミンの排出が行われ，高揚感的な幸福・満足感が得られる．同様な刺激の反復に対しては反応減衰が起き，常に新しい刺激へ誘導する．

行動バランス系の特徴：身体全体が軽快に動き，体内の自律器官間の同期がバランスよく取れているときにセロトニンが排出される．このようなときには全体的に負荷が低い状態となっていて，知覚機能もバランスの良い状態となっている．そのため，感応器官が繊細に働き，種々の刺激に反応しやすい状態にある．また，セロトニンはドーパミンを誘発する．したがって，この状態が持続されることにより多幸感がもたらされる可能性がある．

成功報酬系の幸福は高揚的な幸福感であり，行動バランス系の幸福より強く感じられる傾向がある．当然，両者が複合的に作用すると，幸福・満足感は非常に高いものになる．ただし，成功報酬系は同様な刺激に対しての反応減衰が起きるので，若いときに現象が起きやすい．そのため，晩年には行動バランス系を強く感じるようになる傾向を示す．

1.3.5　意識的満足・体感的満足の非同期性と満足感

満足には，意識的満足と体感的満足の二種類の満足が存在する．これは，TK 脳モデルからの帰結である．すなわち，意識処理系と自律自動制御系が存在し，それぞれが互いに切り離された状態で並列的に処理を行い，独自に完結した処理を実行し，独自の満足感が得られるようになっているからである．仕組みとしては，意識的満足はドーパミンが強く作用して生じるが，体感的満足はセロトニンとドーパミンのバランスがとれた組合せで生じると考えられる．このことが大きな問題を引き起こす．すなわち，両者の満足の同期が必ずしも保証されないという問題である．この問題は，大脳が発達した人類において顕在化した．

同期がとれていないとは，意識が満足しても体感が満足しない状態を指す．反対の場合もある．無意識下の状態では，体感は感情として表出する．

意識が主導権を持って行った行動選択により，目的とした目標に達する良い結果が得られたとしよう．例えば，救援活動のボランティアに参加し，教わったことを確実に実践し，自ら設定した行動目標が達成され，社会貢献をすることができた．意識の上では大きな満足感が得られるだろう．しかし，もし，受益者の表情から感謝されたという体感が得られないとしたらどうだろうか．これは，受益者側の表情を読み取るという経験が不足していることが原因かもしれない．しかし，そのようなときには，体感的満足は伴わないに違いない．この例のような，意識的満足と体感的満足が同時に生じないという事態が起こることは事実である．当然，この逆の場合も起き得る．

同じことが起きても満足感を覚える人もいれば，そうでない人もいる．個人差の原因は，意識的満足の背後にある意識の推測の個人間のばらつきや，体感的満足の背後にある環境情報と生体反応の関連性の獲得がエピジェネティックであることにある．そして，意識的満足と体感的満足の同期の程度が総合的な満足の程度を決定する．それぞれの満足の個人差に同期の程度のばらつきが加わり，満足の個人差は助長される．

現在，情報通信技術の進展によりネットワーク化が進み，集団生態が急速に発展している．その影響により，意識による推測の範囲が広がっている．しかしサイモン（H. Simon）が指摘したように，意識の推測がかなり不完全な情報のもとに行われていることを考えると，意識の推測結果の個人差はますます広がると考えられる．その結果，意識的満足と体感的満足の同期がとりにくい状況は加速される．人間の行動選択の第一原理が高い幸福・満足感を得ることにあることを考えると，意識的満足感と体感的満足感の同期が確実にとれるような行動選択を行えるようにすることはきわめて重要である．それが容易に実現できるようには，これまでの社会はデザインされていないと考えられる．これは大きな問題である．

1.3.6 現代社会（満たされた時代）の幸福の問題点

図 1.3.3 は，経済成長の変化率と個人の幸福・満足感の変化率の関係を模式的に示している．人の欲求の大本は，食と性の充足である（表 1.3.1 に示した幸福のマトリックスの項目 5）．これらを媒介するものは貨幣であり，それがうまく個人に回ってくるのかどうかは経済成長の変化率で測れる．これは，図の左の部分にあたる．

現在，経済成長は鈍化し，幸福・満足を求める対象は多様化している．また，現代は満たされた時代であり，生まれた段階から豊かな環境におかれていると，時代の成長変化に伴う体感としての向上感は低く，期待値も低くなる．経済的

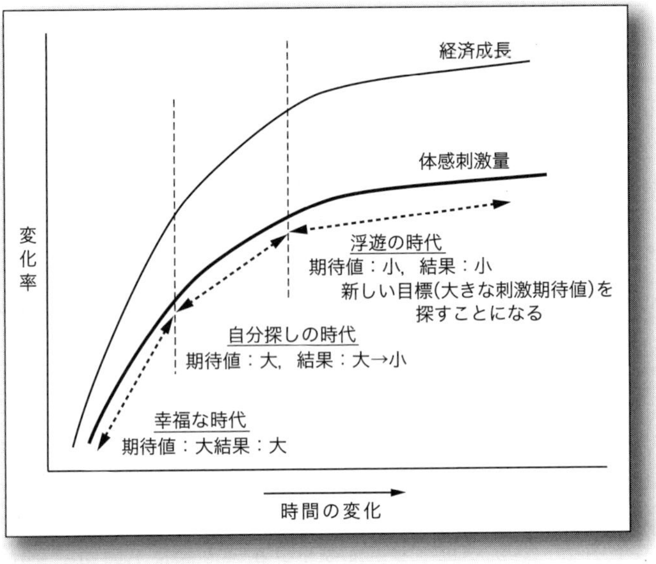

図 1.3.3　経済成長・体感刺激量・期待値の世代による対応関係の変化（文献［1.24］の図 2.10 より引用）

な貨幣価値は変化の重要な指標であり，幸福・満足感を生起させる環境刺激であった．しかし豊かな時代にあっては，その刺激は時として体感的には良否を伴わない変化でしかなくなってしまう．そして刺激の種類によっては，期待値を得るために事前のその刺激への慣れが必要となる場合も生まれる．慣れていない場合には，当初はネガティブな刺激として体感されてしまう場合が生まれる可能性すらある．例えばワインを例に考えてみよう．ワインの試飲経験の乏しい人には，その価格のあり方は理解し難いものかもしれない．初心者には口当たりが良い飲みやすいものが美味しいと感じ，味覚経験の無い舌は，複雑な味にどのような判断を下すべきか予想ができない．そのような場合，つまり価格の変化値が体感刺激の向上に比例しない状況では，それを獲得するための別の手段が必要になる．

幸福・満足感につなる体感刺激量が十分に得られない状態が長く続くと，自律自動制御層の行動決定の処理系が不安定化し，変化を求めることになる．基礎にある個人の幸福感は身体内の感応特性の変化に応じ，反応のバランスの調整を求められ，その調整のために集団生態を含む調整を求められる場合が発生し，その調整は試行錯誤的なものとなる．例えば，生産現場の機械化が進み，作業者の仕事が分業化され，作業の流れの主導権がベルトコンベヤに握られ，それぞれの作業者の仕事がその流れに従属的かつ単純な反復的行為となってしまった場合などである．このような状況になったときには，やがて事故が起きやすくなったり，作業者の定着率の低下現象が生まれることになる．

1.4　情報交換の媒介役（ミーム）と記憶の関係

これまでに，周辺環境との密接な情報連鎖関係によって規定される制約の中で（1.2 節），高い幸福・満足感を達成できるように人間は行動選択を行うということを説明してきた（1.3 節）．前者は BIH であり，シミュレーションモデル MHP/RT により説明した．後者は MSA である．図 1.2.7 に示した TK 脳モデルには，もう一つ重要な要素として記憶機能がある．記憶機能は，MSA によりコントロールされる行動目標と BIH により規定される全体的な情報の流れとの間に存在し，外部環境を脳の中に再構築して，自身の行動をシュミレーションする作業を通じてシステム全体の振る舞いに影響を与える．

ここでは，記憶機能について説明を行う．かつて記憶は，記録を蓄えておく倉庫のように考えられていた．記憶の利用者として意識が想定され，作業を行うときは意識の管理のもとで記憶が利用されるという考え方である．しかし，これまでに説明してきたように，記憶も自律した器官として固有の働きをしている．自律器官はいかなるものにも管理されない．これは，従来の考え方とはまったく異なっている．

我々は，自律システムである記憶この仕組みを説明する理論として構造化ミーム理論（SMT；Structured Meme Theory）を構築した．以下ではまず，記憶の自律システムの仕組みについて説明し，その次に，外部環境を脳の中に再構成しシミュレーションするという機能を実現するために，何をどのように記憶しているかを説明する．

1.4.1　脳の記憶自律システムの仕組み

(1)　記憶の利用

脳の記憶システムは，図 1.2.7 に示した TK 脳モデルに示されている．それを単純化したものが図 1.2.6 である．これらの図から，記憶システムと他のシステムの関係が読み取れる．図 1.2.5 に示したシミュレーションモデル MHP/RT の中では，記憶システムの機能は記憶のレゾナンス反応としてのみ記述され，詳しい表現は与えられていない．その理由は，記憶自律システムの活動する位相が他の自律システムと異なることにある．つまり，記憶自律システムの時間に反応する動きが非線形的に異なるために，他の自律システムに合わせた時間的な流れ図の中では表現できないためである．

そこで，記憶自律システムの時間の流れからシステム全体の動きを見てみよう．図 1.2.6 を記憶自律システムの時間の流れで表現し直したものを図 1.4.1 に示す．この図で重要な点は，記憶自律システムの動き出しのタイミングが，

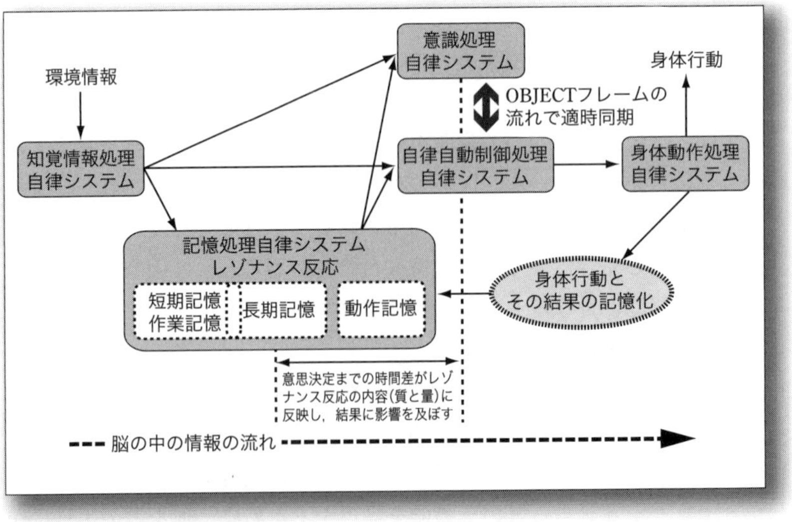

図 1.4.1　脳内主要自律システム間協調機構の時間の流れの関係で見た概要

意識処理自律システム，自律自動制御処理システムの動き出しよりも早くなっている点である．記憶には過去の記録が蓄積されている．それをもとに，他のシステムは次の処理を行うことになるからである．

そして問題なのは，このときの記憶自律システムが他の自律システムに伝えうる情報が，全体システムの時間制約条件によって異なったものになることである．その様子を図 1.4.2 に示した．時間にゆとりのある場合は過去の記録を広く利用することができるが，時間制約が強い場合は作業記憶に呼び出されている記憶の範囲で作業が行われる．コンピュータの処理に例えるならば，時間制約の高い場合は主メモリに置かれている情報を活用して動作している状況である．このとき，利用している情報へのアクセス時間は速いが，動作の範囲は限定的である．一方，時間制約のない場合は，記憶装置内の情報を十分に活用

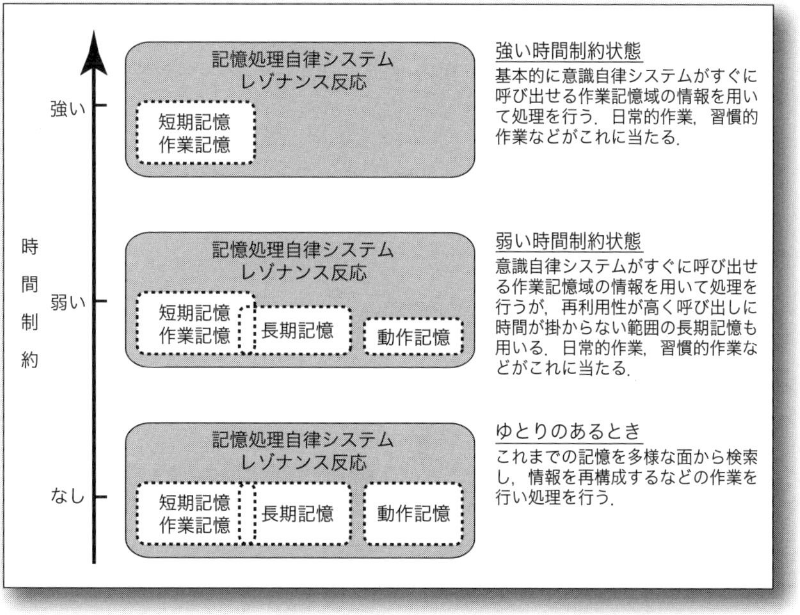

図 1.4.2　時間制約と利用される記憶の範囲の関係

して動作を決定するので，動作の範囲は広くなる．

(2)　記憶の蓄積

図 1.4.3 と図 1.4.4 は，記憶の蓄積の観点から記憶システムを記述している．図 1.4.3 は，記憶情報が時間の経過とともに階層的に間引かれ，整理されてから記憶されることを示している．また図 1.4.4 は，記憶処理系がそれぞれ固有の時定数を持ち，その結果として異なる位相で変移をすることから，それぞれの変化の動きがまったく異なったものとなっていることを示している．記憶状態は個人に固有なものである．そればかりか，時間とともに変移する．呼び出される記憶は呼び出し時の状況に依存するのであるから，何が呼び出されるのかを予測することは原理的に不可能である．

図 1.4.3 に示した脳の記憶階層構造は，既に表 1.2.1 に示したニューエルによる人間の行動の種別の階層区分と，その基礎活動単位時間（生物帯，認知帯，論理帯，社会帯）の影響を強く受けている [1.14]．脳の中での情報処理は，複数のオブジェクトの関係を記述した認知ボックスを，オブジェクトをキーに連鎖させることで進む．そのため，利用可能な認知ボックスの形成に許される時

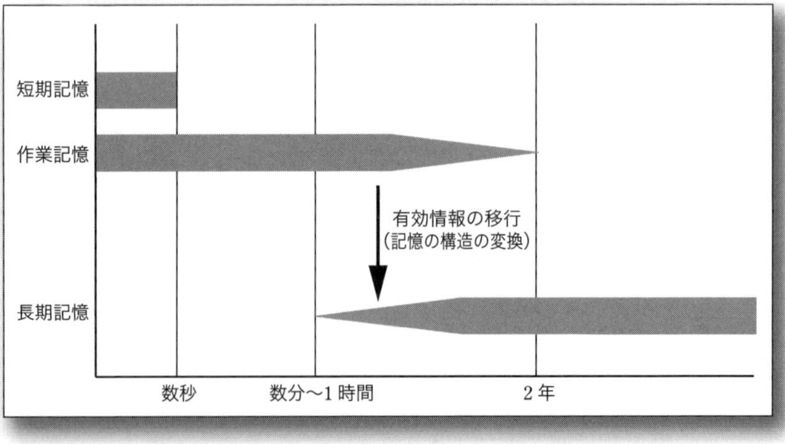

図 1.4.3　脳の記憶の階層の時間特性（文献 [1.24] の図 3.3 より引用）

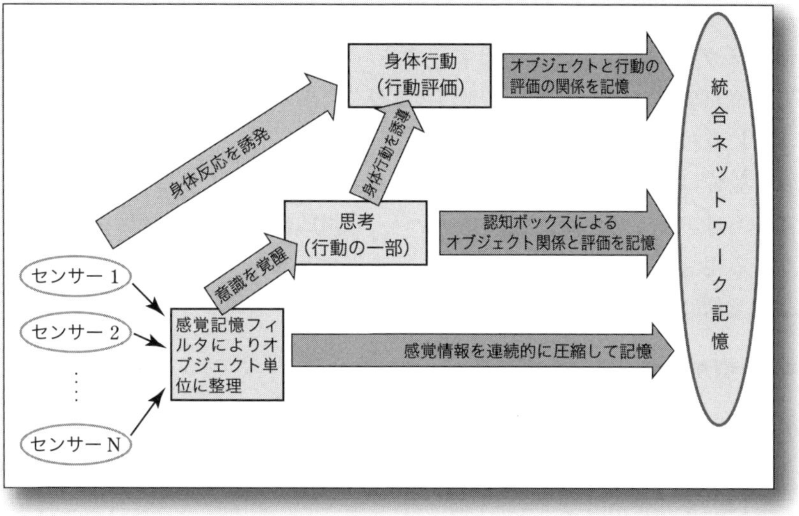

図 1.4.4 脳の処理系の階層と記憶構造の関係（文献［1.23］の図7より引用）

間が重要な意味を持つ．また，作業記憶と長期記憶では，記憶される情報の構造が異なっている．例えば，聴覚情報は作業記憶の中では音韻情報として符号化されているが，長期記憶の中では意味的に符号化されている．両者の間の溝が多くの特性を決定付けている．

(3) 自律器官としての記憶システム

記憶システムは送り込まれた情報を自律的に読み込み，独自な方法で整理して蓄積する．そして，他のシステムからの要求に応じ，そのときの記憶システム自身の状態に応じて内部処理的に反応した範囲の情報を返す（レゾナンス反応）．記憶システムは，意識が認知の対象としているオブジェクト全体をまとめて記憶するのではなく，分散して記憶する．その際，記憶蓄積する過程で逐次比較することにより見つけ出した識別子を利用する．それらを特徴点要素として利用し，分解レベルを順に上げて分散記憶する．元のオブジェクトは，特徴点の集合とそこに記憶されている内容を比較して特定できる．このことにより，柔軟なオブジェクト認知が可能になっている．また，オブジェクト認知の段階でオブジェクトを近似的に表現する（あるいは近似的にしか表現できない）特徴点集合により表現し，別のオブジェクトと識別することが簡単に行えるようになっている．

身体動作は，身体内部の各器官の動きが表出したものである．その記憶は，意識からはアクセスすることはできない．意識的には，身体部位の動作に伴って生じる視覚刺激の表象，例えばボタンを押すときの手の動きの見え方などとして視覚的に認知記憶している．

1.4.2　脳が再構成する仮想空間

(1)　環境との相互作用による行動の伝承

人間は，見たことのないオブジェクト（製品，嗜好品など）に出会ったとき，ただちに好きなものとそうでないものを識別する．似たようなオブジェクトを利用した経験があれば，初めて見たオブジェクトであってもその性質を理解できる．いずれの場合も，記憶が利用されているはずだ．単なる外形だけの記憶では，好き嫌いの識別や性質の理解ができないことは明らかである．しかし，その仕組みは長いこと不明であった．

また，人間が生み出す文化・文明が世代を超えて継承される仕組みも曖昧であった．ドーキンスは文化人類学の立場から，それまでの文化伝承の仕組みの調査を整理した．その結果，文化の継承という事象は，単なる人間側の記憶能力からだけでは説明がつかないことから，文化の側にも遺伝子のような情報を伝える存在が仮想されると主張した．そして，その漠然とした仮想的存在をミーム（meme）と呼ぶことを提唱した．この考え方自体は多くの賛同を得たが，残念ながら，これまでその仕組みは解明されずに今日に至っている［1.1］．

これらの問題は記憶を自律システムと考えることで解決すると考えられる．好き嫌いの判断は，記憶が自身の体験の結果も保持していることで説明がつく．ミームは，記憶の特徴点集合が階層的に組織化されているという仕組みを基礎として理論展開していくと，最終的に個人生態と集団生態の界面に存在するものとして解釈することができる．

以下に，ミームを理論化した構造化ミーム理論（SMT；Structured Meme Theory）について説明する．

理論構築の際に生命科学などの研究成果について検討した結果，ミームの仕組みも生命界の成り立ちの性質である非線形階層構造を引き継いでいるとの結論に至った．図 1.4.5 は理論の全体像を示している．最も重要な点は，人間の行動方法の伝承の仕方にある．人間の行動方法は，遺伝子によって情報的に継承されるのではなく，模倣という基礎行動によって伝承されるということである．そして，模倣が唯一の伝承手段であるということである．これは，人間の

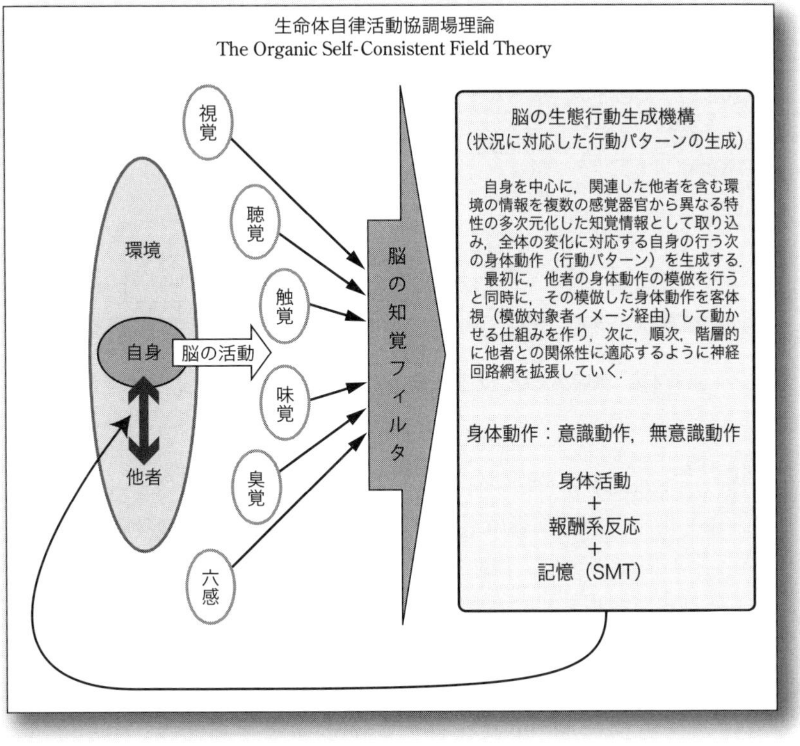

図 1.4.5　脳の生態行動生成機構の形成（文献［1.23］の図 10 より引用）

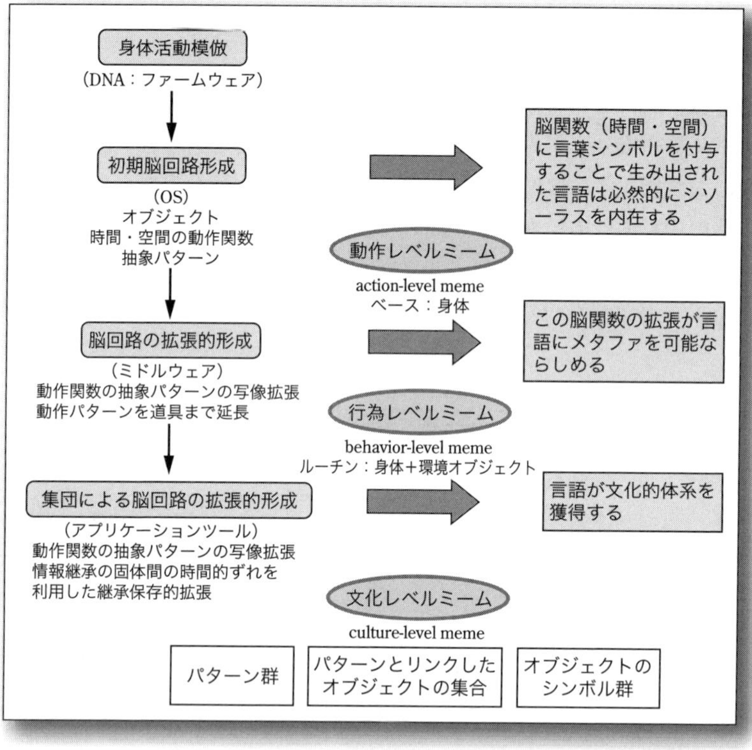

図 1.4.6　情報継承構造の全体像（文献［1.24］の図 8.3 より引用）

行動方法の伝承に関する遺伝子科学や生命科学の研究の成果によっている．このような考え方は，心理学者の J. ラカンが 20 世紀前半に鏡像段階論として提唱している．図 1.4.5 では，模倣行為により知覚神経から取り込んだ情報が神経回路上に自身の行動として変換され，現実世界の写像として記録されていくことが示されている．また，環境との関係で自身の生態行動を変えると，環境も影響を受けて変化し，自動継続的に環境全体との関係が調整される．この相互関連構造については，生命体自律活動協調場理論（The Organic Self-Consistent Fileld Theory）として文献［1.23］に示されている．

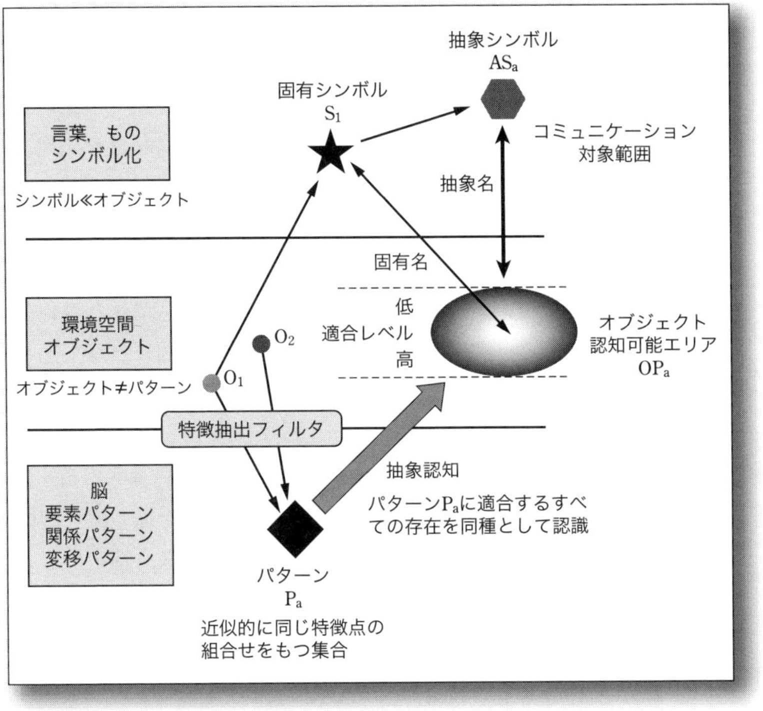

図 1.4.7　非線形階層間の情報継承構造（文献［1.24］の図 8.4 より引用）

(2)　個人の中に存在するミーム

脳に形成された記憶が構造化されたミームを構成する．このときの写像関係は，写像元の外観からの模倣であることや身体特性の違いなどにより不完全なものである．我々は，これを不完全対象鏡面写像と呼んでいる．

SMT の全体像を，図 1.4.6 と図 1.4.7 を用いて説明する．図 1.4.6 は，記憶情報構造の段階的形成の仕組みとその段階ごとの性質を示している．図 1.4.7 は，段階的情報構造の記憶と環境側の存在（ミーム）が人から人へと継承されていく仕組みを示している．

図 1.4.6 について，説明を加える．

動作レベルミーム（action-level meme）：人間は臨界期と呼ばれる生後から2〜3歳ぐらいまでの期間に，脳内の神経回路の接続シナプスを大量に生成し，可能な限りの情報を取り込む．そしてその後，シナプスの生成速度を低下させ，それまでの情報分布をもとに知覚器官の基礎特性を決定する．それと同時に身体動作を開始し，周囲の人間の動きを模倣することにより，個人生態として経験蓄積的に形作られた身体動作を身に付けていく．これは，筋肉などの成長を外部からの制約力に合わせて調整させるという生命の巧みな手法を用いて形成される．このとき，知覚器官情報と身体動作の連結も同時に行われる．このとき形成される，最も人間にとって重要な身体機能が声と手の機能である．この段階までの機能を，動作レベルミーム（action-level meme）と呼ぶ．

行為レベルミーム（behavior-level meme）：その後，声は言葉への道を，手は道具の使用への道を切り開く．そして，継続的な模倣を通じて，周囲の人間の用いる言葉や道具の使い方を身に付ける．このとき，特定の音の集まりが特定の反応を引き起こすこと，および道具を経由して体感される手の感触と道具の動きが一体化して捉えられることを，脳回路上に形成されている動作レベルミームを写像変換拡張することにより新たな階層の行為として身に付ける．この新たな階層の機能を行為レベルミーム（behavior-level meme）と呼ぶ．

文化レベルミーム（culture-level meme）：さらに，言葉は言語への道を，道具はより複雑な機械などの使用への道を切り開く．この段階に至ると，模倣だけではなく集団の一員としての自律的活動体験を通して，自身の属する集団の文化・文明の担い手の一員としての行動を身に付ける．このとき，行為レベルミームを複合的に用いるように拡張が行われ，独自の動きが形成される．この新たな階層の機能を，文化レベルミーム（culture-level meme）と呼ぶ．

(3)　環境の中に存在するミーム

個人の脳の中の文化レベルミームを，その個人の所属集団の全員にわたって統合したものが環境側に存在することになる．これが，ドーキンスが唱えたミームに相当する．ドーキンスのミーム論の主要な理論的継承者のブラックモア（S. Blackmore）は，「ミームとは模倣という行為に象徴される」と主張している．これは，動作レベルミームと行為レベルミームが身体的なものであり，それから上のレベルは環境に強く依存することからあえて言及しないとする区分として考えれば，納得できるものである．

ドーキンスがミームを提唱した頃には，遺伝子の内容がまだ解明されていなかった．そのため，ドーキンスの説明なども，遺伝子に対する誤解から多くの問題点を内在していた．確かに，遺伝子は複製子ではあった．しかし，従来考えられていたような完成品の設計図（この誤解からドーキンスは還元主義のようにいわれた）を複製するという役割を果たすのではなく，機能的基本構造とその関係性を築く成長の過程を描くという役割を果たすものであった．これは，非線形的階層メカニズムにより実現される．遺伝子がそういう役割を果たすものであったおかげで，人間は高い適応性を確保できているのであった．

ドーキンスが提唱したように，文化伝承を文化的遺伝子（ミーム）中心の視点で捉えること自体は本質を突いている．人の遺伝子は記憶のレゾナンス反応機構を発現させる．その機構を介して，共通の体験があったときにはそれに伴う複製（レゾナンス複製）が生成される．ミームは，そのレゾナンスを起こし得るものとして環境中に存在する．このようなミームを文化と呼ぶことができる．ミームは文化という表現型に影響を及ぼすが，レゾナンス自体はその人の体験に固有なものとして形成される．模倣が個人的なものであり環境条件の影響を受けることから，表現型が完全に模倣されることは保証されない．この仕組みは，進化生態学のオドリングスメ（J. Odling-Smee）らの進める，ニッチ（生態的地位）構築と名付けられた生態的継承論の考え方と共通している［1.16］．この仕組みを備えた人間は，環境に対して非常に高い適合性を持つことが可能になる．

しかし，ミームは基本的に個人に属する．ドーキンスの提唱した文化的遺伝子のように見えるミームは，活性レベルの高い個人生態ミームが集団生態の中に写像したものと見なせる．このようにして，文化的遺伝子として特徴付けられたR. ドーキンスのミームは定義可能となる.

(4)　ミームの状態

人の生活環境には，自然物，自然物を加工した物，人が想像的に生み出したシンボル（記号）の三つが存在する．広義には，自然物以外はミームと呼んで良い．しかし，ミームとして存在するための必要条件は，人間にレゾナンス反応を引き起こすことが可能ということである．レゾナンス反応が生じるということは，反応によって活性化されたものが行動の中で何らかの形で利用されるということを意味する．利用のされ方には程度があり，非常に有効に利用される場合から，限定的な場合まである．また，常に確実に利用される場合もあれば，そうでない場合まである．この観点から，ミームの状態を以下のように分類することができる．

活性ミーム（active meme）：有効であり，再現性がある

弱活性ミーム（semi-active meme）：有効性，再現性のいずれかに問題があり，利用が限定的

不活性ミーム（dormant meme）：有効性，再現性のいずれかに問題があり，めったに利用されない

絶滅ミーム（extinct meme）：まったく利用されない（人工のものであることは認識できる（レゾナンスは保証されない））

(5)　ミームの維持

これまでに，ミームは個人生態と集団生態の界面で機能する情報伝達媒体として存在し（図1.1.5），3レベル（動作，行為，文化）の階層構造をなしていること（図1.4.6）を説明してきた．集団生態の変異の時間特性は，個人生態の変異の時間特性とまったく異なる．集団の構成員の入れ替えがうまく進んでいるという背景，言い換えると新陳代謝が円滑かつ継続的に行われているという背景があり，集団生態（文化）が維持されていく．ミームはエピジェネティクス（環境適応＋身体特性）な存在であり，環境の変異に伴って変化していくが，ミームとして存在が維持されていくためには以下の条件を常に満たしていなくてはならない．

ミームの維持要因

模倣されるものが存在すること（ドーキンスの文化複製子）

レゾナンスが生じること（複製要因）

集団生態の中で代謝活動として維持されること（経済合理性）

ミームの存在要件は，個人生態とレゾナンスすることである．何がレゾナンスするかは，時代背景を映し出す環境に依存する．過去においては，生命・種の維持に貢献するかどうかがミームの活性の強弱を決定していた．それに対して現在では，仕事と余暇（仕事以外の時間，個人の裁量により自由になる時間）の分離が進み，多くの人が満たされた状態にある．このような環境下でのミームの活性構造が，過去のものとは異なっていることは確実である．

今後，様々な集団生態，個人生態，その間に介在するミームについての調査を実施し，分析を進め，その本質的な関係と構造を探り出していくことが必要である．その過程において，ミームを多様な視点から分類定義することが求められることになるが，以下のような分類は，有効であろう．

ミームの構造的分類例

時間構造：食，性，余暇

オブジェクト構造：衣，食，住，用具

オブジェクト階層構造：生活用品，生産工具

1.4.3 ミームとしてのシンボルおよび言葉

言葉を含むシンボル（記号）を用い，我々の脳は思考する．「思考の対象となっている」ということは，認知識別可能な対象として脳内に存在していることを意味する．つまり，記憶されているということである．シンボルと言葉は同じものではない．このことは重要である．シンボルであることの要件は，人の脳が固有なものとして認知識別可能であるということであり，その個人が思考の際に扱う対象になりえるもののすべてを含む．このことは，必ずしも他者との共通認知性を含意しない．

一方，言葉は共通認知されることを要件としてもつ．それは，集団内で共通

に認知される音または記号（文字）を組み合わせて音列または記号列を生成し，それをシンボルに対応する「言葉」として割り当てることにより満足される．そうすることにより，シンボルは共通認知可能となる．共通認知は必ずしも言葉だけで達成されるわけではない．ジェスチャや視線という表現の仕方もある．言葉は，共通認知を達成するためのいくつかある手段の一つであり，共通認知を助けるための補助ツールとみなすことができる．

このことは，以下の可能性を含んでいる．まず，多くの人に共通のシンボルとして存在していたとしても，言葉が割り当てられていないために共通認知されていないシンボルが存在する可能性がある．逆に，多くの人に言葉によって共通認知されるシンボルであっても，ある人にはシンボルとして認知されない言葉が存在する可能性がある．

上記の両者の関係において，現代では言葉が非常に整備され，ほとんどの必要なシンボルには言葉が割り当てられ，一般的な日常生活での論理的思考を言葉で行うのに足りる状態に至ったために，両者を同一視する傾向が見られる．しかし，この違いを認識しておくことは，言葉というものの利用の限界を理解する上で重要である．

集団生態を維持するツールとしてみれば，共通認知シンボルおよび言葉もまたミーム（文化レベルミーム）といえる．また，当然この二つのミームのそれぞれは，他のミームと同様にその集団に属する個々の構成員の持つミーム構造との関係により，属する活性レベルが決まる．ミームは，個人の集団生態内での体験が畳み込まれて形成されている．集団内で共通認知されるものとして個人が使っている言葉も，相手の個人的なレゾナンス反応の状態によって伝達の内容が決定される．言葉が割り当てられていない共通認知シンボルは，共通認知範囲においては活性ミームの状態にある．しかし，言語全体は歴史的に時間をかけて形成された共通認知シンボルの記号的記録として残されているものの部分集合なので，様々な活性状態を持つミームの集合体である．したがって，自分が理解している言葉であれば相手に無条件に伝わるというのはまったくの錯覚である．

人類は，この補助ツールを用いる高い能力を獲得できた．そのことにより集団生態を発展させ，多様で複雑な文化文明を形成できた．

しかし現代は，もう一度この優秀な補助ツールの扱い方について，それがミームであるということから理解し直す時期にある．言葉もミームと同様に，環境の変動に応じて変化していくものである．人類が言葉を言語と呼ぶレベルまでその機能を高められた進化の道については，コルバリス（M. Corballis）の著書（From Hand to Mouth: the Origins of Language）[1.4] が参考になると思う．

1.4.4 伝承システムという文化（教育）

文化は生態継承の仕組みである．個人生態内では文化は文化レベルミームとして存在し，集団生態を媒介して次の世代へと受け継がれる．継承の根本メカニズムはミームのレゾナンス反応である．そこで，文化とレゾナンス反応の関係について説明を加えておく．

まず，レゾナンス反応には次の 2 種類がある．

直接レゾナンス反応：人間の成長の臨界期の終了時点までに環境に適合するように獲得した身体的反応特性から，生命的活動行動を通して直接的に反応が生じることが可能なレゾナンス．

間接レゾナンス反応：生存時点で帰属する集団の生態活動の中で，暗黙的あるいは明示的に規定された生活行動に則して活動することにより生じるレゾナンス．これは，集団の文化として構築されている教育というシステムにより活動の方法を学習する．

文化には間接レゾナンス反応が深く関わっている．上述したように，このレゾナンス反応には教育というシステムが重要な役割を果たしている．教育システムの存在なくしては，シンボルという認知オブジェクトの発展はありえなかっただろう．しかし，この教育というシステムの有効性の維持にレゾナンス特性があることは，これまで意識できていなかったことである．単なるその状況での必要性から教育を変えることは，レゾナンス要因を喪失することになり，教育効果は激減することになる．教育は単なるメソッドではなく，集団生態の間接レゾナンス反応により維持される文化と暗黙的に対をなす存在であり，維

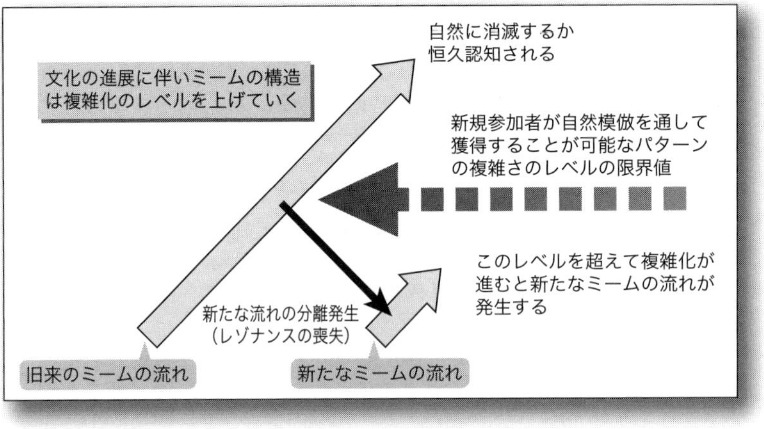
自然に消滅するか
恒久認知される
文化の進展に伴いミームの構造
は複雑化のレベルを上げていく
新規参加者が自然模倣を通して
獲得することが可能なパターン
の複雑さのレベルの限界値
このレベルを超えて複雑化が
進むと新たなミームの流れが
発生する
新たな流れの分離発生
（レゾナンスの喪失）
旧来のミームの流れ
新たなミームの流れ

図 1.4.8　脳の記憶の階層の時間特性（文献［1.24］の図 8.6 より引用）

持すべき文化の一部として常に評価を見直すべき存在として捉えるべきものである．

文化の継承のゆらぎの仕組みを，簡潔に図 1.4.8 に示しておく．文化継承のゆらぎは，ミームの淘汰となって現れる．教育を含む集団生態が変化していく中で，個人のレゾナンス反応が変化する．その影響を受けて，レゾナンス反応不足のために継承が上手くいかないという事態が生じ，ミームが消滅する．そして，新たな環境条件に適応したレゾナンス反応により生まれた新たなミームに置き換わる．このような「ゆらぎ」の事象が，常に文化の伝承には内在する．

1.5　第1章のまとめ

この章では，この本の主題である Cognitive Chrono-Ethnography（CCE：認知クロノエスノグラフィ）という研究の基礎となる認知科学の立場から，我々が構築した人の脳を解析してモデル化したものの概要を説明してきた．

これは，マツラナ（H. Maturana）とヴァレラ（F. Varela）［1.12］によりオートポイエーシスと名付けられた自律活動をする生命システムの本質としての抽象的な機構概念において，人間という自律システムに現実に実装された具体的な仕組みの説明といって良い．今後 CCE は，実際の個人の生態，集団生態，そしてその両者を結び付けるミーム構造を明らかにしていくことになる．

集団行動は，自然の環境制約に対する個人の対応力を高めるための手段として人間が身に付けた手法であるが，集団力を強化する目的で集団を巨大化していく過程で，集団は集団の内部に機能化副集団を生み出し，そしていつの間にか，その集団自体が自律的な有機構造を備えた有機活動体に変化してしまったといえる．これも一つの進化の形態なのであろう．

しかし，集団生態は個人生態の派生生態で，その両者は脳の仕組みで結び付けられている．その写像関係を簡単に図 1.5.1 にして示しておく．

その生態としての性質も同様な構造をしている．わかりやすくするためにコンピュータの OS の例も入れ，表にしてみたものを表 1.5.1 として示す．

両者の違いは，集団生態は継続的に変移し，個人は世代交代間での模倣による変移をすることにあり，変移の特性は時空間的に非線形的な接続関係にある．

この関係を明らかにするためには，CCE のような手法を用いるしかないで

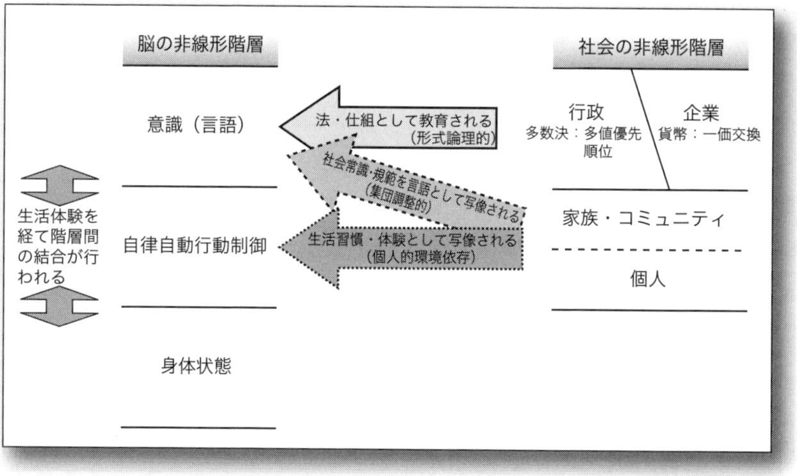

図 1.5.1　非線形階層間の情報写像関係構造（文献［1.24］の図 2.5 より引用）

表 1.5.1　自律活動の仕組みの構造概要

OS システムリソースマネージャ	達成目的	利用者がジョブを付与
	実行方法	利用者が指定した優先順位に基づいてジョブ全体の処理量を最大化する
	処理手法	資源配分の制御による調整
人間	達成目的	リビドーの充足＋集団での作業義務
	実行手法	環境制約下で満足を最大化（MSA）
	処理手法	模倣継承した技能，経験知，身体能力などのすべての能力
コミュニティ（有機的集合）	達成目的	社会体制に応じて良かれと決定された集団の目標
	実行手法	ミームを用いた継続的発展的維持・ゆらぎ的調整
	処理手法	個人の目的＋集団の制約＋環境制約のミームよる調整

あろう．それは，現状の生態調査と同時に，環境条件を歴史的な流れに沿って調べることになる．したがって，調べる対象としては以下のようなものが挙げられる．

・記憶構造の洗い出し
・意識の認識状態の洗い出し
・リアル体験での身体反応

次の章では，CCE について詳述していく．

参考文献

[1.1]　Aunger, R. (Editor) “Darwinizing Culture: The Status of Memetics as a Science” Oxford University Press, 2001（佐倉統・巌谷薫・鈴木崇史・坪井りん訳『産業図書』岩波書店，2004）

[1.2]　Barton, N. H., Briggs, D. E. G., Eisen, J. A., Goldstein, D. B., and Nipam H. Patel, N. H. “Evolution” Cold Spring Harbor Laboratory Press, 2007（宮田隆・星山大介監訳『進化―分子・個体・生態系』メディカルサイエンスインターナショナル，2009）

[1.3]　Card, S. K., Moran, T. P., and Newell, A. “The Psychology of Human-Computer Interaction” Lawrence Erlbaum Assoc. Inc., 1983

[1.4]　Corballis, M. C. “From Hand to Mouth: The Origins of Language” Princeton

University Press, 2003（大久保街亜訳『言葉は身振りから進化した—進化心理学が探る言語の起源』勁草書房，2008）

[1.5] Fetterman, D. M. "Ethnography: Step-by-Step (Applied Social Research Methods)" Sage Publications Inc., 2009

[1.6] Gray, W. D., John, B. E., and Atwood, M. E. "Project Ernestine: A validation of GOMS for prediction and explanation of real-world task performance." *Human Computer Interaction*, 8, 3, 237-209, 1993

[1.7] Hall, B. K. "Evolutionary Developmental Biology" Springer, 1999（倉谷滋訳『進化発生学—ボディプランと動物の起源』工作舎，2001）

[1.8] Haunold, P., and Kuhn, W. "A keystroke level analysis of a graphics application: Manual map digitizing." In *Human Factors in Computing Systems* (CHI '1994). ACM, New York, 337-343, 1994

[1.9] Kitajima, M., and Toyota, M. "Autonomous Systems Interaction Design (ASID) based on NDHB-Model/RT." in *Proceedings of the 31st Annual Meeting of the Cognitive Science Society*, 957, 2009

[1.10] Kitajima, M., Toyota, M., and Shimada, H. "Model Brain: Brain Information Hydrodynamics." in *Proceedings of the 30th Annual Meeting of the Cognitive Science Society*, 1453, 2008

[1.11] Kitajima, M., Shimada, H., and Toyota, M. "MSA: Maximum Satisfaction Architecture: A Basis for Designing Intelligent Autonomous Agents on WEB 2.0." in *Proceedings of the 29th Annual Meeting of the Cognitive Science Society*, 1790, 2007

[1.12] Maturana, H. R., and Varela, F. J. "Autopoiesis and Cognition: The Realization of the Living" Springer, 1991（河本英夫訳『オートポイエーシス　生命システムとはなにか』国文社，1991）

[1.13] Morris, D. "The Nature of Happiness" Little Books, 2004（横田一久訳『「裸のサル」の幸福論』新潮社，2005）

[1.14] Newell, A. "Unified Theories of Cognition" Harvard University Press, 1994

[1.15] Newman, W. M., and Lamming, M. G. "Interactive System Design" Addison-Wesley Educational Publishers Inc., 1995（北島宗雄訳，監訳『インタラクティブシステムデザイン』ピアソンエデュケーション，pp. 299-322，1999）

[1.16] Odling-Smee, F. J., Laland, K. N., and Feldman, M. W. "Niche Construction: The Neglected Process in Evolution" Princeton University Press, 2003（佐倉統・山下篤子・徳永幸彦訳『ニッチ構築—忘れられていた進化過程』共立出版，2007）

[1.17] Prigogine, I. "The End of Certainty: Time, Chaos, and the New Laws of Nature"

Free Press, 1997（安孫子誠也・谷口佳津宏訳『確実性の終焉―時間と量子論，二つのパラドクスの解決』みすず書房，1997）
[1.18]　Prigogine, I., and Kondepudi, D. "Thermodynamique: Des moteurs thermiques aux structures dissipatives" 1999（妹尾学・岩元和敏訳『現代熱力学―熱機関から散逸構造へ』朝倉書店，2001）
[1.19]　Prigogine, I., and Stengers, I. "Order out of Chaos-Man's new Dialogue with Nature" Flamingo, 1985（伏見康治・伏見譲・松枝秀明訳『混沌からの秩序』みすず書房，1987）
[1.20]　Toyota, M., and Kitajima, M. "Dynamics of consciousness-emotion interaction: an explanation by NDHB-Model/RT." in *Proceedings of the 31st Annual Meeting of the Cognitive Science Society*, 958, 2009
[1.21]　Toyota, M., Kitajima, M., and Shimada, H. "Structured Meme Theory: How Is Informational Inheritance Maintained?" in *Proceedings of the 30th Annual Meeting of the Cognitive Science Society*, 2288, 2008
[1.22]　北島宗雄「サービス受容者の認知・評価構造」サービス工学入門，71-89，内藤耕（著，編集），東京大学出版会，2009
[1.23]　豊田誠・北島宗雄『生命体自律活動協調場理論：幸福感に満ちた社会であるために自律システム間の相互コミュニケーション』オンブック，2009
[1.24]　豊田誠・北島宗雄『脳の自律システムの仕組みと性質：行動の基準は効率から幸福・満足へ～時間制約下での動的人間行動モデル～』オンブック，2008
[1.25]　豊田誠『脳：永遠の不確実性との共生』オンブック，2006
[1.26]　茂呂雄二編著『実践のエスノグラフィ（状況論的アプローチ）』金子書房，2001

第2章 CCEに基づく日常の行動選択の理解

2.1 CCEの基礎

2.1.1 行動選択理解の考え方

人間の日常行動の選択メカニズムに関する理論が構築された後は，どのようにその理論を利用して，我々の日常行動という現象を理解することができるかについて検討する．我々は，この行動選択のメカニズムの理論を基盤として，人間の日常行動を計測し理解する手法，「認知的クロノエスノグラフィ（Cognitive Chrono-Ethnography；CCEと略す）」を構築した．CCEは，特定の個人が現時点における行動選択特性を獲得するに至った経緯に関する成長プロセスのモデルを，前述した行動選択機構に基づいて，その行動が実行される現場における観察調査（エスノグラフィ的調査）のデザイン，行動データの記録・収集，その記録をもとにした回顧的インタビューの実施により構築し，その現場における行動選択特性の変成過程を時間軸上で明らかにする（chronology）手法である．

行動選択の理論の章（第1章）において説明したが，人間の行動は，以前に考えられていたようなすべての人が共通して持っている前成説的な欲求行動の発露として意思的推論に基づき決定し実行されるのではなく，個々の人のその時点での認知情報を基に意識が行う論理的推論に，生活体験を経て身に付いた後成説的な記憶のレゾナンス反応に裏付けられた感情（無意識的判断）を加味し，個別に選択した行為が実行されるものである．その際，その行動の理由とその行動の成果に対しての身体的反応には，意識化されたものと意識化されないものが存在する．また，このときの意識的推論は集団生態として築かれた論理に強く影響を受け，感情は個人生態の体験的反映としての反応の側面が強い．そして，このときの集団生態と個人生態の調整的境界にミームが存在する．この集団生態，ミーム，個人生態の三者の関係は，それぞれの変移の位相が異なることから，時間経過での非線形的ダイナミクスとして調整され集約していく．つまり，時間の経過により状態が動的に変化しており，一過性の一時点の調査では実態の解明には不十分な場合が起きる．

このような非線形的な関係から生み出された全体の調整的関係構造を明らかにするためには，従来の意識の調査や集団的全体像の解析だけでは不十分であることは明白である．CCEは，新たに明らかになった人間の脳の仕組みと性質を考慮してその手法の構成を行い，満足のいく解明を図る．CCE調査を行うことが必要な場合においては，その調査で得られた情報から単純に結論を導くことが困難なことが多い．そのときには，その情報を整理する過程で改めて行動選択の理論と照合し，さらに上位の構造を見い出す作業を行うことが必要とされる．

理論は，現象を捉える見方を与えてくれる．行動の内容，つまり何を行うのかに関心がある場合はミームに着目し，各時点で記憶のレゾナンス反応が満足度を最大化するという観点から，それらがどのように生じるのかということに着目して現象を分析すればよい．そして，その行動内容が時間軸上でどのように発展するのかを理解したい場合は，MHP/RT（実時間制約下のモデルヒューマンプロセッサ）に従ってどのように認知フレームが更新されて同期が取られるのかに着目して現象を分析すればよい．そして，各時点の経験が既有ミームの更新にどのように影響するのかを分析すればよい．

したがって，現象の理解のステップは以下のようになる．

レゾナンス反応の解明：分析者が興味を持っている状況におけるレゾナンス反応を解明する．つまり，状況が与えられたときに，どのようなミームがレゾナンスするのかを明らかにする．その結果，レゾナンス反応を起こす可能性のあるミームを解明する．これにより，対象となる個体がどのような「活性ミーム」「弱活性ミーム」「不活性ミーム」を持っているのかが明らかになる．

ミームの成長過程の解明：ミームは，分析対象個体の体験が畳み込まれたものである．したがって，分析対象個体が経験を積むに従って変化する．それを反映して，分析者が興味を持っている状況におけるレゾナンス反応も経験の内容に依存して変化する．レゾナンス反応の変化からミームの成長過程を解明する．

ここで，分析の対象となる現象は日常行動で現れる現象である．そして，特に我々が関心を向けるのは，その現象の理解を通じて現象に関与する個人がどのようにして満足を得ているのかが理解できるような現象である．これは，サービスを受容している状況で起こる現象と考えていいだろう．サービスの目的は顧客満足の実現である．本章ではCCE 調査法について説明し，続く第3章からは，具体的なサービス提供場面における顧客の行動選択にCCE を適用した事例を紹介していく．

2.1.2 CCE の根本原理

日常行動を理解することは，ミームの理解から始まる．ミームは構造化された記憶であり，状況がトリガーとなって活性化され，行動時に利用できるようになる．第1章で説明したように，記憶は自律システムである．したがって，何を活性化するかは記憶システムが主導権を握っている．ある状況になったら確実に特定のミームが活性化されるというわけではない．記憶はレゾナンス反応により活性化され，利用できるようになる．また，記憶システムに格納されているのは，時間軸上の各時点でMHP/RT が処理した情報を畳み込んだものである．時間は一方向にしか流れない．したがって，記憶システムは不可逆であり，一度取り込んだ情報の影響を取り除くことは不可能である．以上を要約すると，個体ごとに記憶システムに格納されている内容は異なっていて，しかも，ある状況のもとで何が利用できるようになるかはレゾナンス反応によって決定されるということになる．

このように個体差があり，かつ利用のされ方もその場の環境の影響を強く受ける記憶システムに個体の行動が依存しているとき，どのようにしてある特定の状況下における個体の行動を常識的に納得できるものとして理解することができるのであろうか．状況Ｐのとき，個体Ａは行動Ｘを行った，個体Ｂは行動Ｙを行った，というよう記述を人数分集めても，状況Ｐにおける人間の行動を理解したことにはならない．

ここで，活性化された記憶はMHP/RTが定めるダイナミクスのもとで利用されることを思い出してほしい．記憶はそれ自身，独自で動く自律システムではあるが，時間制約下における行動発現ダイナミクスを支配する機構の中で利用される．第１章で説明した行動モードはMHP/RTの安定稼働状態に対応し，それぞれの状態にあるときの記憶自律システムの動作の仕方はそれに依存して特徴的な動きをする．したがって，分析対象となる現象の集合について互いに異なるモードとして識別できる状態を定義し，それぞれのモードについてそのときの記憶の利用のされ方を分析することが有効となる．

したがって，CCEの根本原理は，「所与の行動モードにおけるミームの働きを時間の変移として捉え，それを明らかにすることにより日常行動を理解する」となる．

2.1.3　レゾナンス反応の解明

所与の行動モードにおいて，過去の経験が畳み込まれている記憶自律システムのレゾナンス反応を観測するためには，レゾナンス反応が起こる状況に調査対象個体を置き，普段通りに行動させる必要がある．そして実際に観測された行動の結果を，あらかじめ仮説的に設定した行動を特徴付けるパラメータ空間の上で表現する．さらに，その表現を利用して，パラメータ空間のいくつかの特徴的な点に対応して発現する行動の間の差異を明らかにすることによって，レゾナンス反応の解明を行う．

以下に主要な調査ステップを記す．なお，説明をわかりやすくするために，順序は調査ステップの順にはなっていない．

(1) 現場での行動観察

レゾナンス反応の起こる状況は，記憶が構築された状況と同一の状況である．これは，実際の日常生活の場である．実験室ではない．したがってCCEによる調査は，調査対象個体が記憶を構築した状況と同じ状況で実施する必要がある（現場での行動観察）．第3章以降では日常生活における行動として，プロ野球の球場での観戦，温泉地での観光，自動車内での運転案内，駅内での施設利用などを対象として行動の観測を行っている．

(2) クリティカルパラメータの設定

行動を特徴付けるパラメータ空間は，MHP/RTの動作特性を特徴付けると考えられるパラメータによって定義される空間である．例えば，認知フレームの更新頻度や認知フレームに格納できる情報量，格納する情報の粒度などの認知能力に関わるものや，経験値と現在値のずれに応じて生じる感情の種類などの態度に関わるものがある．このようなパラメータをクリティカルパラメータ（Critical Parameter）と呼ぶ．クリティカルパラメータは，行動観察を実施する前に分析対象となる行動をMHP/RT上でシミュレーションし，行動の結果に影響を及ぼす可能性のあるものを仮説的に設定しておく．

(3) エリートモニタの選定

そして，クリティカルパラメータの取る値に対応する調査対象者を選定し，現場での行動観察を行う．このような調査対象者を，CCEではエリートモニタと呼ぶ．クリティカルパラメータの取る値に対応するモニタの人数は3名程度でよい．我々が知りたいのは，「このような状況のときに」「このような人は」「このように行動する」ということである．「平均的にはこのように行動する」ということを知りたいわけではない．すなわち，「このような人」を適切に扱うことを重視しているのであり，そこをノイズとして処理しない．そのために，MHP/RTによるシミュレーションに基づいてクリティカルパラメータを設定し，それに従っていくつか存在する「このような人」を代表するエリートモニタを選定し，彼らの行動を観察する．このモニタ選定の方法は，通常行われているいわゆる「無作為抽出」とはまったく異なっている．このようにしてモニタ選定を行うことの意味を正しく理解することは重要なので，本節の最後の項

(2.1.6節) で説明する.

(4)　表現空間の定義

観察された行動の結果をパラメータ空間の上で表現するが, 表現の基底があらかじめ与えられているわけではない. 表現の基底は, 調査に参加したすべてのエリートモニタの行動を表現するための基盤を提供する. 通常の心理研究における指標である課題遂行時間, エラー数のような数値化可能な指標に加えて, 行動を詳細に記述したログや, 課題遂行後のインタビュー結果などの質的なデータから得られるものも含まれる. 個々のエリートモニタのミーム構造の特定にインタビューやアンケートなどの手段が用いられる. インタビュー時には, 行動の映像記録や生体活動 (心拍数, 視点, 加速度など) の記録などをエリートモニタに見せることによって行動時の様子を再現させながら, そのときのミームのレゾナンス反応の様子を探り出す. 次に共通要素を見い出し, 表現の基底を定める. これにより表現空間が定義され, 個々のエリートモニタの観察された行動をその空間内で表現することが可能になる.

(5)　行動の表現

この表現空間上で記述することにより, エリートモニタの間の関係を把握することができる.

2.1.4　ミームの成長過程の解明

記録された行動場面でのミームのレゾナンス反応が解明された後は, 過去にさかのぼって, 現在のレゾナンス反応に至った経緯を解明する. そのためには前項で説明した「ミームの抽出」を, 過去の特徴的な出来事があった時点に対して行う. ただし, 表現の基底はすでに定まっているので, それを利用してインタビューやアンケート調査を行い, 表現空間によりエリートモニタの過去の各時点でのレゾナンス反応とその背後にあるミーム構造を記述する.

2.1.5　CCE の手順

CCE を実施する手順を以下にまとめる.

CCE-1：調査現場の決定（分析対象となる行動モードを決定する）
CCE-2：クリティカルパラメータの決定
CCE-3：エリートモニタの選定
CCE-4：現場での行動観察
CCE-5：表現空間の定義
CCE-6：行動の表現（観察時の行動およびその変容過程のモデルの構築）

上記のようにCCEをフレームワーク的な手順として記述できるが，現実に行う作業の具体的詳細は調査対象の集団生態や調査目的に依存して，その関係性や時空間特性が大きく異なり，当然，様々な違った形態のものとなる．そこで，第3章以降にCCE調査の具体的な事例を掲載した．あわせて読むことにより理解を深めてほしい．なお，第3章以降の事例の記述に際しては，項の見出しに「CCE-○：(内容)」という形式を含めることにより，上記のCCEの手順との対応をつけやすくした．

2.1.6 エリートモニタと無作為抽出モニタ

想定される母集団の中から実際に研究に参加する被験者を選ぶプロセスは，一般にはサンプリングと呼ばれる．CCEで用いられるクリティカルパラメータに基づく被験者のスクリーニングは，従来の認知心理学や人間工学の手法とは異なるサンプリング方法論に基づいている．以下では，クリティカルパラメータとして認知機能（例えば注意機能，作業記憶機能など）が設定された場合を例に説明する．

人間を被験者とする研究では，通常，研究すべき要因として認知機能の個人差を扱うことはない．それは，これらの研究が「平均的な」人間の認知特性や行動特性の理解を目指しているからである．これらの研究では，認知機能がある平均値の周りに個人差という「誤差」をもって分布していると仮定している．そこで，誤差の系統的な偏りをなくすために，母集団から被験者を無作為に抽出する（ランダムサンプリング）．そして，十分な数の被験者をサンプルとして計測して平均値を求めれば，それは母集団（例えば，健常成人）の典型的，代

表 2. 1. 1　CCE と従来の研究の方法論の比較

	CCE	従来の研究
研究の前提	仮説に基づく被験者群の偏りを想定	母集団の平均値の抽出
サンプリングの方法	合目的的サンプリング	ランダムサンプリング
	仮説に沿った被験者のスクリーニング	選択を無作為にすることが重要（無作為でなくてはならない）
サンプリングの目的	再現性の確保	誤差の最小化
サンプル数に関する考え方	多数であることが重要ではない	多数が望ましい
	サンプル数は結果の再現性を保証	サンプル数がデータの精度と直接的に関連

表的な特性に限りなく近づくという統計学的な原理にもとづき，得られた結果を想定される母集団の平均的な行動特性として解釈する．すなわち，個人差という誤差を最小化するところに研究計画の主眼があり，被験者の選定もその目的に適した方法で行われる．

CCE で用いられるクリティカルパラメータに基づく被験者のスクリーニングは，ランダムサンプリングではない．CCE のサンプリング方法は，質的研究で用いられる合目的的サンプリングに非常に類似したものであるといえる．表 2.1.1 は，CCE で用いられるサンプリングの方法と，従来の人間工学，認知心理学，ユーザビリティテストなどで用いられる方法とを比較したものである．

ランダムサンプリングを用いた研究であっても，合目的的サンプリングを用いた研究であっても，母集団から選ばれたサンプルの特性を調べるという点においては共通の目標を有している．しかしながら，どのような前提で何を目指して研究が行われるかが根本的に異なっている．ランダムサンプリングを用いた研究では誤差を最小限にして，母集団の平均的な特性値，あるいは母集団の中に特定の特性を有する人がどの程度含まれるかという特性値の分布を調べることが目的である．通常の認知機能に関する実験室実験や世論調査などが典型的な例である．

例えば，ランダムサンプリングした高齢者 10 名が，ある機器のユーザビリティテストに参加したとしよう．そのときに得られる結果として，この10名に代表されるような高齢者が一般にどのようなユーザビリティ問題を示すかを知ることができるはずである．つまり，ある機器に対する高齢者ユーザ全体の問題の縮図が示されたと考えることができる．しかしながらこの方法では，各個人をどのように詳細に調べても，各個人が「なぜ」そのような問題を起こしたかを結果のみから解釈することは難しい．また，それがたまたまその個人に起きたことなのか，あるいはある一定の人たちには共通に起こりうることなのかを知ることもできない．さらに，現実には多くの場合，サンプリングがランダムであることはあり得ない．シルバー人材センターから被験者を選定すれば，そこに登録している人たち，つまりある地区に住み，労働意欲があり，かつシルバー人材センターが請け負うような仕事をこなせる自信のある人たちの中で，実際にその研究に参加する意思を有する（モチベーションや自信がある）人たちからのサンプリングにならざるを得ない．ゆえにサンプルが示す特性は，そのサンプルが抽出された母集団（そのシルバー人材センターに登録している高齢者）の特性を反映していると考えるべきであり，それが本来の研究目的と合致しているかを慎重に検討する必要があるであろう．

一方，CCEの研究では，個人差が相殺された母集団全体の平均的な特性や母集団内における特性値の「分布」が知りたいのではなく，ある仮説のもとで選ばれた特定のクリティカルパラメータの値を有する被験者が，実際の現場でどのような行動選択を行うのか，また，その原因は何であるのかを詳細に知りたいのである．そのために，事前のスクリーニングによってクリティカルパラメータにより定義される空間の特徴的な点，言い換えれば平均的ではない「偏り」を持った被験者を選定する．すなわち，ランダムサンプリングの研究では「誤差」として扱われていたものを，事前の仮説に基づいてクリティカルパラメータとして定義する．

CCEの研究では，フィールド実験によって各被験者の行動についての詳細な質的データを蓄積し，同じクリティカルパラメータの値を有するグループに属する個人間の行動の共通性を抽出し，また，その共通性がクリティカルパラメータに照らして解釈可能であるかどうかが議論される．ここでいう行動の共通性とは，必ずしもまったく同じ場面で同じ行動をとるという意味ではない．同じグループに属する被験者であっても，個々の行動レベルで見ればまったく同じではない．しかしながら，似たような場面で同じような行動を示すような例がしばしば見られる．このようなマクロなレベルでの解析を行うと，我々の経験によれば，仮説に基づく的確なスクリーニングとタスク設定のもとでは少数の被験者であっても同一グループ内の被験者は非常に高い一致性を示す．また，あるグループ内で共通に観察されるある行動パターンがそのグループの固有のものであることを示すために，別のグループでは同様の行動パターンが見られないことを示す必要がある．通常は，クリティカルパラメータ空間の異なる点に属する被験者グループに同様のタスクを課し，そこで観察される行動パターンの比較を行う．あるグループに共通に観察された行動パターンがそのグループに固有のものであれば，別のグループでは観察されないことが予想されるであろう．このように，複数の異なるグループ間の比較によってグループと行動パターンとの対応を明らかにする．

ここで実例を挙げて，CCE で用いられた被験者のスクリーニングによる合目的的サンプリングの有効性を説明しよう．北島らの研究（4.1 節参照）では，クリティカルパラメータとして作業記憶機能，注意機能，プランニング機能の 3 種類の認知機能を設定し，どれか一つだけが低下した高齢者を事前にスクリーニングし，フィールド実験によって，これらの高齢者が駅の中で示す共通の行動パターンを健常な高齢者（いずれの認知機能も正常）と比較した．その際，三つの認知機能について，その認知機能のみが低下した高齢者を 3 名ずつ選んだ．加えて，三つの認知機能すべてに低下が見られない高齢者を合わせて，計 12 名が駅での行動実験に参加した．その結果，例えば三つの認知機能のうち注意機能だけが低下した高齢者では，駅内の案内表示をほとんど見ないという一貫した傾向が認められた．このことから，注意機能の低下によって高齢者の案内サインの探索行動に変化が生じることが明らかとなった．

ここでは，上記の例と同様の結果が，ランダムサンプリングによる研究で得られる可能性について考えてみよう．まず，スクリーニングで各認知機能が低下した高齢者は，シルバー人材センターを母集団とした場合にはそれぞれ 10%

程度であった．ゆえに，もしも同じシルバー人材センターからランダムに高齢者の被験者を12名選んだとすると，その中に，注意機能だけが低下した高齢者は，確率的には1名程度しか含まれないことになる．この1名が，たまたま駅内の案内サインを参照しないような行動をとったとしても，他の11名ではそのような行動が見られかった場合に，重要な結果として注目されるであろうか．アプリオリな仮説なくデータを見たときには，恐らく12名が示す様々な行動の個人差の一つとして見過ごされる可能性が大きいのではないだろうか．また，仮に研究者がその行動に興味を持ち，各個人が示す様々な行動の中から特定の行動を事後的に取り上げたとしても，結果の再現性などの観点から解釈は極めて限定的にならざるを得ない．結果的には，「中にはこういう被験者もいた」といった事例の羅列的記述に終わるのではないだろうか．ランダムサンプリングによってCCEの研究と同じような結論を得ようとすると，恐らく，100名規模のフィールド実験を行い，その中の10名で類似の行動傾向が見られたというような結果を出さなくてはならないであろう．それでも，クリティカルパラメータの値がわかっていなければ，その10名がなぜそのような行動をしたのかはわからない．

CCEの研究においても，サンプル数を多くすることによって結果の信頼性が向上することは確かである．しかし，ここで問題となる信頼性は，ランダムサンプリングの場合とは異なる意味をもつ．ランダムサンプリングでは原理上，データの偏りを相殺するためにある程度の人数の被験者が必要であった．しかしながらCCEでは，クリティカルパラメータに関わる誤差を相殺するためにサンプルを増やす必要はない．もちろん，あるクリティカルパラメータに従って選定した被験者群でも，クリティカルパラメータ以外の認知特性に関しては個人差を有している可能性がある．しかし，それらの個人差は，クリティカルパラメータによる仮説から想定される結果には影響しないと考える．ゆえに，その部分の個人差を相殺する必要性はない．一方，CCEにおいて被験者数を増やすことの意義は，結果の再現性を保証することにある．例えば，あるクリティカルパラメータの仮定のもとに同じ値を有するとして選ばれた被験者3名が「同じ」行動パターンを示した，ということに意義があるのである．さらに，同時に別のクリティカルパラメータの値を有する被験者3名ではそのような行動パターンは見られなかったという事実も重要である．すなわち，ランダムサンプリングではサンプル数がデータの質に直接的に影響するが，CCE ではサンプル数は結果の再現性に影響する．CCE では，再現性を保証するために最低3名の被験者が必要であると考えている．実際に，質的研究における合目的的サンプリングにおいても，サンプル数を増やすことが必ずしも結果の精度の向上につながるわけではないことが議論されている［2.8］．

現実的な問題としては，CCE においては各被験者のフィールド実験における行動計測やデータ解析に要する労力が大きいため，被験者数の増加は研究の時間や費用といったコストに直結している．ゆえに，質的なデータ収集，データ分析を行う CCE の方法論とは両立しない．一方，スクリーニングにより選ばれた被験者からデータを収集する場合には，被験者数を増やすことが，それにともなうコストに比して結果の情報量を格段に向上させるものではないことは，これまでの説明からも自明であろう．フィールド実験を必要とするような研究では，研究期間やコストが限られている場合が多い．結果の現場適用の有効性などを考えれば，サンプル数を多くするよりも，より詳細なデータ収集，データ解析に時間とコストを投入する方がより生産的である．

2.2　日常行動理解のための CCE（シナリオ型）

本節では，個人の認知機能に着目した日常行動理解のための CCE の実施法について解説する．

2.2.1　認知機能が行動選択へ影響を考える枠組み（CCE-2：クリティカルパラメータの決定）

(1)　認知機能と行動選択

人間は，自らの置かれている状況とその時点での行動のゴールから，「最適と思われる」行動を選択する．ただし，ある状況のもとで取りうるあらゆる行動の中で，常に最適なものが選択されているとは限らない．有限の処理時間と有限の脳の情報処理容量のもとで選択された行動は，多様なものとなる．一方，ある状況で実際に人間が選択する行動には一定のパターンがある．

行動の選択に重要な役割を担うのが認知機能である．これは，図 1.2.3 の「選択」の部分に対応し，図 1.2.5 の動き方に影響を及ぼす．行動選択に関わる認知機能には，行動のゴールの生成や保持，行動に伴うサブゴールのアップデート，ゴールに基づく行動系列のプランニング，行動に必要な情報の環境からの取捨選択，行動に関わる一時的な情報の保持，過去の経験の検索や照合（レゾナンス反応），可能な行動の候補間の比較や意思決定など，様々な側面がある．このうち，ある認知機能が何らかの理由で十分に働かない場合には行動にも影響が生じる．ゆえに，人間の行動選択を研究対象として扱う上では認知機能を考慮することが必要である．

(2) 認知機能と行動の関係

日常における行動の選択においては，認知機能に関する特性の個人差が重要な要因の一つである．日常における行動選択場面では課題が複雑であるため，多くの場合，ゴール状態に到達するために取りうる行動が一通りではない．そのため，多様な行動の中から特定の行動が選ばれるとき，個人の認知特性を反映したものとなる．したがって，特定の行動パターンが生じる原因として，その個人の認知特性を想定することができる．

CCE では，ある行動選択場面において個人に一貫した行動パターンを生じさせるようなクリティカルパラメータに着目するというアプローチをとる．本節では，個人の認知能力が行動パターンを決定付けているような場合に焦点を当て，CCE の実施方法を解説する．ここでは，それらを認知的クリティカルパラメータ（Cognitive Critical Parameter）と呼ぶ．認知的クリティカルパラメータは，必ずしも一つとは限らない．そこで，ある行動選択場面について想定されるいくつかの認知的クリティカルパラメータがどのような値を持つかについて，個人別にプロフィールを描くことができる．それをここでは認知特性プロフィールと呼ぶ．これは，認知的クリティカルパラメータが定義する空間内の点に相当する．ある特定の認知的クリティカルパラメータが特定の行動選択場面での行動を決定する主要な要因であれば，類似した認知特性プロフィールを有する被験者は類似した行動パターンを示すはずである．

ある認知特性に注目したとき，それが行動に影響する様子は以下の二つの場合に分類できる．

・課題を円滑に遂行するために十分な認知能力が不足している場合
・能力は十分であるにも関わらずその能力を使用しない場合

①　認知能力が不足している場合の行動の特徴

課題を円滑に遂行するために十分な認知能力が不足している場合とは，何らかの理由で各個人の特定の認知機能の能力の程度にばらつきが生じ，そのばらつきの中の能力の低い個人にとっては，その課題が円滑に遂行できなくなるような状況である．個人の認知能力を低下させる要因としては，まず，加齢に伴う認知機能の低下がある［2.1］．また，先天的あるいは後天的な原因により生じた脳機能障害によっても，特定の認知機能の低下が見られる［2.2］．さらに，正常な発達過程で成長した成人であっても，何らかの理由で特定の認知機能の能力に大きな個人差が知られているものがある．例えば，空間的な作業記憶の能力は，健常な成人の間でも大きな個人差があることが知られている［2.3］．

認知能力が不足している場合の行動の特徴を以下に記す．

認知機能に依存しない行動：特定の認知機能が利用されないと，一般的にはその機能を利用するような行動は見られなくなる．例えば，行動の目標に合わせて行動系列を組織化するような機能であるプランニング機能が加齢によって低下した高齢者では，行動の目標に従って組織的に行動を遂行するような行動が見られなくなり，一見，無計画な行動をとるようになる（4.1 節参照）．

認知的補償行動：また，加齢によって特定の機能が低下すると，その機能を補うような行動が見られる場合もある．それを，ここでは認知的補償行動と呼ぶ．例えば，加齢によって注意機能が低下すると，複雑な環境からは積極的に情報を獲得しないという行動が見られるようになる（4.1 節参照）．また，加齢によって行動のプランニング機能が低下し，自らプランを立てて行動することが苦手になると，家族など他者と同伴で外出するようになるといった行動の変化も見られる．このような認知的補償行動は，必ずしも各個人が自らの機能低下を自覚して行動を変容させているとは限らない．日常の生活を送る中で，自らの機能低下を補う形で無意識のうちに適応的に行動が変化する場合もある．また，健常な成人（若齢者）であっても，特定の認知機能には個人差があることが知られている．例えば，空間認識機能や自らの空間座標系を外部の環境の座標系に合わせる機能（身体外部対応付け機能）などは，健常な大学生でも個人差が大きい．これら空間に関連した認知の個人差が，自動車運転場面での運転行動の個人差となって表れることが知られている（4.3 節参照）．

② 認知能力を使用しない場合の行動の特徴

一方，能力が十分であるにも関わらずその能力を使用しない場合とは，特定の認知機能を利用することで問題解決が円滑に行えるにも関わらず，何らかの理由で類似の状況では一貫してそれを利用しないような場合である．確認する能力があるにもかかわらず，慌てているような状況では一貫して確認を怠るという場合がその例である．

認知能力を使用しない場合の行動の特徴を以下に記す．

認知スタイルを反映した行動：個人の中での認知機能の利用に関する比較的安定した個人差は認知スタイルと呼ばれる [2.4]．例えば，ある問題解決場面で，比較的浅い考慮のもとで判断を下すタイプ（衝動型）と，比較的深い考慮を経て判断を下すタイプ（熟慮型）の人間がいることが知られている．認知スタイルは，特定の場面で認知機能をどのように利用するかを反映しており，もともとの認知機能の高低とは関係がないことが知られている．また，知能とも相関はない．したがって，認知機能そのものには低下が見られないと想定される若齢者の行動選択に関わる重要な要因である．

(3) 認知特性プロフィールを介した行動の解釈

認知機能に着目した CCE では認知特性プロフィールを導入するが，従来の研究でも被験者のプロフィールがまったく考慮されないわけではない．例えば，年齢，性別，経験など調査票のフェイスシートに記載されているような内容の情報に基づいて被験者を層化して分析する方法は一般的である．しかし，フェイスシート情報と行動選択場面における行動パターンを直接的に結びつけることは，必ずしも正しくない．

例えば「高齢者は携帯電話の操作が苦手である」という主張は，論理的にも科学的にも正しくない．高齢者が全般的に若齢者よりも携帯電話の操作が苦手であったとしても，それは高齢者であること自体（例えば年齢が70歳であること）が原因ではない．恐らく，加齢によってある機能が低下した高齢者にとっては，その機能を利用しなくてはならない機器である携帯電話の操作が困難になったと解釈することが正しいのではないだろうか．つまり，高齢者であっても，その機能が低下していなければ操作は難しくないかもしれないし，高齢者でなくともその機能が低下していれば操作が難しいかもしれない．従来の年齢や性別などフェイスシート情報による分類も，行動選択場面に限ればより厳密には認知特性プロフィールを媒介変数として説明されるべきものが含まれている．すなわち，認知特性プロフィールを導入することで，フェイスシート情報のみに基づく表層的な結果の解釈ではなく背後にあるメカニズムを考慮した深い解釈を行うことができる．

別の例として，女性ドライバーの運転傾向について調べた研究を紹介しよう（詳細は4.3節参照）．従来から，女性ドライバーは運転が苦手であると考えられてきた．我々は，運転に必要なある種の認知機能の個人差が媒介変数となりうるという仮説を立てた．そして，先行研究やヒアリング調査結果などを参考にして，身体座標と外部座標の対応付け機能と，空間イメージの操作機能の二つをその候補として挙げた．健常な成人女性を対象にこれらの機能を調べると，男性に比べて大きな個人差が見られた．実際にこれらの機能の高い被験者と低い被験者の運転行動を比較すると，顕著な違いが見られた．女性であっても，これらの機能が高いドライバーは非常に円滑な運転ができた．一方，これらの機能が低いドライバーは，従来から女性ドライバーの特徴として報告されているような行動をした．このことは，女性であることが運転行動のパターンを決定する要因ではなく，特定の認知機能の低さが特定の運転行動パターンを決定しており，女性の中に特定の認知機能の低い人が多いということを示している．これもまた，性別という変数ではなく，それを認知特性プロフィールに置き換えることで，ある運転行動パターンが生じる原因に迫ることができた例である．

認知機能に着目した CCE では，「経験」は認知的クリティカルパラメータの一つである．まず，経験しない限りミームは形成されず，何らかの経験を前提としてその経験の影響を受けた行動は起こりえない．しかし経験があり，それを構造化したミームが存在している場合は，それが行動に影響を及ぼす．また，認知機能との相互作用を伴う．認知機能としては同程度のプロフィールを有する被験者の場合，当該の課題場面に対して初心者かあるいは熟練者かによって大きく行動パターンが異なる．初心者と熟練者でミームの活性レベルが異なるからである．また，特定の認知機能の関与が必要な行動選択場面でその認知機能が低下しているような場合には，その場面に関連付けられたミームがその認知機能の低下を補う働きをする．例えばある操作を行わなければならないとき，推論によって操作を発見してもいいし，過去の成功経験が思い出されるというレゾナンスが生じるのを待ってもいいだろう．

2.2.2　認知的クリティカルパラメータに基づくエリートモニタの選定（CCE-3：エリートモニタの選定）

(1)　方法

ここでは，認知的クリティカルパラメータが決まっているという状況から話を始める．認知的クリティカルパラメータの決定は調査対象の現場ごとに行う必要があり，基本的には MHP/RT のシミュレーションを行って得られる．認知的クリティカルパラメータに含まれる認知機能は調査対象の現場での課題を遂行するために必須の認知機能であり，すべての認知機能が正常な状態と，いずれかの認知機能が正常でない状態に大別される．認知機能に着目した CCE では，正常状態の認知的クリティカルパラメータを有する被験者の行動の結果を，他の状態の認知的クリティカルパラメータを有する被験者の行動の結果を評価するときのレファレンスとして利用する．

認知的クリティカルパラメータが決まった後の最初のステップは，エリートモニタの選定である．認知機能に着目したCCEでは，エリートモニタの選定を個人の認知特性プロフィールに基づく被験者のスクリーニングにより行う．スクリーニングとは，想定された認知的クリティカルパラメータについて，その後のフィールド実験で行う課題とは独立の検査や調査，インタビューなどによって被験者個人の認知特性プロフィールを調べ，その中から認知的クリティカルパラメータ空間内で特徴的な被験者を事前に選び出すプロセスのことである．

スクリーニングには，被験者の認知的クリティカルパラメータに関わる認知特性を客観的に測る「ものさし」が必要である．心理学の分野では様々な認知機能を測るものさし，つまり心理検査が用意されているので，それで代用できるものもある．しかし，多くの検査は認知症や脳疾患の診断のために作られているため，正常な被験者には易しすぎることがある．そこでそのような場合には，専用の検査を考案することになる．我々のグループでは，認知的インタフェースに重要な三つの認知機能を簡易に計測できる検査（AIST-CAT）を開発した [2.5]．これらの認知機能とは，「作業記憶機能」「注意機能」「プランニング機能」である．実際には，比較的大きな母集団にこのような検査や質問紙調査などを実施し，その中で研究の目的に合った特定の認知特性プロフィールを有する被験者を選定することになる．なおここでは，認知特性プロフィールは必ずしも認知機能検査の成績のみならず，特定の課題状況に関する過去の経験や認知スタイルなども含まれる．通常は特定の認知機能検査の成績が低く，フィールド実験で想定されている課題状況についての経験が低い被験者を選択するといったことが行われる．

(2)　認知機能に基づく高齢者のスクリーニングの実例

ここでは，産総研式認知特性検査（AIST-CAT）について解説し，認知機能スクリーニングの実例を紹介する．AIST-CAT は，人間の認知機能の内の作業記憶機能，注意機能，プランニング機能における加齢に伴う低下を計測するための簡易な検査手法である．作成にあたっては，従来の認知心理学的検査を参考にしながら，より正常に近い高齢者が示す比較的マイルドな機能低下を調べることができる難易度に設定した．また，集団で実施することを想定し，紙と鉛筆を用いて短時間（全体で 30 分程度）で行うことができるようにした．

実際に，都内のシルバー人材センターに所属する 157 名の高齢者について 20 名程度の集団で検査を実施し，それぞれの機能の下位 25 パーセントに属する高齢者を機能低下群と定義した．各個人について，三つの機能のそれぞれが低下しているか否かについて分類すると，三つの機能すべてが低下していない群，三つのうち一つだけが低下している群，三つのうち二つが低下している群，三つのすべてが低下している群のいずれかになる．

AIST-CAT を用いた研究では，この内の一つの機能だけが低下している群を用いてフィールド実験を行う．例えば，注意機能が認知的クリティカルパラメータであるという仮説が設けられた場合には，注意機能のみが低下した高齢者とすべての機能が低下していない高齢者を被験者として選定し，これらの被験者に現場での実験課題を課す．認知的クリティカルパラメータの仮説が正しければ，注意機能低下群と正常群の間で顕著な行動パターンの違いが見られるはずである．また，そのときの行動パターンの違いは，認知的クリティカルパラメータとして想定された認知機能の低下，つまりこの場合は注意機能の低下によって十分に説明可能なものであるはずである．実際に，AIST-CAT で想定した三つの認知機能について単一の機能のみが低下した高齢者では，駅での行動場面（4.1）や家電機器インタフェース場面（5.1）で顕著な行動パターンが観察されることが報告されている．

2.2.3 課題設計とフィード実験の実施（CCE-4：現場での行動観察）

フィールド実験の実例や結果の分析手法については他の章に詳述されているので，ここでは仮説検証のための方法論を概説し，また，認知特性スクリーニングによって選定された被験者が実験に参加する際に留意すべき点を述べる．

(1) 課題設計

CCE ではフィールド実験によってデータの収集が行われる．フィールド実験における課題設計は，スクリーニングとならんで CCE の重要な要素である．

①　認知的クリティカルパラメータを考慮した課題設計

課題設計とは，認知的クリティカルパラメータがある行動選択に関わっているという仮説のもとに認知的クリティカルパラメータに関してスクリーニングされた被験者が，行動選択において一定の行動パターンを示すか否かを検証するための実験を計画することにほかならない．ゆえに，最適な課題の設計が研究の成否を決める．

CCEにおいては，認知的クリティカルパラメータの設定と課題設計は互いに密接に関連している．特にある現場での問題について，それに関連する重要な認知特性が認知的クリティカルパラメータとして想定されたとすると，次はその認知的クリティカルパラメータの特性値によって異なる行動が得られることが予想されるような実験状況を作り出す必要がある．それは，現場での問題をある統制された条件の下で再現することでもある．そこでは，もし現場での問題に認知的クリティカルパラメータが関連しているとすると，設計された課題において，低い認知的クリティカルパラメータの値を有する被験者は現場での問題と同等と見なしうる行動を取るはずであるという結果の予測を伴うものとなる．

②　シナリオの設定

フィールド実験においては，設計された課題に基づいて「シナリオ」が設定される．シナリオは，これから被験者が行う課題をあらすじレベルで記述したものである．シナリオに基づいて，被験者に与える「教示」が用意される．また，シナリオに沿って問題なく課題が遂行できた場合の模範的な行動のリストが用意される．

シナリオは，実際の被験者がその場面で本当に行うことを模したものである必要がある．また，現場での問題を効率的に再現できるようなものでなくてはならない．

例えば，我々は高齢者が駅を実際に利用する場面を想定し，ある目的を持って駅の中を歩き回るという実際の場面を模して行動している最中に，サインがどのように利用されるかを調べた（4.1節参照）．従来行われてきた駅の中でのサインの視認性の研究の多くは，実際に個別のサインの前に高齢者を立たせてどのぐらいの距離からならばそのサインを発見できるかを調べるといった，実際のサインの利用形態とは切り離された状況で行われてきた．ここでの研究では，人間が実際に駅内でサインを見る場合には，通常，駅内を移動しながら，行動目的に即して刻々と情報の取捨選択を行っているということを重視し，その状況を模した課題を作成した．その結果，認知機能が低下した高齢者はそもそもサインを見ようとしないということが明らかになった．

これらの高齢者であっても，特定のサインの前でそのサインを読むように教示されれば，正常に読むことはできると思われる．すなわち，そのような現場での実態とかけ離れた課題を設定すれば，特定の認知機能が低下した高齢者であっても何ら問題点を示さない可能性がある．このような例は，実際の利用形態に即したシナリオ設定の重要性を示すものである．

シナリオ設定にあたっては，できるだけ普段の行動と同じような行動を被験者から引き出せるような工夫が必要である．一方，研究の目的によっては，日常の行動とは一致しなくても，あえて特定の行動をとるように教示を与えることがある．普段は券売機を利用しない人であっても，券売機の問題を調べるためにはあえて利用してもらう必要があるし，また，普段は駅の中で道に迷ったらすぐに駅員に尋ねるという行動をする人であっても，駅の中のサインの利用状況を調べるという目的であれば，サインだけを手がかりに目的地にたどり着くようにという教示を与えることもある．したがって，まったく普段通りに行動するようなシナリオ設定が必ずしも最良とは限らない．研究目的に応じた課題設計とシナリオの設定が必要となる．

(2) 実験者の介入によるタスク遂行のコントロール

一連の研究では，タスク遂行中での実験者の介入が重要となる．特に，被験者が事前に想定していないような行動をとることがあり，そのような場合に，どのような基準でどのように介入を行うかを事前に決めておく必要がある．特に誤った行動をした場合など，それらにどのように気が付くのかが研究のポイントである場合とそうでない場合がある．研究のポイントでない場合には早期に介入を行い，元のタスクに戻すことが被験者の疲労を軽減し，モチベーションを維持する意味でも有効である．

(3)　被験者，実験者バイアスの排除（ダブルブラインド）

実験データの客観性を担保する目的からは，被験者自身および実験者やデータ解析者が被験者の認知特性プロフィールを知らないことが重要であろう．このような方法は「ダブルブラインドテスト」と呼ばれている．まず，被験者が自らのプロフィールを知ることにより，プロフィールに合うように振る舞ってしまう可能性がある（プラシーボ効果）．あるいは，その傾向を隠そうと振る舞う可能性も考えられる．したがって，被験者にはあくまでランダムに選ばれたかのように接する必要がある．また，実験者やデータ解析者が被験者の認知特性プロフィールを知っていることによって，実験中の介入やデータ解析に無意識のバイアスがかかる可能性がある（実験者効果）．そのためには，被験者の選定に関わる者と実際の実験を行う者やデータ解析を行う者が別になるような工夫も必要であろう．そのような効果の介入を防ぐ努力が，CCE の結果の客観性を保証するためには重要である．一方，実験に携わる人員配置の問題やその他様々な制約のためにバイアスを低減させる措置が難しい場合であっても，バイアスの可能性を念頭において最大限の努力を払う必要がある．

2.2.4　行動の記述とデータ解析（CCE-5：表現空間の定義，CCE-6：行動の表現）

認知機能に着目した CCE では行動結果の表現の基底として，通常の心理研究における指標である課題遂行時間やエラー数のような数値化可能な指標に加えて，行動を詳細に記述したログや課題後のインタビュー結果などの質的なデータから得られるものも用いる．特に，その課題遂行に至るまでのプロセスが重要である．本項の最初にも述べた通り，課題が遂行できたとしても，その途中経過がすべての被験者においてまったく同じとは限らない．認知特性によって，異なる行動が選択される可能性があることも先に述べた．ゆえに，どのような経過で課題が遂行されたのかという部分に，課題遂行と認知的クリティカルパラメータとの関係に関する非常に重要な情報が含まれている．

認知機能が低下した高齢者では，課題を遂行するために低下した機能を補うような行動（認知的補償行動）が頻繁に見られる．そこで，特定の認知機能低下群に特有の行動が見られた場合には，それらは認知的補償行動である可能性が高い．

2.2.5 結果の解釈とその活用

認知機能に着目した CCE では，事前に想定された課題状況でエリートモニタが行う行動を計測すること自体が仮説の検証プロセスとなっている．事前の仮説が正しければ，同一グループ内の被験者は仮説となっている低下した認知機能によって説明できるような共通の行動パターンを示すはずである．したがって，仮説に基づいた結果の解釈が可能となる．

さらに，どうしてそのような問題が生じるのかに関するプロセスを解明することができる．それは，CCE が，問題（あるいは特徴的な行動）に至る前後の詳細な個人の行動データや事後インタビューなどから，個人の行動の履歴やその意図などを詳細に記述するという質的研究の要素もあわせ持っているからである．さらに，これらデータと個人ごとに特定された認知特性プロフィールの対応によって，行動に至る認知的なプロセスの解明に資するデータを得ることもできる．これらの結果から，現場での問題を解決する方策であったり今後の研究のための新たな仮説を導くことができる．

実験室での実験が仮説検証に重点をおいた研究であり，質的研究が仮説構築に重点をおいた研究方法であるのに対して，認知的クリティカルパラメータに基づく CCE の研究は，仮説検証型研究と仮説構築型研究のハイブリッドともいえる方法である．認知特性プロファイリングと行動データの対応の部分は仮説検証のアプローチであり，研究自体の再現性も十分にある．一方，プロセス解明の部分は，インタビューやその他のデータから個人の特性を詳細に明らかにしていくというアプローチを取っている．この部分は，個別の行動やインタビューの内容に関しては必ずしも再現性は高いとはいえないが，一方で，個人のデータをより深く集めるという質的研究やエスノメソドロジーの利点を備えている．

認知特性プロファイリングを導入した CCE の研究では，仮説検証とプロセス解明を通じて，「なぜ」に答えることを可能とする．ここで得られる「なぜ」

に対する答えは，個々の場面の個々の行動のレベルを超えた，より一般的なレベルの回答である．ゆえに，事例研究を超えたレベルの解が得られる．

2.3　日常行動理解のためのCCE（非シナリオ型）

本節では，シナリオを設定せずにサービス提供現場で起こっていることの“as is”（現状）を理解するために実施する，CCE調査の実施法について解説する．

2.3.1　事前サーベイ（CCE-2：クリティカルパラメータの決定）

まず，調査の時点で利用できる情報を幅広く収集する．例えば，文献レビューやサービス提供者が持つ現状の問題認識について，ディスカッションやインタビュー調査を実施する．

一般的にサービス提供者は，どのような顧客が訪れ，何を体験して，どう感じて帰るのかなど，サービス受容者の深層心理とフィールドでの行動選択・変容過程をひも付けて理解しているわけではない．しかしながら，経験的には，サービス受容者のデモグラフィックな属性をはじめ，サービス消費傾向をある程度は把握している．また，過去のマーケティング調査のデータに基づいて顧客を管理し，傾向を把握していることもある．もし，調査者にとって不案内な領域の場合は，これらの情報がMHP/RTによるシミュレーションを調査モニタの条件設定や調査デザインをする上での貴重なガイドとなる．特に調査モニタの条件設定については，現状で把握できている範囲で類型化するための変数と具体的なデータ，適切な類型のタイプ数について十分に検討する必要がある．

その他，実際にフィールドに出向き，下見をして現場の雰囲気を感じとったりサービスの授受を体験することは，調査デザインの仕様，分析視点を特定する上で役立つ．同時に，フィールド観察時の調査モニタへの干渉を最小化するための記録機材や観察位置の確認など，データ取得や観察の方法について検討を行う．

2.3.2 調査モニタの選出の考え方とそのプロセス（CCE-3：エリートモニタの選定）

以下では，調査モニタを選出する具体的なプロセスについて詳細を述べる．

(1) スクリーニングアンケートによる調査モニタ候補者の選出

調査の目的と事前サーベイから得られたサービス受容者に関する情報を元に調査対象となる母集団を決定し，調査モニタ選出に向けたスクリーニングアンケートを作成する．このアンケートは調査対象者をスクリーニングするためのものであり，質問はクリティカルパラメータの値に基づいて回答のパターンを類型化することを目的としている．ここで，量的調査でよく行われている，仮説を検証するような質問や行動の詳細な内容を尋ねるような質問を多く作成しても，回答者の負担になるだけであまり意味がない．また，コンテクストが絡むような行動の詳細な内容を指標にして調査対象者を類型化すると，類型の定義・解釈が多義的になり，後々の調査に悪い影響を与えかねないので注意を要する．

次に，調査対象となる母集団に対してスクリーニングアンケートを実施する．

回収したデータを適切な指標でスクリーニングし，調査対象者を類型化するとともに，調査目的やテーマに適う者を調査モニタの「候補者」として選出する．なお，最終的な調査モニタの選出は，後述するエリートモニタオーディションにおいて決定する．そのため，調査モニタの候補者の人数は，最終選出予定人数の 2～3 倍を目安に確保しておく．

調査モニタを募集するスクリーニングアンケートの実施方法は，Web による方法がコスト的にも時間的にも効率が良い．しかしながら，Web によるスクリーニングアンケートは，ケースによっては問題点が生じる．

例えば，デジタルカメラにまつわるサービスの利用者を Web による方法で網羅的に集めたい場合，Web にアクセスできない一部の利用者をあらかじめ想定できるかといった問題が出てくる．高齢者のデジタルカメラのユーザは，パソコンを所有せずとも，SD カードなどの記録媒体に画像データを撮り貯め，デジタルカメラの液晶画面やテレビをビューワーとして利用したり，店舗にあるプリント端末の出力サービスを利用するなど，パソコンやWebとは独立したユーザも存在する．この場合，Webによるスクリーニングアンケートを実施してもこれらのユーザを取りこぼす可能性が高い．

このように調査モニタのスクリーニングアンケートは，調査テーマや調査対象とした母集団の前提を吟味し，適切な実施方法を選択する必要がある．

(2)　エリートモニタオーディション

先述のスクリーニングアンケートから選出された調査モニタ候補者を対象に，エリートモニタオーディションを開催する．このオーディションで最終的に選ばれた調査モニタをエリートモニタと呼ぶ．このエリートモニタはその後のフィールド観察の対象者であり，繰り返し実施するインタビュー調査の対象者として選ばれる．

スクリーニングアンケートで選出した調査モニタ候補者に対しては，最終選定するためのオーディションを実施していることを意識させないようにする．また，オーディションでは，調査モニタとして相応しいかどうかの選定ポイントをチェックするとともに，幅広く情報を収集，確認するための事前調査的な位置づけで実施する．

エリートモニタオーディションは，調査者が類型化したグループごとに，1グループ4〜5名程度で構成したグループインタビュー形式で実施する．一般的にグループインタビューでは，調査モニタ同士の会話の相互作用からインタビューテーマに対するグループダイナミズムを生み出すようなスタイルで実施されるが，ここではあくまでもエリートモニタの選出に注力が置かれる．従って，厳密にはグループインタビューではなく，集団個別面接型のインタビューといった方が相応しいであろう．

また，調査モニタの対象との関与の程度を知るために，対象にまつわる物品や写真を持参してもらう．例えば，北海道日本ハムファイターズのファン調査では，ファンの球団に対するコミットメントの度合い，観戦スタイルの違いを把握するために，普段，ドームで観戦するときの格好でオーディション会場に来てもらい，球場に着て行くもの，持ち込む応援グッズ，写真などの思い出の品々を持参してもらった．

なお，以上のようなエリートモニタオーディションを実施する意図と，エリートモニタの選出にあたり，チェックすべきポイントは以下の通りである．

① 調査対象の類型に合致しているかどうか

アンケート回答のスクリーニングだけでは，調査者が設定した類型の調査モニタが確実に選ばれているかどうかはわからない．インタビューでは，スクリーニングアンケートの回答に偽りや不誠実な部分がないかどうかを確認する．設定した類型とインタビューの受け答えに大きな矛盾や相違点があれば，エリートモニタとしては相応しくない．

② 調査意図を理解し，調査に協力的かどうか

これから先，暫く続く調査に欠席することなく参加してくれそうか，調査意図を充分に理解し，普段通りの行動に徹してくれるかどうかなど，人柄や参加の持続性，協力に対する姿勢を評価することが優先される．

一方，インセンティブ（謝礼金）だけが目的，予定した調査スケジュールに参加できるかどうか不透明，調査を通じた問題発見や提言することに貢献しようとする意識が高すぎるなどがインタビューから伺えた場合は，エリートモニタとしては相応しくない．

③ 多くの情報をもたらしてくれるかどうか

類型を代表するエリートモニタとして，飾らない言葉で率直に自身の内省を語るスキルがあるかどうか，調査者の発見や理解，洞察したいことに対する情報量が豊かで，最も多く学びうる情報をもたらしてくれるかどうかを選定基準とする．

一方，自身のことをほとんど語ろうとせずに，「サービスとはこうあるべき」などの論評的な発言が多い，自分が考えるプロモーションやサービス企画を語るなど，アイデア発想的な視点で物事を語ることが多く見受けられる場合，エリートモニタとしては相応しくない．

つまり，エリートモニタとして求められる資質とは，対象に関わっている動機や理由，対象との関わりの中で感じとってきたこと，過去から現在までの対象との関わり方とその心情の変化など，これら自分自身のことを率直に語れる

ことであり，サービスの良し悪しを他人目線でも評価できる能力，問題点を次々と発見して報告できる能力，新しい提言をできる能力ではない．

なお，エリートモニタの人数であるが，各類型を代表する者がもたらす情報が理論的飽和に達するまで調査を繰り返すのが理想的だが，金銭的・時間的コストを考えると現実的ではない．例えば，類型を4タイプ想定するなら，各類型に2〜3名，つまり計8〜12名程度が妥当といえる．

2.3.3　フィールドにおける観察調査（CCE-4：現場での行動観察）

フィールドでの観察調査では，調査者が必要とするデータを収集しながら，いかに自然な状態で行動観察ができるような環境に仕立てるかが鍵となる．収集するデータは，エリートモニタの行動ログ，行為系列，会話の内容，興味の対象や感情の表出が見てとれるもの，観測可能な外的要因（天候，環境，状況）などである．また，調査中に過度に干渉しない範囲で，期待や印象，満足度について，リッカート式のアンケートに回答してもらうこともある．このデータは，後の回顧インタビューでその評価の根拠を尋ねるきっかけとして利用する．

調査目的やテーマによって必要となるデータとその解像度は異なる．また，フィールドの条件や計測データの種類によっては，データの収集に様々な障害や制約が生じるであろう．したがってデータを収集する手段は，条件や状況に応じた最適な組合せをアレンジする．

図2.3.1に示したのは，これまでにCCEを適用した調査で実施されたデータ収集の方法と使用機材である．収集されたデータはその後の分析に用いるエリートモニタの行動記録そのものであるが，フィールドでの観察調査後に実施されるインタビューにおいて自らの行動を想起させる装置としても活用される．

以下に，CCE調査の典型的なデータ収集方法として，北海道日本ハムファイターズのファン実態調査（3.1節参照），城崎温泉における温泉訪問者調査（3.2節参照），およびJRの駅構内（4.1節参照）における移動行動調査についての例を説明する．

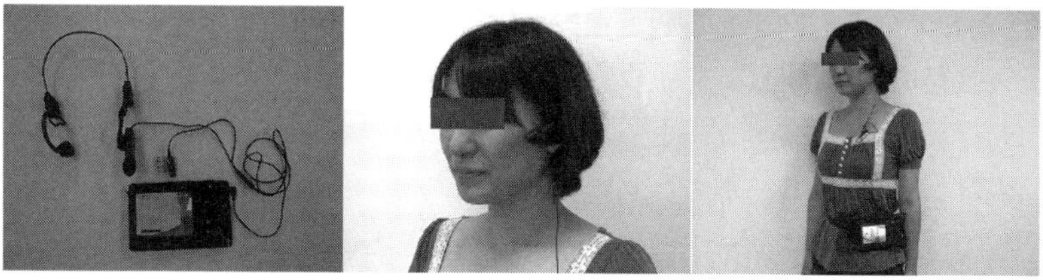

ヘッドセット CCD カメラとレコーダー　装着の様子（頭部）　装着の様子（全体）

図 2.3.1 データ収集の機材

(1) 北海道日本ハムファイターズのファン実態調査での CCE 適用のデータ収集事例

① ［行動ログ］：行動追跡カメラ，行動メモ

調査スタッフが携行するデジタルカメラで，エリートモニタの球場内の移動および行動の様子を追跡して撮影する．これにより，休憩行動や購買行動，他のファンとの接触の様子が明らかになる．また，これらの行動をメモで記録する．

エリートモニタの行動を背後から追跡して撮影すると，周囲の風景との関連付けがしやすく，自身の行動をメタ的な視点で説明できる利点もある．

② ［行為系列］：3 軸加速度センサ，行為系列メモ

3 軸加速度センサは，エリートモニタの腰部に装着する．これにより，エリートモニタの観戦中の行動や動作が記録される．例えば，「稲葉ジャンプ」のときに実際にジャンプに参加したかどうかが記録に残る．また，これらの行為をメモで記録する．

③ ［興味の対象］：ヘッドセットカメラ

ヘッドセットカメラは，エリートモニタの頭部に装着する CCD カメラである．このカメラで，視線の先を撮影する．映像は，モニタの腰に装着したハンディタイプのビデオデッキまたは HDD レコーダで記録する．この装置は，アイカメラトラッキングのように中心視野を追従するものではなく，正確には顔の向いた方向を撮影するに過ぎないが，スタジアムのような広い空間では視線を配る範囲が広いので，観戦中の様子や情報収集の様子など，エリートモニタ

が注視している方向をある程度把握できる．

④　[会話の内容]：ピンマイク，集音マイク

ピンマイクは，各エリートモニタの胸元に装着する小型のマイクである．この装置により，エリートモニタの独り言や声援，発話が記録できる．また，集音マイクは3名のエリートモニタの前に設置したマイクで，エリートモニタ同士の会話のやりとりやが記録できる．

⑤　[感情の変化]：正面カメラ，集音マイク，心拍計

3名のエリートモニタの正面に設置したカメラとマイクで，観戦中やイベント中のエリートモニタの表情や声援を撮影する．例えば，得点チャンスでタイムリーヒットが出たときの歓喜の様子や，応援チームの打者の三振でがっかりした様子が撮影できる．また，心拍計により，感情を裏付ける客観的な生体信号を取得できる．

⑥　[観測可能な外的要因]：各種カメラ，集音マイク

各種カメラにより，エリートモニタの行動と対応した試合状況や場内空間，人とのやりとりなどの外的要因として記録できる．また，集音マイクにより場内の歓声が記録され，試合の状況や展開が特定できる．

(2)　城崎温泉における温泉訪問者調査でのCCE適用のデータ収集事例

①［行動ログ］：GPS，デジタルカメラ，旅のメモ

エリートモニタの散策行動を記録するために，携帯電話のGPS機能を用いた．城崎温泉で過ごしている間は常に携帯電話を携行してもらい，GPSデータを取得する．GPSデータは地図上に移動の軌跡として表示し，記録した．

また，温泉街を散策しているときに立ち寄った外湯，お土産店，観光施設，飲食店，宿での過ごし方などをデジタルカメラで撮影してもらった．

旅のメモは，どの訪問者にもほぼ共通して行われる10のノード（自宅を出発する，城崎に着く，チェックインする，夕食をとる，就寝する，起床する，朝食をとる，チェックアウトする，城崎を発つ，自宅に着く）を基点に，「1. 自宅～城崎着」「2. 城崎着～宿チェックイン」「3. 宿チェックイン～夕食」「4. 夕食後～就寝」「5. 起床～朝食」「6. 朝食後～宿チェックアウト」「7. 宿チェックアウト～城崎発」「8. 城崎発～自宅」の八つの時系列エッジに分け，各ノードの時刻お

よび各エッジにおける具体的な活動内容，例えばお土産店で買い物をする，外湯に入る，工芸品の手作り体験をするなどをエリートモニタに記入してもらった．

これらの情報を総合して，エリートモニタの城崎温泉での行動，過ごし方，時間の使い方を把握した．

② ［興味の対象］：デジタルカメラ

デジタルカメラによる撮影は，立ち寄った場所，利用した施設だけではなく，エリートモニタが気になった，興味を惹かれた対象も撮影してもらった．これにより，温泉旅行におけるエリートモニタの興味の対象，嗜好性を知ることができる．

③ ［観測可能な外的要因］：デジタルカメラ，その他

温泉旅行での行動は，時間条件（到着，出発時刻），気象条件（天候，気温，湿度），移動手段，同行者属性，メンタルマップなどにより変化すると考えられる．これらの情報を，エリートモニタが撮影したデジタルカメラの画像や調査者の観測から特定する．

(3) JRの駅構内における移動調査でのCCE適用のデータ収集事例

① ［情報取得の対象］：ヘッドセットカメラ

エリートモニタが乗換タスクや施設探索を行うときに，駅構内や移動中の電車内にある各種案内情報のどの情報を参照するのか，また，どのような情報が役に立つのかを記録する．

② ［行動ログ］：行動追跡カメラ，行動メモ

調査スタッフが携行するデジタルカメラで，エリートモニタの駅構内における移動中の様子を追跡して撮影する．エリートモニタの行動を背後から追跡して撮影すると，周囲の風景との関連付けがしやすく，自身の行動をメタ的な視点で説明できる利点もある．

③ ［音声の内容］：ピンマイク

ピンマイクは，各エリートモニタの胸元に装着する小型のマイクである．この装置により，駅構内および移動中の電車内での情報探索中，エリートモニタが何に困っているのか，また，何を確信したのか，それらについて独り言が発

せられれば，それが情報探索と行動決定に繋がるデータとして記録ができる．また，何よりも駅構内や電車内のアナウンスも記録できるため，音声による案内情報がいつ，どのタイミングでもたらされたのか，それが役に立ったのかなどを検証できる．

以上のように，紹介した三つの調査の例では，それぞれ使用する機材やツールの種類や使用する目的が若干異なる．例えば，プロ野球観戦調査で実施したヘッドセットカメラによる目線の撮影や心拍数変動の計測は，入浴を繰り返す温泉旅行のフィールドでは難しい．一方，温泉旅行調査で実施した，エリートモニタが興味を惹いた対象あるいは利用したサービスや施設をデジタルカメラで撮影・記録させることは，温泉地では自然な行為だが，スタジアムでのファン行動や駅構内での情報探索としては不自然な行為となる．また，GPSによる行動軌跡データの記録は，移動範囲が広く，かつ調査スタッフが追跡して観察すると不自然になる温泉地では有効だが，狭いスタジアムや駅構内では有効ではない．

このように，フィールドや条件の違いにより，エリートモニタの自然な行動をできるだけ阻害しないようなデータ収集方法を選択しなければならない．また，温泉旅行調査のようにエリートモニタの行動を追跡して観察することができないケースにおいて，いかに行動データを収集するのかといった工夫が求められる．

2.3.4　インタビュー調査（CCE-5：表現空間の定義）

(1)　繰り返しの回顧的なインタビューを実施

フィールド観察後，エリートモニタに対してインタビューを実施する．

CCEを適用する調査では，エリートモニタの現在の行動や心理状態のみならず，過去からの行動変容と態度・関与の変化，その背景となるパーソナリティ，日常生活環境について，回顧的に広く深く情報を聞き出し，これを総合的に分析する必要がある．

実際のところ，これらの情報を充分に聞き出すには相当の時間を要する．しかしながら，一人あたりに使えるインタビュー時間は，エリートモニタの負担や集中力を考慮するとせいぜい 90 分程度が限界である．したがって，インタビューは可能な限り効率的に，また，調査設計上の制約がない限り複数回実施するのが望ましい．

(2) 記憶を想起させる仕組みを用意

先述したインタビューの効率化やボリュームの問題の他に，エリートモニタの記憶保持の問題がある．インタビューではエリートモニタの記憶が頼りになるため，フィールド観察からインタビューまでの期間が空いてしまうとエリートモニタの記憶が薄れてしまい，有効なデータが得にくくなる．そこで，インタビューはフィールド観察の実施後，可能な限り早く実施するとともに，その記憶を効率よく想起させるための情報を利用する．

エリートモニタの記憶を想起させる仕組みとして，フィールド観察中に得られた映像・画像や音声の記録，アンケート，行動ログ，調査員のメモなどを利用する．これらをインタビュー中に効率よく運用できるよう，かつエリートモニタと共有できるかたちに編集し，インタビューシナリオに沿って提示する．

(3) インタビュー内容を深化させる

調査のテーマやフィールドの条件，エリートモニタの制約にもよるが，通常，回顧インタビューは複数回実施される．各回のインタビューにおいては柔軟性も必要だが，ある程度のテーマを持ってインタビューを実施する．

例えば 1 回目のインタビューでは，フィールド観察で見られたサービス授受に関する行動やそのときの期待値や満足度，および現在のサービス授受に至った動機やきっかけなど，比較的フィジカルなデータの取得を主眼とする．

2 回目のインタビューでは，過去から現在までのサービス授受の変化やそれと対応する嗜好性や日常生活の変化など，過去の出来事にさかのぼる．

3 回目のインタビューでは，サービス受容以前の生活スタイルや価値観，生活環境，家族や友人との関係など，エリートモニタの生活史を紐解いていく．

以上にように回顧インタビューを繰り返す基本的な構成として，1 回目はフィールド観察の事実ベースを確認する構造的なインタビューから始まり，インタビューの回数を重ねるごとに調査者とエリートモニタの信頼関係を充分に形成させながら，調査モニタのプライベートな生活者像を明らかにしていくよう，インタビュー内容を変化させる．

また，インタビューシナリオはあらかじめ組み立てておくが，調査者が尋ねたいことに厳密に従うのではなく，相手の話したいことを多く引き出せるように柔軟に対応する．エリートモニタの脱線した話や雑談などから思わぬ知見が得られることもある．

これらの複数回にわたる回顧インタビューを通じて，エリートモニタの行動における情報処理と行動決定のプロセスを明らかにする．また，過去に遡及することで，これまでにエリートモニタが体験・経験してきたこと，習得してきた知識を包括的な生活史として捉え，彼らの人物像やサービス利用履歴をヒストリカルに把握することが重要となる．

(4)　インタビューの事例

①　北海道日本ハムファイターズのファン実態調査での事例

図 2.3.2 は，プロ野球観戦の回顧インタビューで利用した映像画面である．これは，ヘッドセットカメラの映像，エリートモニタを正面から捉えたカメラ映像，CS の野球中継を同期させ，一つの映像として編集したものである．この映像を利用することによってインタビューポイントにおける試合状況を容易

図 2.3.2　回顧インタビューで使用した映像画面

に想起させ，エリートモニタの反応やそのタイミング，そのときの行動・行為の動機や理由，心理的な状態を正確に思い出させることができる．

また，エリートモニタの趣味や仕事，家族や友人にまつわる思い出の物品や写真などをインタビュー時に持参するよう手配しておく．これらを話のきっかけにして，エリートモニタのパーソナリティや日常生活，生活環境を知るためのインタビューを展開し，フィールド観察時のデータとどのような関連性があるのかを推察した．これらの情報により，現在のスタジアムでの観戦スタイルと，ファンステージアップのイベントを抽出し，スタジアム観戦に至るファンに影響を与える要素を特定した．

② 城崎温泉における温泉訪問者調査での事例

温泉訪問者調査の回顧インタビューで利用した資料は，エリートモニタが立ち寄った，あるいは興味関心を惹いたものをデジタルカメラで撮影してもらった画像と，行動ログのGPSデータ，およびエリートモニタに記入してもらった旅のメモである．これらのデータをインタビュー前に回収し，インタビューが効率的に進行できるようにあらかじめ編集しておく．回顧インタビューではこれらの資料を基に，エリートモニタの行動履歴を詳細に追いながらそのときの行動の動機や理由，そのときの心理状態について聞き出した．

図2.3.3は，回顧インタビュー後に整理した，エリートモニタの城崎温泉での移動軌跡と活動内容のフローを示したものである．これらの情報と，エリートモニタの温泉旅行に対する態度，これまでの温泉旅行の経験やこだわり，城崎温泉での行動を決定するまでのプロセスを得ることで，温泉訪問者の典型的なパターンを明らかにする．

③ JRの駅構内における移動調査での事例

図2.3.4は，エリートモニタに装着したヘッドセットカメラの映像と追跡カメラの映像である．これらの映像の同期を取りながら回顧インタビューを行い，情報の探索行動の特性を抽出した．記録された映像の中に残された，移動中に参照可能だった案内情報やアナウンスについて，実際に参照したかどうか，参照した場合はその情報の何がどの行動に反映されたのかを一つ一つ確認し，エリートモニタの認知機能の特性と情報探索行動の関連性について検討した．

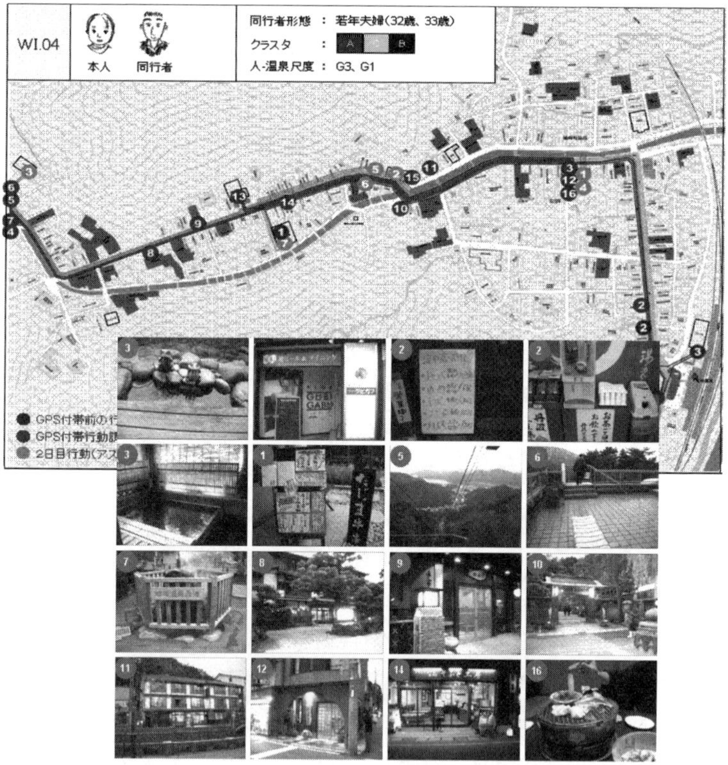

図 2.3.3　移動軌跡と活動の内容

以上の事例のように，フィールド観察で得られた情報をエリートモニタに開示できるよう編集しておくと，記憶の想起を助け，質の高いインタビューデータを取得できる．また，インタビューそのものを効率的に実施することができる．

2.3.5　データの分析（CCE-5：表現空間の定義）

CCE を適用する調査のデータ分析プロセスは従来の質的調査と同じく直観的かつ循環的であり，この繰り返しによって新しい仮説や理論を構築する帰納的なアプローチの性質を持っている．したがってデータの分析にあたっては，エ

図 2.3.4　追跡カメラ映像（上）とヘッドセットカメラの映像（下）

リートモニタからもたらされた文脈に含まれる豊かな情報から調査目的に合ったデータの整理と様々な切り口からの考察を行い，記述的な結果を導いていく．

量的調査では，調査目的に沿うデータセットの分類を行い，分類ごとの平均値や分散を計算してデータを集約化させる．また，データ同士の相関を求めることで，数値データが現す意味や因果関係を見い出す分析作業が行われる．一方，質的調査における分析作業の考え方も，量的調査の分析作業と変わりはない．行動データやインタビューデータを行きつ戻りつしながら分類し，集約化を図り，因果関係の把握が行われる．

ここで，データをまとめるためのユニットを示しながら，詳細について説明をする．

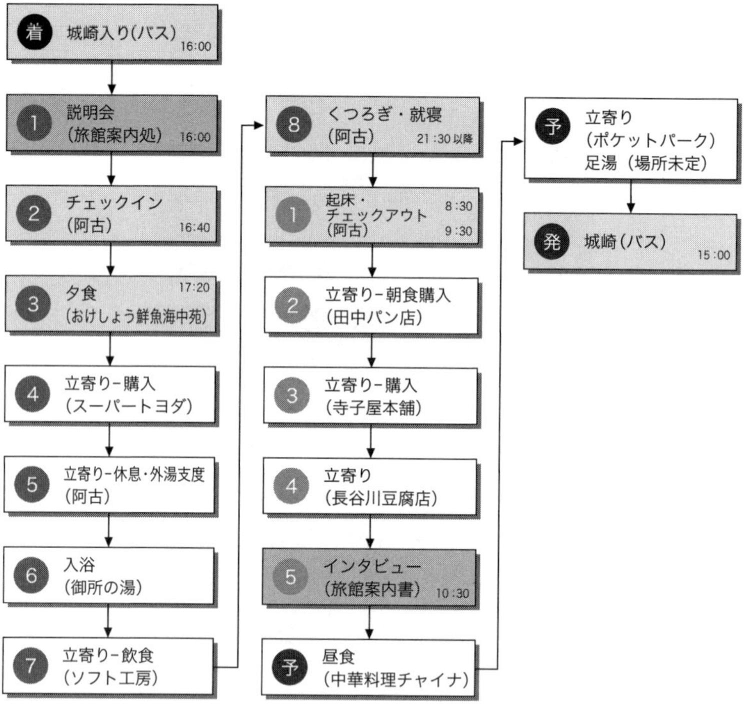

図2.3.5　温泉訪問者の行動フロー

(1)　フェイスシート

どのような調査においても，調査モニタがどのような属性でどの類型に属するのかという基本的な情報は，前もって揃えておく必要がある．また，フェイスシートに記載される情報は，後に分析されコーディングされた行動データやインタビューデータとの関係性を見い出す上で重要な情報となる．

エリートモニタの年齢や性別，居住地域などのデモグラフィックやジオグラフィックな属性の他に，スクリーニングアンケートのときに想定したサイコグラフィック変数や行動変数などで構成される類型タイプについても記述する．また，エリートモニタオーディションのインタビューのときに得られたプロトコルや人物像についてもコーディングした上で記述する．

(2) 行動フローシート

フィールド観察時に観測された行動や行為系列を記述する．このとき，タスクやサービスプロセスの中で，多くの人が共通して行うノードを見い出し，調査前にあらかじめ設定しておくと，データの整理がしやすく，行動の違いも一瞥しやすい．図2.3.5は，温泉訪問者の行動フローである．

例えば，宿泊で訪れる旅行者は，チェックインすることと夕食をとることは必須の行動である．チェックインまでにどのような行動をしたのか，チェックインから夕食までの間にどのような時間の過ごし方をしたのかなどのノード間に行われる活動内容の数や密度の違いは，そのエリートモニタの行動の動機付けや特徴を現すものとして重要なデータとなる．

(3) インタビューの集約化

フィールド観察で得られたデータを編集して，これを回顧しながらインタビューが実施される．このときに取得されたエリートモニタの発話内容をコーディングし，集約化を図る．

そこで，インタビュー内容のコーディングは，エリートモニタが発話した内容のディティールに振り回され過ぎないよう，本質を理解し，かつ文脈を見落とさないよう注意を払う．また，インタビューが繰り返される度にコーディングの仕方に誤りがないかを確認する．

なお，インタビューで得られたエリートモニタの発話は最大限尊重すべきだが，必ずしも率直に正しいことを述べているとは限らない．インタビュアーの個々の質問に対して理由を明確に述べられないことも多々ある．このとき，インタビュアーが無理にエリートモニタから回答を引き出そうとすると，さして理由のないことに対して合理的で矛盾のない理由を見つけて答えようとする場合もある．発話内容の分析にあたっては，他の行動データや状況証拠と突き合わせながら，直観を働かせ，発話の本質を正しく見抜く洞察力が求められる．

(4) ヒストリシート

フィールドでの行動を裏付ける心理的なデータとともに，これまでの行動選択や行動変容のメンタルモデルを構築してきた過去の経験や知識について，ヒストリカルなデータを記述する．回顧インタビューでは，現在の行動選択に至

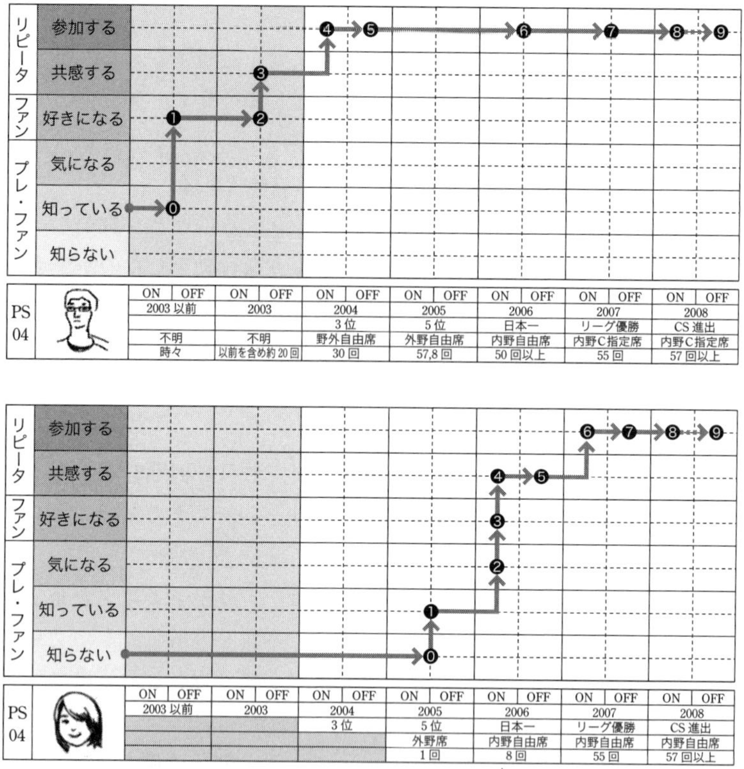

図 2. 3. 6　ファンステージアップのダイアグラム
東京時代からのリピータ（上）とファイターズの存在を知らなかったリピータ（下）

る背景と理由を，過去の類似の経験や環境，家族や友人との関わり合いなどのエリートモニタの生活史を紐解くことで明らかにしようと試みる．

例えば，プロ野球観戦行動調査ではプロ野球に関心を持ち，スタジアム観戦に足を運んだきっかけは何がコンタクトポイントになったのかを明らかにする．この場合，エリートモニタの両親からの影響や職場や学校などの準拠集団から影響をどの程度受けてきたのかを明らかにする．また，スタジアム観戦のリピータになるまでのファンステージの変遷を追い，そのターニングポイントが何にあったのかを明らかにする．

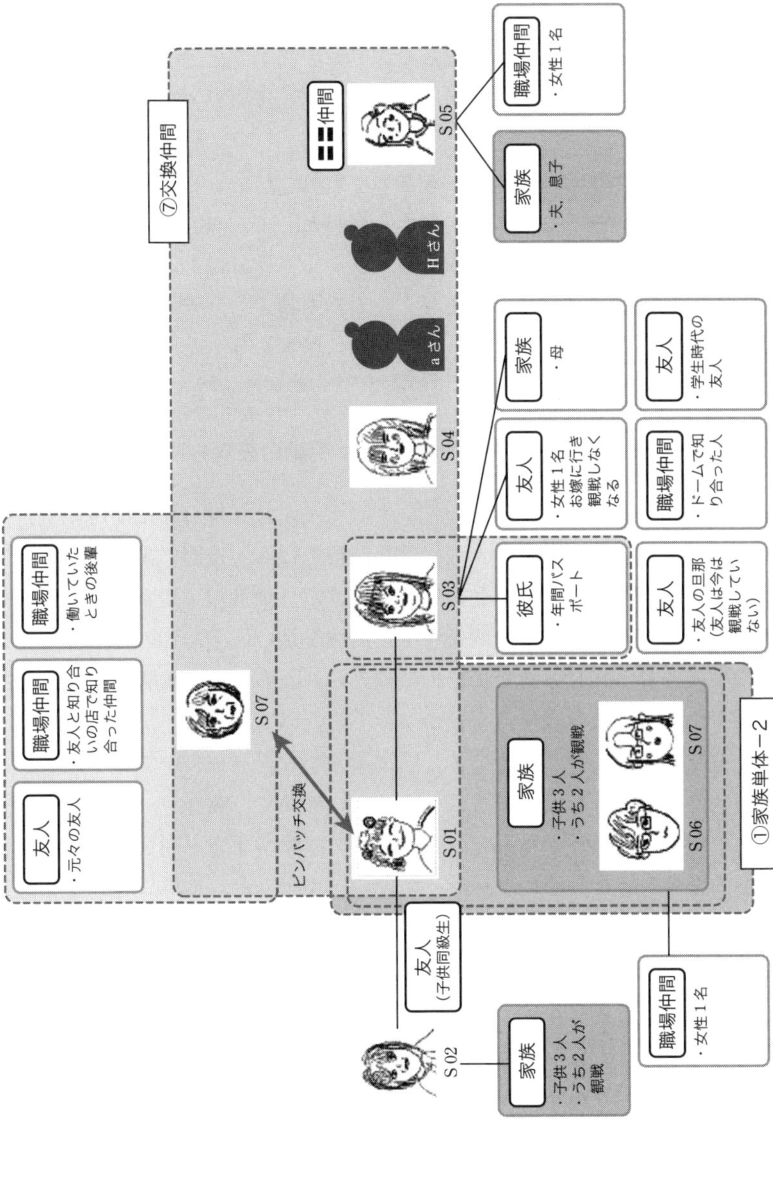

図 2.3.7　観戦コミュニティのソシオグラム

図2.3.6は，エリートモニタのファンステージのアップのダイアグラムである．もともとファイターズファンだったエリートモニタと，まったくプロ野球を知らなかったファンのファンステージアップダイアグラムである．

(5)　ソシオグラム

図2.3.7は，プロ野球の観戦コミュニティを現したソシオグラムである．

先述のヒストリシートとも深く関連する資料として，エリートモニタの人間関係を図示したソシオグラムを作成する．ソシオグラムは，エリートモニタを中心とした行動選択・変容に影響を与えた人物を特定し，その人物の属性や準拠集団を記述するとともに，エリートモニタに影響を与えた具体的な働きかけや関わり方について記述する．

2.3.6　認知行動モデルの仮説構築（CCE-6：行動の表現）

フィールド調査と繰り返しの回顧インタビューにより得られた前述の（1)～(5）のデータを総合的に分析し，理論的な洞察を行う．豊かに記述されたエリートモニタの人物像とサービス受容過程における行動選択・変容から，環境や状況要因を含めながら何らかの関係性や規則性を見い出す．この作業は，分析の途中で生成される知見と新たに分析に加えられるデータの意味付けや解釈との間を行きつ戻りつ繰り返す，複雑かつ絶え間ないプロセスである．

この作業を継続的に行うことにより，逐次的な分析過程の中で繰り返し立ち現れる規則性や因果性を読み取ることできる．やがて，調査テーマの本質を捉えるために相応しい情報が体系化され，ノイズやサブ問題を別個に位置付けした「包括的なサービス利用パターン」の理論的枠組みが，カテゴリカルな構造体として構築される．

この包括的な理論的枠組みの下位概念に，実際のサービス授受における行動選択・変容パタンが異なるいくつかの「サービス利用者像のモデル」が存在する．これらのモデルの生成は分析者の直観で行ってもかまわないが，カテゴリカルデータを処理できる多変量解析で求めることもできる．

生成されたサービス利用者像のモデルは，当初，調査者が仮説的に設定したクリティカルパラメータで類型化されるエリートモニタに対応する認知行動モデルを，調査結果を通じて発展的に構築したものである．これらのモデルの共通点や差異点を認識することで，新しいサービスのアイデアの源泉として活用することができる．

2.4 CCE 調査の特徴

人はなぜその商品・サービスを選択するのか，実際にどのように商品・サービスを利用しているのか，そしてどのような体験，印象，満足を得ているのか．また，その繰り返しが次の行動選択にどのような影響を与えているのだろうか．同時に我々は，この行動選択とその変容が，商品・サービスに対する純粋な反応以外に，人々の動機や嗜好の多様性，偶発的ともいえる外的要因に支配されていることを経験的に知っている．このような実態を踏まえ，商品・サービス利用者の行動選択・変容のサイクルを包括的かつ体系的に捉えることは，顧客の経験価値や満足度を向上させる方略を得るための重要な取組といえる．

2.4.1 従来のアプローチ

CCE による調査では，前項までに説明した方法によりこの問いに答える．従来，人間の行動選択・変容を把握するために様々なアプローチがとられてきた．以下に従来の方法の課題を挙げておこう．

商品・サービス利用者の意見に耳を傾け，実態を知るごく身近な例として，製品を購入したときに付いてくる「お客様ご愛用カード」や飲食店のテーブル上にある「留め置きアンケート」がある．しかしながら，このアンケートに答えるかどうかは回答者の任意であり，回収されたデータには回答者のパーソナリティに偏りが含まれているのではないかと容易に想像がつく．また，選択式の回答の他に自由記述で意見を記入する欄もあるが，口頭で意見を述べる行為に比べて負担が大きい．私たちも普段，口頭で答えることはできても，いざ文章で表現しようとすると意外に労力を要することはよく経験することであり，理解して頂けるであろう．したがって，自由記述は回答者の文章表現スキルに依存し，そもそも情報量が不足になりがちな危険性をはらんでいると考えた方がよい．もちろん，このような調査方法がまったく有効でないというつもりはない．少なくとも回収されたデータの背景的な特徴を理解し，それを前提とした結果の解釈ができれば問題はないといえる．その調査方法が調査で知りたいことの一部しかわからないのであれば，それを補完する調査方法と併用することが求められるだろう．このことは，昨今の定量調査の手段として主流となったWebアンケートにも同様なことがいえる．

では，アンケート調査に対置されるインタビュー調査はどうであろうか．インタビュー調査はアンケート調査に比べ，得られる情報量という点で優れている．また，得られる情報にはニュアンスや文脈が含まれており，単に調査者の疑問に応える回答だけではなく，調査者が持っていた最初の理論的枠組みをインタビュー対象者が拡げてくれる可能性もある．しかし，アンケート調査と比べると，一般的に人的にも費用的にも時間的にもコストを要する．また，データのまとめ方に明確な方法がない，調査者によって結果の解釈が異なる，サンプル数が少なく一般性が保証できないなどの問題が指摘される．これらの指摘には一部誤解も含まれているが，アンケートによる量的調査も，観察やインタビューによる質的調査にも，それらにはそれぞれの特徴や一長一短があり，調査目的や調査に投じられるリソースによって最適な調査デザインが求められる．

2.4.2　質的調査と量的調査

しばしば質的調査と量的調査の有効性が比較されるが，両者は対立するものではなく，調査目的や調査のフェーズに応じて適切に使い分けられるべきである．

未だに解明されていない人の行動の実態を知るといったテーマの場合，自然な状態を可能な限り維持したまま人の行動の意味を理解し，説明することが求められる．このとき，Webアンケートのように大規模でランダムなサンプルで実施する量的調査よりも，小規模で計画的に絞られたサンプルの行動や心理を，利用文脈とその背景・理由から洞察する質的調査のほうが効果的である．また，調査の方略としては，現在ある仮説や理論を検証する「演繹的なアプローチ」ではなく，「帰納的なアプローチ」を選択する方が賢明であろう．ここで「帰納的アプローチ」とは，現在，その現象を説明できる理論がない，あるいは近い理論を援用しても説明が上手くできないといった問題に対して，調査で得られたデータを基にして直観的に説明がつく仮説や理論に修正，あるいは新しく構築して発見することを目標とする方略である．そのデータ取得の方法として，多くはフィールド観察やインタビュー調査が利用されている．

ちなみに，実態がよく解明されていないにも関わらず複雑な問題を取り扱おうとする量的調査は，調査設計者の思い込みの枠組みから抜け切れないまま実施されてしまうことが多く，そこから導き出された結果は，往々にしてまったく役に立たないか，実りの小さいものになりがちである．また，新しい知見や考え方を生み出せないことが多い．

それに対しCCEでは，見通しよく質的調査を行う方法を提供している．すなわち，調査対象現場における人間の行動選択をMHP/RTによりシミュレーションし，クリティカルパラメータを見い出し，それに基づいてエリートモニタを選定し，フィールド調査を実施し，行動の理解を行う．

2.4.3 フィールド調査

人の行動選択とその変容の実態を知るためには，フィールドにおける自然な行動の観察と，その理由・背景を裏付けるデータが有効である．しかしながら，実際の現場において調査者とは何も関係を持たない，完全に独立した自然に振る舞う人の行動を調べるにはいくつかの難しい問題点がある．

まず，予測不可能な人の行動を追跡・観測して記録するには，調査者の記憶だけでは心もとない．したがって，何らかの記録機材でそのデータを記録するのだが，フィールドによっては電源や機材の設置場所などに様々な制約があり，その準備と工夫に高い技術が必要となる．また，昨今，声高になっているプライバシーや個人情報の保護など，倫理的な問題もクリアしなければならない．仮にこれらの技術的，倫理的な問題がクリアになったとしても，観察だけではその行動の理由・背景となる情報を引き出すことは難しく，観察の対象者と直接，そのときの心理状態を質問できる何らかの接触機会が必要となる．

しばしばフィールドにおいて，その場で声をかけた人の承諾を得てインタビューを実施することもあるが，インタビューの時間を充分に確保することは一般的に難しく，調査目的にかなった情報を充分に得られるとは言い難い．そこでCCEの調査では，できる限り自然な状態での行動観察が可能な環境を維持することを前提に，フィールドでの計測がスムーズかつ効果的に実施できるような調査設計をする．第3章以降にこれまでに実施してきたCCE調査を具体的に紹介しているので，どのような工夫がなされているかを読み取ってほしい．

CCE調査では，エリートモニタを現場に投入し，行動を観察する．このような一般募集した調査モニタをフィールドに投入して，事後に感想や意見を聞き出す手法は，これまでにマーケティング調査で実施されている「ミステリーショッパー調査（覆面調査）」とスタイルが似ている．しかし，本来のミステリーショッパー調査は，調査のプロフェッショナルが顧客を装って実施するものであり，提供される商品やサービス，店舗設備・雰囲気，店員の応対，清掃の行き届きなど，通常，サービス提供者側の有形・無形サービス要素の達成度を顧客視点でチェックすることが主目的である．それに対してCCE調査の焦点は，提供されるサービスの達成度でなく，サービス受容者側の理解により力点が置かれている．つまり，サービス受容者の行動決定プロセスや受けたサービスに対する印象・満足度と過去の経験や既有知識との関係に興味があり，サービス受容者自身の内面的要素はもちろんのこと，行動を抑制・促進する外部要素との関連性を見い出すことが主たる目的である．

参考文献

[2.1]　熊田孝恒・須藤智・日比優子「高齢者の注意・ワーキングメモリ・遂行機能と認知的インタフェース」心理学評論，Vol. 52(3)，363-378, 2009

[2.2]　Rapp, B., “The handbook of cognitive neuropsychology: What deficits reveal about the human mind.” Psychology Press, 2000

[2.3]　Just, M. A., and Carpenter, P. A., “A capacity theory of comprehension: Individual differences in working memory.” Psychological Review, 99 (1), 122-149, 1992

[2.4]　Riding, R. J. “Cognitive style: A review.” In Reding, R. J., and Rayner, S. G., “International Perspective on Individual Differences, volume 1: Cognitive style.” 315-344, Ablex Publishing Corporation, 2000

[2.5]　熊田孝恒・北島宗雄・小木元・赤松幹之・山崎博「ユーザビリティ評価のための高齢者の注意・遂行機能評価テストの作成」第3回日本認知心理学会，2005

実践編

第3章 集客サービス

3.1 野球場での観戦行動

3.1.1 ファンの進化過程の解明

プロ野球の試合観戦は，試合時間が5時間を超えるときもある．プロ野球チームのファンの中には，1シーズンの観戦回数が50回を超える者もいる．彼らの球場での時間の過ごし方・楽しみ方は多様である．応援を楽しむ，試合の流れを楽しむ，球団のグッズの収集を楽しむ，ファン仲間との交流を楽しむ，などなど．さらに，彼らの活動は球場内にとどまらない．他球場でのビジター戦をラジオで聞く．あるいは試合経過を刻々と伝えるネット配信を利用して，試合の状況を知る．また，球団に関する情報を集めたり，情報をブログに掲載したりする．シーズオフにはお気に入りの選手のトークショーに参加したり，沖縄など遠隔地で実施されるキャンプの見学に行ったりもする．これらは行動として表面に現れている活動である．それ以外にも，球団や選手のことを考えている時間が多くあるだろう．このような熱狂的なプロ野球ファンは，時間的，経済的に多くの資源を試合観戦ばかりでなく，球団やお気に入りの選手に関わることに費やしている．別の言葉で言えば，彼らは，球団や選手に対するマインドシェアが非常に高い状態にあるといえる．

しかし，現時点でこのように熱狂的なファンになっている人たちであっても，過去をさかのぼれば，それほど頻繁に球場観戦には行かない普通のプロ野球ファンであったり，野球には関心があってもプロ野球には関心がなかったり，野球をほとんど知らなかった時期があった．個々の熱狂的なファンには，現在の状態の熱狂的なファンに進化してきたそれぞれの歴史がある．

スポーツ産業をサービスとして考えるとき，サービス受容者はスポーツ観戦者であり，サービス提供者は選手や球団フロントである．よりよいサービスが提供されれば球団や選手に対するマインドシェアが高くなり，球場での試合観戦のリピート率が高くなるだろう．また，潜在顧客の発掘も効率よく行うことができ，これまでスポーツ観戦に訪れていなかった人達の来訪率を高めることにもつながるだろう．では，どのような人にどのようなサービスを提供するとリピート率の向上につながるのか，また，球場に足を運ぼうと思うようになるのだろうか．

この問いに対する答えのヒントは，二つ前の段落にある．すなわち，現在，球団・選手に対するマインドシェアが高い熱狂的なファンになっている人たちであっても，以前は普通のファンだったり野球を知らなかった時期があり，何らかのきっかけがあって現在の状態になったと考えることができるということである．つまり，あるファンが，熱狂的なファンではない状態から熱狂的なファンの状態に進化していく過程に関する仮説を構築することができるということである．この仮説を，ここでは「ファン状態進化過程モデル」と呼ぶことにする．そのモデルに基づいて，どのような人たちに何をきっかけとして提供すれば熱狂的なファンに進化させることができるのかということを知ることができる．そうすれば，熱狂的ファンに進化するであろう潜在的なファンの発掘，ならびに効率的に彼らを熱狂的なファン状態に進化させるためのサービスに関する示唆が得られるだろう．また，熱狂的なファンに進化しそうもなくても，何回かは球場での野球観戦に訪れる可能性のある人たちもいるだろう．これらのファンの発掘にもモデルは有用な示唆を与えることができるだろう．ファン状態進化過程モデルに基づいてサービスをデザインすることにより，観客動員数の増大，マインドシェアの増大を効果的に行うことが可能になり，スポーツサービスの生産性の向上を効果的に行うことが可能になると考えられる．

本節では，スポーツサービスの生産性の向上に向けたファン状態進化過程モデル構築の事例として，プロ野球球団の北海道日本ファムファイターズのファンを対象として行った観戦行動調査を紹介する．なお，本調査は平成20年度経済産業省委託事業「サービス研究センター基盤整備事業」の一環として実施された．

(1)　北海道日本ハムファイターズについて

株式会社北海道日本ハムファイターズは，日本のプロ野球のパシフィックリーグに所属するプロ野球球団の一つである．球団名の「日本ハム」(ニッポンハム）は，球団の主な出資企業である「日本ハム株式会社」の名前をとっている．ファイターズは2004年に東京都から北海道札幌市（人口185万人，北海道の人口の約3割）に拠点を移し，札幌ドームをホームグラウンドの球場として使用している．札幌ドームは主として野球とサッカーの試合に利用されており，サッカークラブであるコンサドーレ札幌と北海道日本ハムファイターズがホームグラウンドとして使用している．札幌ドームは北海道札幌市豊平区にあり，札幌市の公共施設である．管理・運営は，指定管理者の株式会社札幌ドームによって行われている．札幌ドームは2001年にオープンし，座席数は42,126（2008年時点）である．2002FIFAワールドカップサッカー（日韓で開催）においては，3試合の会場として使用された．

本調査が実施された2008年度は，ファイターズが札幌に移転して5年目にあたる．ファイターズファンの数は，移転した2004年からの5年間で劇的に増加した．2004年度の公式ファンクラブの会員数は38,776人であったが，その後，2005年度には41,817人，2006年度には41,193人，2007年度には60,216人，2008年度（9月30日時点）には74,974人と，会員数が増加してきた．移転時と比較するとほぼ倍増したことになる．この間に起こったことを思い起こせば，その理由を推測することができる．まず，第一に「新庄効果」がある．これは，2004年に米国メジャーリーグのニューヨークメッツ，サンフランシスコジャイアンツでの3年間の経歴を経てファイターズに加入した新庄剛志外野手が，プロ野球を，試合中心の娯楽からエンターテインメントショーに変貌させたことを指す．第二に，ファイターズは2006年度，2007年度にリーグ優勝を勝ち取った．第三に，ヒルマン監督の存在が挙げられるだろう．第四に，選手とフロントの努力である．ファイターズは北海道各地の小学校を訪問するなど，地域とのつながりを大事にしてきた．これらが，ファンクラブ会員数の増加につながったことは確実だろう．ファイターズの地域に対する貢献は非常に大きい．そのことにより，ファイターズはサービス産業生産性協議会（2007年設立）が選定する「ハイ・サービス日本300選」を，スポーツサービス提供事業者として最初に受賞した．

しかし，なぜファイターズがファンの増員においてこのように大きな成功を収めることができたのだろうか．その真の原因は誰にもわかっていなかった．

そこで，産総研が受託した平成20年度経済産業省委託事業「サービス研究センター基盤整備事業」の一つの事業として，北海道日本ハムファイターズと産総研は，平成20年度6月に共同研究「科学的・工学的手法に基づくファンサービスの生産性向上に関する研究」をスタートさせることになった．この共同研究では，ファンサービスの程度を示す指標として札幌ドームで開催される北海道日本ハムファイターズの試合へのリピート率を想定し，それを高める方法を科学的・工学的に研究開発することを目標とした．そこでまず最初の段階として，平成20年度は，CCE調査によりリピート観戦行動が生起するメカニズムに関する仮説を構築する研究を行うことになった．これが，上述した「ファン状態進化過程モデル」である．

3.1.2　野球観戦の類型に関する仮説を構築する（CCE-2：クリティカルパラメータの決定）

本節の冒頭で述べたように，ファンが球場で野球を観戦し，楽しい時間を過ごす方法は多様である．本調査では，まず楽しみ方に含まれる要素を検討し，クリティカルパラメータを決定した．このクリティカルパラメータは，リピータに限らず，球場での野球観戦者を特徴付けることができるようなものを考えた．第1番目は「札幌ドームに行く目的や楽しみ」であり，何を求めて札幌ドームでの野球観戦に訪れるのかである．第2番目は「ファイターズ関連の情報に対する態度」であり，ファイターズに関する情報をどのように収集し，またどのように発信しているかである．第3番目は「ファイターズファンとしての態度」であり，どの程度，札幌ドームでの野球観戦について強い気持ちをもっているかである．第4番目は「パーソナリティ」であり，どのような行動性向を持っているかである．

本調査では，上記のクリティカルパラメータに基づいてリピータを分類し，リピータを代表する9名のエリートモニタを選定した．そして，彼らの球場での実際の観戦行動を記録し，事後にインタビューを実施し，リピータに成長してきたプロセスを理解するCCE調査を実施した．

ここで，「9名」という人数について説明を加えておく．この調査では，球場での観戦行動を記録し，それを見ながらインタビューを行い，ミームを明らかにするというCCE調査を行う．しかし，札幌ドームでのファイターズ主催試合で観戦行動を記録しなければならないという制約がある．プロ野球の公式戦が3連戦をひとまとまりとして行われるということ，観客席内にモニタの行動記録のための観客席を確保して他の観戦者の迷惑にならないように行動記録・観察を行える人数は3名程度であるということ，これらの制約の中で，「3連戦の各試合において3名ずつの観戦行動を記録する」という調査方針を決めた．なお，クリティカルパラメータは四つあるが，それぞれ三つのレベルを持つとすると，このパラメータ空間で81通りの組合せがある．ある組合せにはリピータが存在しないということが考えられるので，実際にリピータが出現する組合せはこれよりも少ない．クリティカルパラメータによって定義される空間内で意味のある点を探り，それらの点を代表するエリートモニタを選定して調査を実施することにより，パラメータ空間とリピータの観戦行動を概ね関連付つけられると考えた．

3.1.3 観戦スタイルの異なるリピータを選定する（CCE-3：エリートモニタの選定）

エリートモニタの選定に際しては，まずWebアンケートによる1次選定を行い，30名の候補者を選定した．そして，6名一組のグループインタビューを実施し，最終的に9名のエリートモニタを選定した．以下に，詳細を説明する．

(1) Web調査による1次選定

本調査では，まず，リピータの多くがファンクラブの会員であると想定し，

表 3.1.1　エリートモニタ候補者を選定するために利用した質問項目と各質問項目に関連したクラスタ

質問	クラスタ1	クラスタ2	クラスタ3	クラスタ4
質問1:「札幌ドームに行く目的や楽しみ」に関する質問	観戦は自分のため	家族で楽しむ	本格ファンでなくてもよい	
質問2:「ファイターズ関連の情報に対する態度」に関する質問	幅広く情報収集	ファイターズについて語りたい人	平均的に情報収集	情報収集少なめ
質問3:「ファイターズファンとしての態度-ファン度」に関する質問	高い	中くらい	低い	
質問4:「パーソナリティ」に関する質問	社交的で好奇心旺盛	興味対象に一途	無理せずマイペース	

Webアンケートによる1次選定を以下の手順により行った．まず，メールアドレスが登録されている北海道日本ハムファイターズファンクラブの会員を対象として，ファイターズの公式ウェブサイト上でクリティカルパラメータに関する設問を含むアンケートを実施した．Webアンケートが掲示されていた期間は，2008年6月11日（水）午前10時から13日（金）午後5時までの3日間であった．この期間に得られた回答数は3,687件であった．これらの回答の中から，回答時刻順に回答に不備がない早期回答者1,000名分を対象として集計・分析を行い，エリートモニタ候補30名を選抜することとした．

具体的には，表3.1.1に示したクリティカルパラメータに関わる四つの質問に対する回答パターンを用いて選定を行った．質問1は「札幌ドームに行く目的や楽しみ」に関する質問である．この質問に対する回答パターンをクラスタ分析した結果，回答者は三つのクラスタ（群）に分けられることがわかった．質問2は「ファイターズとの関わり方」のうち「情報収集と発信」に関する質問であり，回答者は四つのクラスタに，質問3は「ファイターズとの関わり方」のうち「ファン度」に関する質問であり，回答者は三つのクラスタに分けられることがわかった．最後に，質問4は「パーソナリティ」に関する質問であり，回答者は三つのクラスタに分けられることとがわかった．したがって，これらの質問に対する回答のパターンは 108 種類（3 × 4 × 3 × 3）存在する.

回答パターンのそれぞれは，ファンの観戦スタイルを表現していると考えることができる．本調査では，代表的な観戦スタイルのファンを対象として調査することが目的である．そこで，108 の回答パターンのうち出現頻度の高い上位 20 位までの回答パターンに属する回答者を対象として選定を進めることにした．なお，出現頻度が 1 位のクラスタに属する回答者数は 1,000 名中 42 名，出現頻度が上位 20 位までのクラスタに属する回答者数は 1,000 名中 566 名であった.

次に，1,000 名から 30 名にどのように絞り込んだのかについて説明する．まず，札幌在住であること，18 歳以上であること，観戦行動調査への参加希望の意思があること，という条件を満たすものを選定した．さらに，一つの回答パターンから複数名を選抜できることを条件に回答パターンを絞り込み，一つの回答パターンから 2 名を選抜した．男女が含まれている場合は，男女 1 名ずつを選抜した．また，質問 3（ファン度）において，クラスタ 1（ファン度が「高い」）とクラスタ 3（ファン度が低い）のものを優先的に選出することにした．これらの選定基準を適用して，最終的に 1,000 名のなかから 30 名を選定した．表 3.1.2 に，選抜された 30 名の回答パターンと性別，ならびに各回答パターンの出現率を示した.

(2)　グループインタビューによる 2 次選定

エリートモニタ候補者 30 名について，6 名を 1 グループとしてグループインタビューを実施した．各グループのインタビュー時間は 90 分であった．実施日は 2008 年 6 月 21 日（土）と 22 日（日），会場はファイターズ球団事務所であった．グループインタビューの目的は，Web 調査の回答内容を確認すること，ならびに調査に協力的であり，球場内観戦行動調査時に普段通りの行動をしてくれるか，事後の回顧インタビュー時に自身の状態を表現するスキルがあるかどうかを見極めることであった.

写真 3.1.1 にグループインタビューの様子を示した．スクリーン側に座っている 6 名がインタビューを受けているエリートモニタ候補者である．手前の 2 名はインタビューのモデレータである．インタビュー時には，普段の観戦時に

表 3.1.2　回答パターンとエリートモニタ観戦行動調査対象者.

回答パターン出現順位	回答パターン出現率（%）	回答パターン				候補者性別	
		質問 1	質問 2	質問 3	質問 4		
1	4.2	2	2	1	1	男	女
2	4.1	3	3	2	2	男	女
3	3.8	1	3	2	1	男	女
4	3.6	2	3	2	1	男	男
4	3.6	3	3	2	1	男	女
6	3.0	3	3	2	3	男	女
6	3.0	3	3	3	2	男	男
8	2.7	3	4	3	3	男	女
9	2.6	1	3	2	3	—	—
9	2.6	3	1	2	3	—	—
11	2.5	2	2	2	1	—	—
12	2.4	1	3	2	2	男	女
12	2.4	2	1	1	1	男	女
14	2.3	3	3	3	3	男	男
15	2.2	2	3	2	2	—	—
15	2.2	2	3	2	3	—	—
17	2.1	1	1	2	1	男	女
17	2.1	2	1	2	1	男	女
19	1.8	1	2	1	1	男	女
20	1.7	2	3	1	1	男	女
20	1.7	3	1	2	2	—	—

球場に持参する応援用具を持ってくることを要請してあった. そのため, このグループの6名はいずれもレプリカユニフォームを着用していた. また, 応援グッズを持参したものもいた.

グループインタビューに参加した30名から以下の手順に従って9名のエリートモニタを選抜した. まず, Web アンケートの結果ならびにグループインタビュー時の各モニタの印象をもとに, 第1軸「ファンとしての成熟度」, 第2

写真 3.1.1　グループインタビューの様子

軸「ファイターズの楽しみ方」を設定し，その2軸で定義される平面上に各モニタを布置した．これらの軸は，モニタの特徴や傾向をつかむ際に有用と考えられる2軸として設定された．クリティカルパラメータで定義される空間を，リピータを特徴付けるように変換したものと考えてよい．第1軸「ファンとしての成熟度」は，ファンとして主体的か客体的か，観戦することにどの程度こだわりがあるのか，ファイターズに対してどのくらいのタイムシェアを有するかなど，ファンとしての忠実性や完成度を示す．第2軸「ファイターズの楽しみ方」は，野球志向なのか，エンターテイメント志向なのかなど，ファイターズ観戦の楽しみ方を示す．図 3.1.1 に，この平面上に 30 名のグループインタビュー参加者を布置した結果を示す．この布置を参考にして，30 名をグループ化した．そして，男女比，年代のバランスがとれることに留意しながら，人数の多いグループから 1～2 名を球場での観戦行動調査に参加するエリートモニタとして選抜した．図 3.1.1 で枠で囲った 10 名（予備人員1名を含む）が選抜されたエリートモニタである．

3.1.4　野球場で観戦する様子を観察・記録する（CCE-4：現場での行動観察）

(1)　調査日程

2008 年 7 月，8 月，9 月に札幌ドームで開催される北海道日本ハムファイターズ主催試合を対象として，エリートモニタ 9 名の観戦行動を記録した．対象

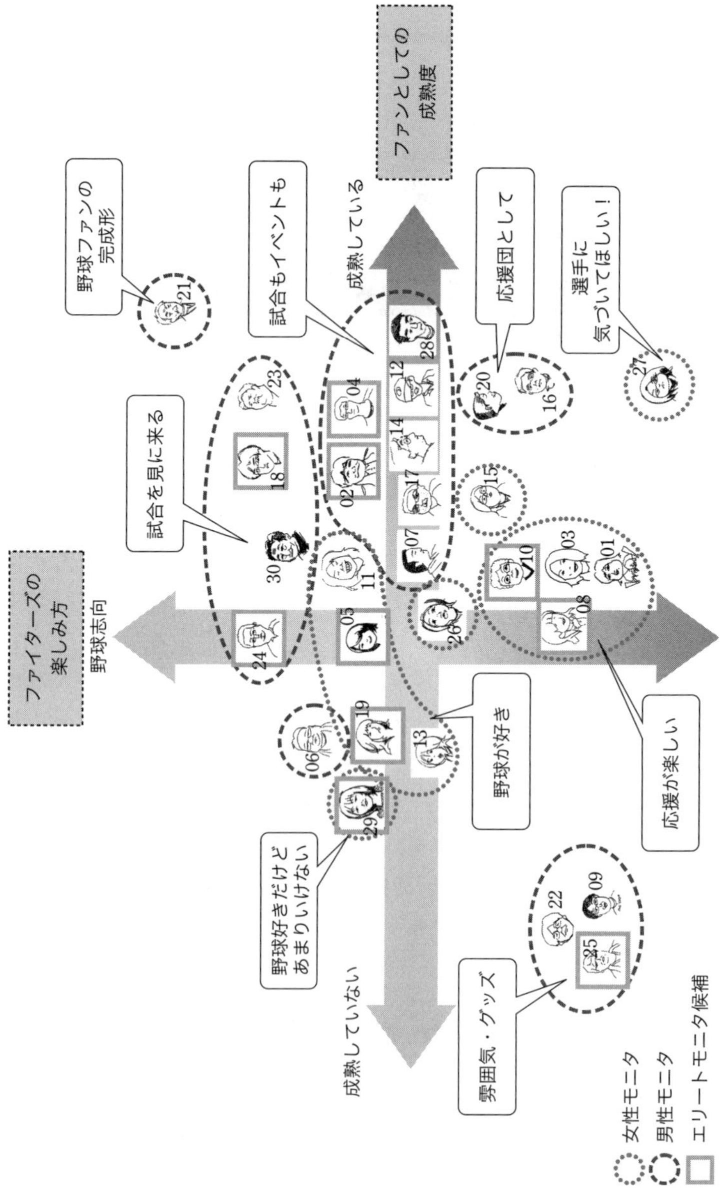

図 3.1.1　エリートモニタ候補者 30 名の 2 次元布置

試合は以下の通りであった．

①2008年7月11日（金)〜13日（日） ソフトバンク戦
②2008年8月13日（水)〜15日（金） オリックス戦
③2008年9月 5日（金)〜 7日（日） 楽天戦

各エリートモニタは，各月の3連戦のうちの1試合を観戦行動記録のために観戦した．各試合を観戦するモニタ数は3名（最大4名）とした．

(2) 観戦行動の記録方法

同一試合を観戦するモニタは，3塁側内野アッパー席の指定された場所に，図3.1.2に示したように横一列に並んで観戦した．

モニタの観戦行動記録は，以下の方法によって行った．

行動記録：モニタが並んだ席の前方席に設置した固定カメラにより，試合観戦中の行動や発話，表情などを記録した

視点記録：モニタに耳掛け小型カメラを装着してもらい，モニタの顔が向いている方向のシーンを記録した（図3.1.3）

生体記録：モニタに携帯型心拍変動・身体加速度計測装置（GMS製AC-301A）を装着し，観戦中の生体データを記録した（図3.1.4）

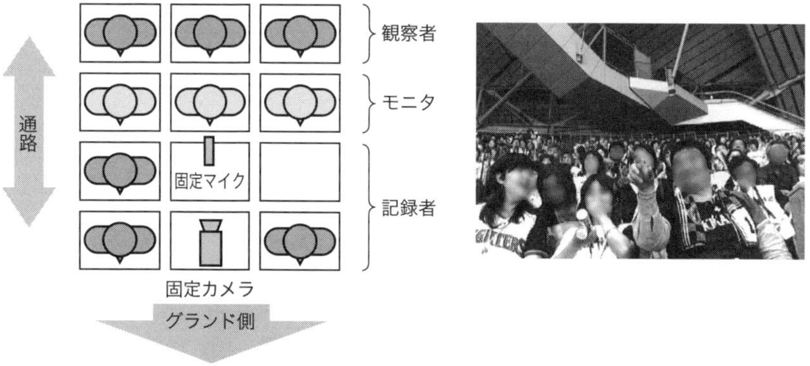

図3.1.2 観戦行動記録時のエリートモニタと記録機材等の配置

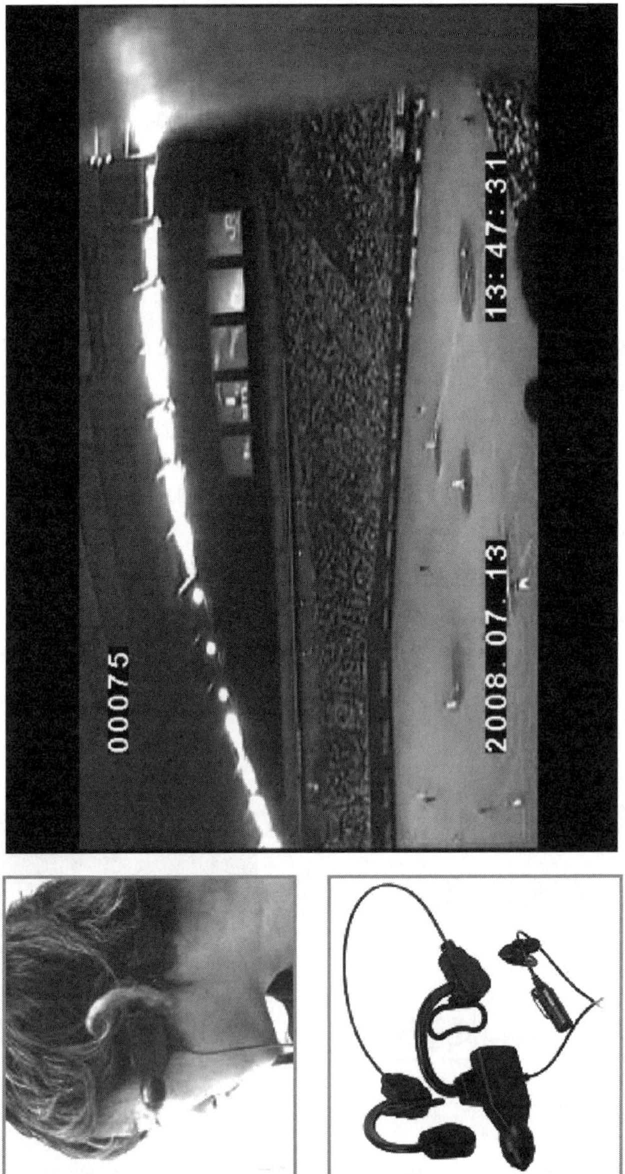

図3.1.3　耳掛けカメラとその映像

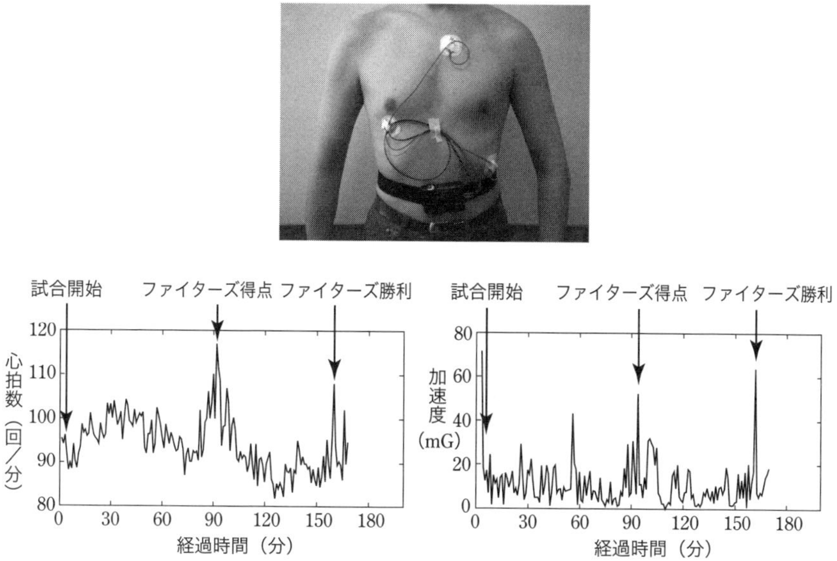

図 3.1.4　上：携帯型心拍変動・身体加速度計測装置を装着した様子，左下：心拍数（7 月），右下：加速度（7 月）

3.1.5　観戦行動を見せながらインタビューする（CCE-5：表現空間の定義）

モニタは観戦中に様々な行動を示す．これらの行動の背景にある事柄（ミーム）は，観戦行動の映像記録を見ただけではわからない．そこで，観戦行動記録映像を再生しながら回顧インタビューを行い，観戦時になぜそのような行動をとったのか，それぞれのモニタがファンとしてどのように成長してきたのかなどを語らせた．そして，インタビュー時に語られた言葉から表面に現れている行動の背景にあるミームを探り出し，その構造を明らかにすることを試みた．

各モニタに対して合計 3 回のインタビューを，各月の観戦行動記録後に実施した．インタビューの所要時間は 90 分，会場はファイターズ球団事務所会議室であった．各回の質問項目は同じ内容ではなかった．インタビューの初回は試合観戦記録映像に直接関連する内容を中心に，2 回目，3 回目と回を重ねるに従って試合観戦記録映像とは離れた内容に関する質問が増えていくようにインタビューを組み立てた．具体的には，以下のテーマを設定して各月のインタビューを実施した．図3.1.5に，回顧インタビューを実施している様子を示した．また，表3.1.3にインタビューの日程と各回のテーマを示した．

3.1.6　ファンヒストリをもとにモデル化する（CCE-5：表現空間の定義，CCE-6：行動の表現）

(1)　観戦行動の表現

それぞれのエリートモニタに対しては，3回の回顧インタビューを行う中で

図3.1.5　上：回顧インタビューの様子．奥の左側がエリートモニタ．その隣がインタビュア．手前はインタビューすべき場面をスクリーンに映し出す作業をしている調査者．下：スクリーンに映し出されている映像．右上の広い部分は観戦中のモニタの映像．下部の3画面は，この調査日に参加したモニタの視点カメラの映像．左上は，当日の試合の様子の記録映像．

現在の観戦行動ばかりではなく，過去の観戦行動を語ってもらった．その中で現れた言葉を抜き出し，観戦行動の特徴，観戦時の情報収集や情報発信の特徴として整理し，ファンとしての成熟度を3ステージ6レベルにまとめた．結果を表3.1.4に示す．

エリートモニタ9名のそれぞれについて，ファンヒストリーを作成した．こ

表3.1.3 インタビューの日程とテーマ

セッション	日程	対象とした試合	インタビューのテーマ
1回目	8/2, 3	ソフトバンク戦 7/11, 12, 13	観戦行動記録映像に記録されたシーンを見ながら，エリートモニタが観戦中に示した特徴的な行動の根拠，球場内の興味対象について詳しく聞き出した．
2回目	8/30, 31	オリックス戦 8/13, 14, 15	観戦行動記録映像に記録されたシーンを見ながら，そのエリートモニタが過去にとっていた行動や経験，関心対象などを聞き出し，ファンとしての成長してきた過程を捉えることを試みた．
3回目	9/20, 21	楽天戦 9/5, 6, 7	前2回のインタビューにより得られたモニタそれぞれのファンヒストリーについての補足と確認を行った．また，ファンクラブとの関り方やオフシーズンの過ごし方について聞き出した．

表3.1.4 ファンとしての成熟度を示す3ステージ6レベルの表現

ファンステージ	行動の内容	観戦行動	情報収集・発信行動
リピータ	参加する	時間を作ってまで観戦に通う	能動的に情報収集・発信を行う．ファイターズに対するタイムシェアが非常に大きい
	共感する	積極的に観戦に行く	能動的な情報接触．ファイターズ情報を渇望している
ファン	好きになる	札幌ドームでの野球観戦に行きはじめる	受動的な情報接触．ファイターズの活躍や勝敗に一喜一憂する
プレファン	気になる	何かきっかけがあれば観戦に行く	ファイターズの動向が気になるが，それ以上の関心はない
	知っている	連れて行かれれば行く	ファイターズの存在は知っているが，意識的に情報に接することはない
	知らない	誘われれても行かない	ファイターズの存在を知らない

こでは，ファンとしての成熟度が進展していくことが表現されることから，このヒストリーのことを「ファン状態進化ダイアグラム」と呼ぶ．一例を図3.1.6に示す．

ファン状態進化ダイアグラムの横軸は時間（2008年シーズン中，2008年シーズンオフなど），縦軸はファンとしての成熟度（3ステージ6レベル）である．時間軸上には，各年度のファイターズの順位，当該エリートモニタの主たる観戦場所，観戦回数も補助情報として示されている．また，各年度に当該エリートモニタに起こった特徴的な出来事も示されている．

ここで，縦軸について少し説明を加えよう．ファンとしての成熟度には，図3.1.7に示したように，大きく分けてプレファン，ファン，リピータの三つのステージがある．各ステージは，おおむね以下のように定義される．

プレファン：野球を知らない，もしくは野球は知っているがプロ野球には興味のない人たち．チケットを購入して行くことはほとんどない．

ファン：ファイターズに関心があり，誘われれば札幌ドームに観戦に訪れるような人たち．月に1回程度はチケットを購入して観戦に行く．野球はいくつかのエンターテインメントのなかの一つとしての位置付け．

リピータ：自分なりの札幌ドームでの野球観戦の仕方を持ち，ファイターズの試合観戦が中心になるように他の日常的な活動を調整しているような人たち．

(2)　ファン状態進化過程モデルの仮説構築（ステージ間の遷移のきっかけ）

図3.1.8にプレファンからファンへ，また，ファンからリピータにステージアップするきっかけをまとめて示した．以下に，個別に説明を加える．

①　プレファンからファンへ

プレファンからファンになるきっかけとして，以下の三つのものが抽出された．なお，以下の記述においてカッコ内の数字はエリートモニタの番号である．

a：「スター選手の退団」，「優勝への期待感」（08，10，19，25）

新庄選手の退団と北海道日本ハムファイターズとしての初優勝がかかった2006年，野球をよく知らなかったモニタ（19，25），野球を知っているがプロ野

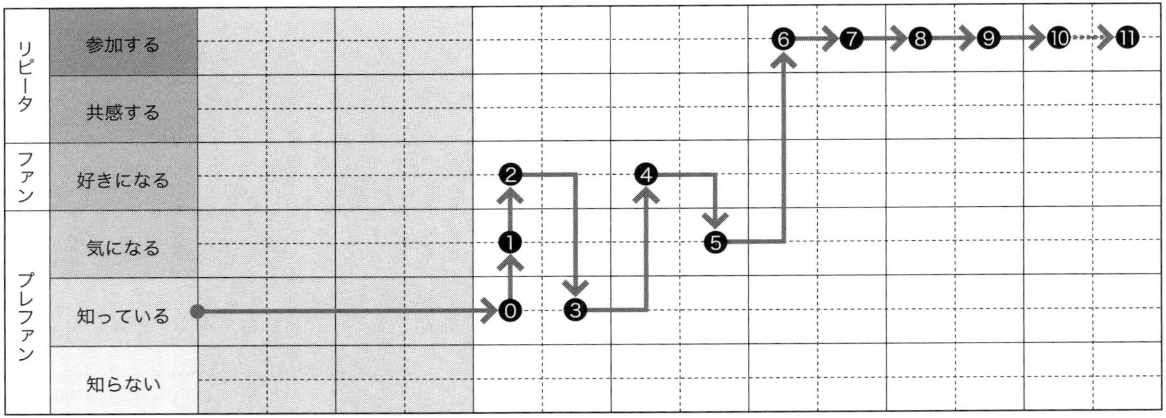

ON	OFF	ON	OFF	ON	OFF	ON	OFF	ON	OFF	ON	OFF	ON	OFF
2003 以前		2003		2004		2005		2006		2007		2008	
				3 位		5 位		日本一		リーグ優勝		CS 進出	
				S 指定席		内野・外野		不明		不明		内野C指定席	
				3,4 回		7,8 回		20 回		30 回		59 回	

0：プロ野球に興味がない．移転についても関心がない．
1：仕事の関係でチームや選手の把握．
2：選手に感情移入．
3：仕事として，選手の移籍や年俸などを把握する程度．
4：ファンクラブ入会．ネットコミュニティに参加．テレビ観戦を欠かさない．730 チケット（7 時 30 分以降入場の割引きチケット）で観戦．
5：オフの情報は受け入れていたが，求めるほどではない．
6：選手 T シャツを着て応援．730 と休日のデーゲームを観戦．CS(クライマックスシリーズ)あたりでドームに通うようになる．
7：優勝パレード，イベント，トークショーに参加．
8：日ハムの仕事から離れるが，レプリカユニフォームで応援．仕事が早く終わればドームへ直行．
9：イベント等に参加．来季に行く回数を考慮してパスポートチケット購入．
10：鎌ヶ谷（ファーム球場）やビジター戦を観戦．グッズ関連にお金をつぎ込むようになる．
11：グッズ関係はお金も厳しいので，控えるかも．

図 3.1.6　ファン状態進化ダイアグラムの例

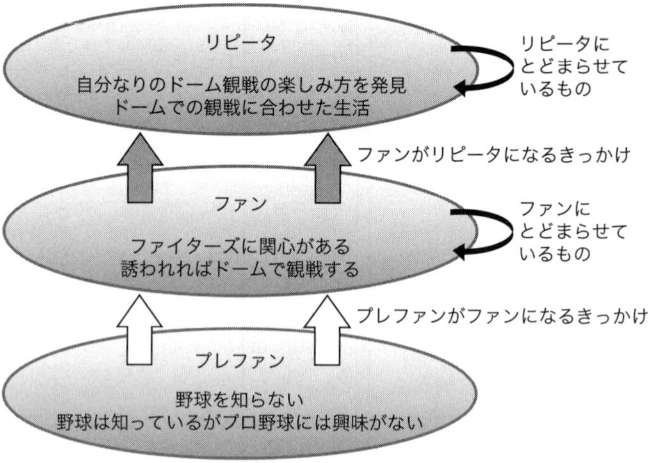
リピータ
自分なりのドーム観戦の楽しみ方を発見
ドームでの観戦に合わせた生活
リピータにとどまらせているもの
ファンがリピータになるきっかけ
ファン
ファイターズに関心がある
誘われればドームで観戦する
ファンにとどまらせているもの
プレファンがファンになるきっかけ
プレファン
野球を知らない
野球は知っているがプロ野球には興味がない

図 3.1.7　ファンとしての成熟度を示す三つのステージ

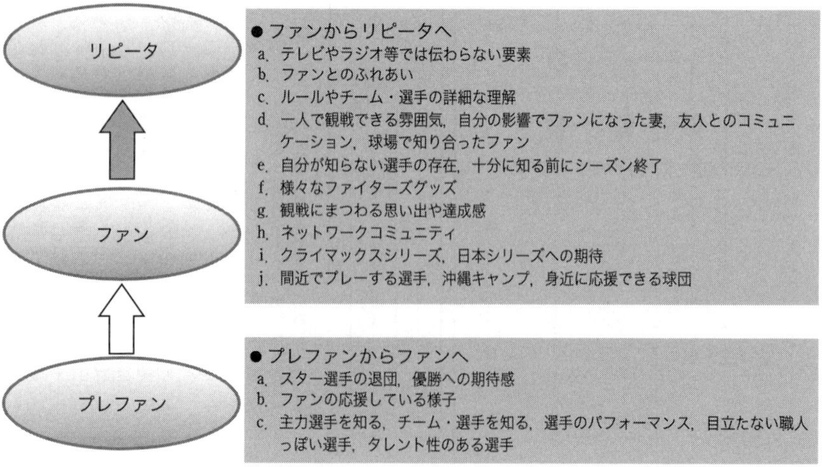
リピータ
ファン
プレファン
●ファンからリピータへ
a. テレビやラジオ等では伝わらない要素
b. ファンとのふれあい
c. ルールやチーム・選手の詳細な理解
d. 一人で観戦できる雰囲気，自分の影響でファンになった妻，友人とのコミュニケーション，球場で知り合ったファン
e. 自分が知らない選手の存在，十分に知る前にシーズン終了
f. 様々なファイターズグッズ
g. 観戦にまつわる思い出や達成感
h. ネットワークコミュニティ
i. クライマックスシリーズ，日本シリーズへの期待
j. 間近でプレーする選手，沖縄キャンプ，身近に応援できる球団
●プレファンからファンへ
a. スター選手の退団，優勝への期待感
b. ファンの応援している様子
c. 主力選手を知る，チーム・選手を知る，選手のパフォーマンス，目立たない職人っぽい選手，タレント性のある選手

図 3.1.8　ステージ間遷移のきっかけ

球に関心がなかったモニタ（08，10）が，これをきっかけにファンになった．いずれのモニタもシーズンの終盤戦，クライマックスシリーズや日本シリーズなどをドーム観戦したり，テレビ観戦したことをきっかけとしてファンとなっ

ている.

b：「ファンの応援している様子」(05, 08, 25)

野球をよく知らなかったモニタ (05, 25), 野球を知っているがプロ野球に関心がなかったモニタ (08) がこれに該当する. 応援の様子はドームに足を運ばないと経験できないことであり, これまでライブでの観戦に関心・期待のなかった人が応援の予想以上の迫力に圧倒され, 驚き, 感動することでファンになったと考えられる. また, 応援に感動する要素としては, 優勝争いの中でのチームへの感情移入も大きな影響を持つと考えられる.

c：「主力選手を知る」,「チーム・選手を知る」,「選手のパフォーマンス」,「目立たない職人っぽい選手」,「タレント性のある選手」(02, 04, 18)

野球に対するレベルに関係なく, チーム事情や選手に関する情報は感情移入するための重要な要素となっていた. 野球をよく知らなかった, 野球を知っているがプロ野球に関心がなかったモニタの多くは, 野球観戦やファイターズの魅力を感じてからこれらを知りたくなるケースが多いが, 逆のケースもあった (02). また, もともとプロ野球に関心があったモニタは, 野球人らしからぬタレント性やチームを影で支える苦労人といった部分に関心を持ち, 感情移入する傾向にあった (04, 18).

②　ファンからリピータへ

ファンからリピータになるきっかけとして, 以下の 10 の要因が見い出された.

a：「TV やラジオ等では伝わらない要素」(05)

野球をよく知らなかったモニタがこれに該当する. このモニタ以外でも, 応援や球場の一体感, 球場だけで起こる出来事がテレビやラジオ観戦では伝わらないのでつまらないとするモニタは多かった.

b：「ルールやチーム・選手の詳細な理解」(05)

野球をよく知らなかったモニタが, 野球本来の試合の駆け引きを楽しむことを見い出したきっかけとして, ルールや選手の詳細な理解を挙げていた.

c：「1 人で観戦できる雰囲気」,「自分の影響でファンになった妻」,「友人とのコミュニケーション」,「球場で知り合ったファン」(10, 19, 25)

ドーム観戦をリピートする上で，自分が行きたいときに都合が付く同行者の存在は重要である．友人とのコミュニケーションも兼ねているモニタ（10）は，友人との都合をあらかじめ決めた上で1ヶ月に2回程度の観戦をしており，友人や家族の都合がつかない場合は観戦をあきらめる可能性が高かった．また，友人との都合が付かず，観戦機会を逃していたモニタ（19，25）は，球場で知り合ったファンと友達になる（19），あるいは自分の影響で家族がファンになり同行者を得る（25）といったケースがきっかけで観戦回数が増えていた．一方，行きたいと思ったときに付き合ってくれる同行者が見当たらない場合，特に女性のモニタ（05，19）の場合は，リピートの障害になる場合が多かった．

d：「自分が知らない選手の存在」，「十分に知る前にシーズン終了」（08，19，24，25）

野球をよく知らなかったモニタ（19，25），プロ野球に関心がなかったモニタ（08），他球団のファンであったモニタ（24）がこれに該当する．特にシーズン終盤にファンになり，チーム事情や選手の知識が十分でないままシーズン終了を迎えたケースがこれに該当する．これらのファンは，チームや選手のことを知ることのできる機会を渇望し，過去の試合のDVDを鑑賞したり，オフシーズンイベントに積極的に働きかけ，次シーズンからリピータになった．

e：「様々なファイターズグッズ」（02，04，19）

すべてのファンに当てはまる訳ではないが，グッズのコレクションに強い興味関心を抱くモニタがいた．シリーズ限定品や記念品，身につけられるグッズを重視するタイプ（04）と，ファイターズ関連の物なら何でも飛びつくタイプ（02，19）の二つに分かれた．

f：「観戦にまつわる思い出や達成感」（04，18，19，25）

デジカメや携帯で写真を撮りだめするモニタ（19，25），SNSに観戦記やコメントを書き込みをするモニタ（19，25），チケットや球場での配布物を収集してファイリングするモニタ（04，18），観戦した試合のデータを自分なりに記録するモニタ（18）がこれに該当する．また，観戦の証となるものを継続的に記録・収集するモニタがいた．観戦の証を見返すことで観戦時の思い出や達成感，自己充実感を味わっていると考えられ，記録・収集の継続意欲がリピート要因の一つとなっている．

g：「ネットワークコミュニティ」(02，19，25)

観戦中，頻繁にインターネットに接続するモニタが存在した．SNSや掲示板の観戦速報への書き込み・閲覧が行われており，感想の投稿や他のファンの反応を見ることで，野球観戦の楽しみをより充実させていた．

h：「ファンとのふれあい」(08)

ドーム観戦の良い部分として，他のファンとの暖かい交流を理由として挙げるモニタがいた．

i：「クライマックスシリーズ，日本シリーズへの期待」(10)

札幌で行われるクライマックスシリーズや日本シリーズを最大の楽しみにしているモニタがいた．

j：「間近でプレーする選手」，「沖縄キャンプ」，「身近に応援できる球団」(04，18，24)

特にプロ野球に関心があったモニタは，選手のプロとしての現場を見ることに強い興味と関心があった．

(3) 各ステージにおける状態の特徴

前項で説明したことをきっかけにして，プレファンからファンに，ファンからリピータに遷移したことが考えられる．これまで，観戦行動における特徴や情報収集／発信行動における特徴により各ステージを定義して考えてきたが，同じステージの中であっても，札幌ドームでの野球観戦の仕方においていくつかのグループに分けて考えることができる．

以下に，野球観戦の仕方の観点からの分類を示す．

プレファン：「野球を知らなかった人」「野球を知っているが，プロ野球に関心がなかった人」「野球を知っており，プロ野球に関心があった人」の3グループ．

ファン：「球場の盛り上がりに感動」「選手・チームに感情移入」「生の試合の楽しさ」の3グループ．

リピータ：「応援が主体」「試合が主体」の2グループ．

図3.1.9は，プレファン時代にどのグループに属していたのかに依存して，異なった軌跡を描きながらファン，リピータに成長していく様子を示している．図3.1.9より，以下のようにファン状態進化過程のモデルを記述することができる．

① 「野球を知らなかった人」は球場の盛り上がりに驚き，「応援に自ら参加する人」に遷移する．あるいは，「客体的に応援・試合をトータルで楽しむ人」に遷移する．
② 「野球を知っているが，プロ野球に関心がなかった人」は，球場の盛り上がりに感動し，選手に感情移入することで，「応援を楽しむ人」「両方を楽しむ人」，あるいは「試合を楽しむ人」に遷移する．
③ 「野球を知っており，プロ野球に関心があった人」は，生の試合を楽しみ，選手やチームに感情移入を覚え，「試合を楽しむ人」「両方を楽しむ人」に遷移する．

3.1.7　変容過程の表現

本節では，プロ野球（北海道日本ハムファイターズ）の札幌ドームでの試合に足繁く通うリピータがどのようにして生まれたのかということを解明するためのCCE調査を説明した．球場に野球観戦に訪れるファンの楽しみ方は多様である．その多様さを説明できるであろうクリティカルパラメータを設定し，それに基づいて設計したWeb調査の結果と第1次選定の結果を踏まえ，リピータの多様性を捉えることのできる可能性のある2軸（ファンとしての成熟度×野球・応援志向）を抽出した．この空間の特徴的な位置に布置する9名のエリートモニタの球場での観戦行動記録を行い，それを見ながらインタビューを実施し，過去から現在に至る時間軸上での観戦行動の変容過程を探った．これは，ミームのレゾナンス反応の時間変化を追っていることになる．そして，インタビューで語られた事柄を整理し，3ステージ6レベルによるファンとしての成熟度の表現により，個々のエリートモニタのファンとしての発展過程をファン状態進化ダイアグラムとしてファイターズの北海道移転時からの時間軸上

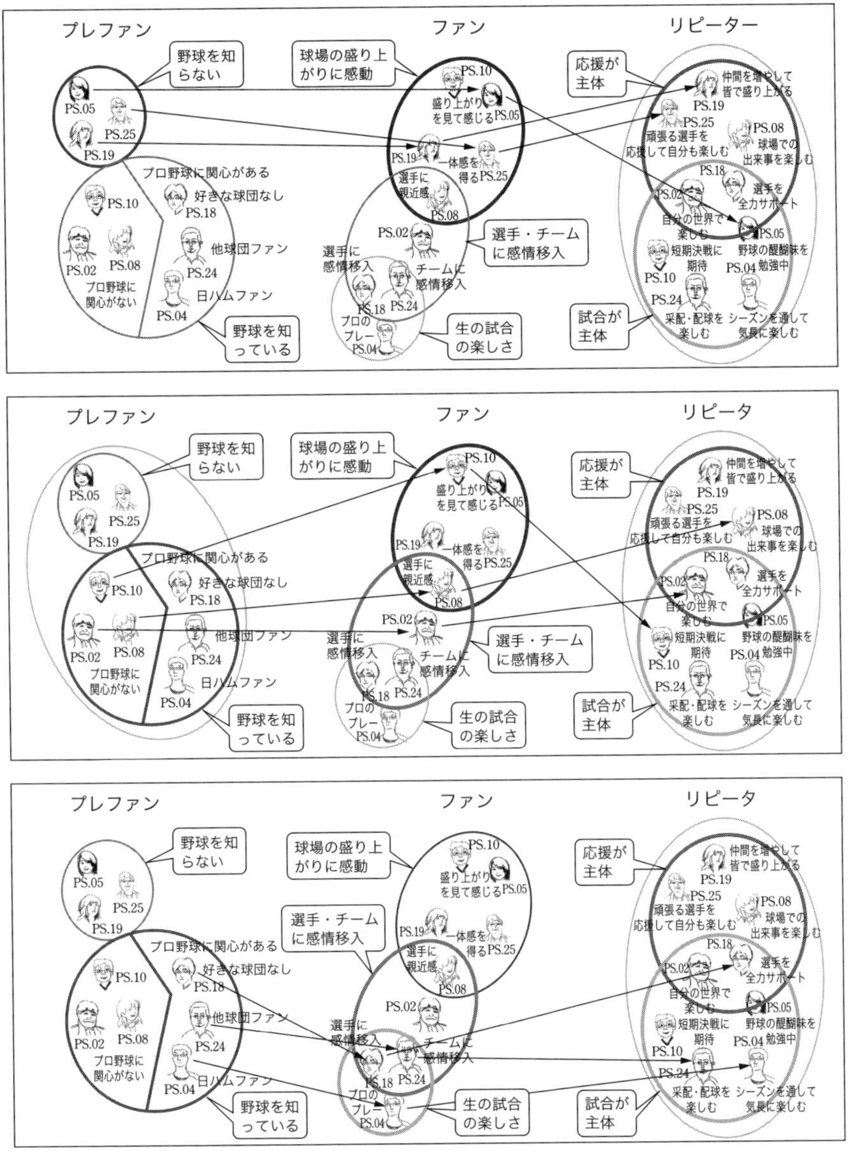

図 3.1.9　ファン状態の進化のパス

に記述した．これにより，9名の行動変容過程が同じ表現空間の上で記載されたので，共通点や相違点の抽出ができた．その結果，プレファンからファンにステージアップするときの共通のきっかけ，ファンからリピータにステージアップするときの共通のきっかけを見い出すことができたとともに，どのようなプレファンであったかによって，どのようなリピータになるのかが異なっていることが見い出された．プレファン時代に備わっていたミームの違いが，異なるリピータへの成長のパスを作り出したと言える．

3.2　温泉地での観光行動

人が集まる場所の一つに観光地がある．観光客は，日常生活を営む場所を離れ，それぞれに期待を抱いて観光地を訪れ，それぞれの楽しみ方で時間を過ごし，観光地での出来事を記憶に残す．この記憶は，今後，観光地を訪れるという行動に影響を及ぼす．同じ観光地であっても，そこに集まってくる観光客が同じ楽しみ方をしているわけではない．温泉地を考えてみよう．まず，様々なこだわりがあるだろう．温泉に詳しく泉質にこだわる観光客，料理・食材にこだわる観光客，宿の設備やアメニティにこだわる観光客，ホスピタリティにこだわる観光客などなど．そして，いい経験を得ることを期待して観光地にやってくる．期待に対する評価は，こだわりの強いものに対しては詳細なものになるだろう．本節ではCCEを適用して，観光地を訪問する観光客像を探ることを目的として実施された調査を紹介する．なお，本調査は，平成20年度経済産業省委託事業「サービス研究センター基盤整備事業」の一環として実施された．

3.2.1　城崎温泉について

本調査の対象として，兵庫県にある城崎温泉をとりあげる．城崎温泉は平安時代から知られている温泉で，1300年余りの歴史がある．志賀直哉の小説「城の崎にて」で知られるように，歓楽色の少ない情緒ある温泉街として，京阪神エリアのみならず全国的にも知名度が高い．夏は海水浴，冬はカニ料理に人気があり，集客の大きな要因となっている．また，より集客性を高めるために，四季のお祭りを中心に年間を通じて30余りの催し物がある．しかしながら，どのような催し物が実際の集客につながっているのかは明らかではなく，催し物の企画や実施は勘と経験に頼っているのが現状である．したがって，温泉の集客およびリピートにつながる要因やメカニズムを抽出し，効率的で効果的な温泉施設経営を可能とするような知見を得ることが重要な課題となっている．

3.2.2 調査の概要

観光客がどのように温泉地観光を楽しんでいるかを理解したい．そのために本調査では，できるだけ普段の温泉地観光旅行と同じ状況で城崎温泉を旅行してもらい，その経過の記録を振り返りながら温泉地訪問者像を明確にするという CCE 調査を実施した．調査設計に際しては，「普段通り」ということが重要である．温泉旅行というイベントに対してどのような行動選択を行うのかは，そのイベントが実施される文脈に大きく依存する．一人で旅行する場合，配偶者と旅行する場合，小さな子供を連れて家族で旅行する場合，それぞれの場合に応じて行動選択の結果は異なってくるだろう．その人にとって自然な（普段通りの）文脈の中で，自然に普段通りに行動してもらうことにより歪みのない正しい温泉地訪問者像が見えてくるはずである．

そこで本調査は，以下のような調査設計のもとに実施された．まず，温泉地訪問者がどのように多様化しているのかを客観的に理解するための調査を実施した．そしてこの調査結果に基づいて，温泉地訪問属性の異なる者（以下，モニタ）を 20 名選出し，実際に城崎温泉を普段通りに訪問してもらい，温泉地訪問旅行を実施してもらった．この訪問は，夫婦旅行，親子旅行，友人グループ旅行などといった形態での旅行となった．調査実施時期は，秋季（11 月）と冬季（1 月）に 1 回ずつとした．いずれの時期も蟹シーズン中であり，城崎温泉の第一番のコンテンツのある時期である．ただし，天候は秋期と冬期でかなり異なる．冬期には降雪があり，城崎温泉の楽しみ方が秋期とは異なっていることが予想された．各モニタの城崎温泉観光の初日の行動を後述の方法により記録し，その翌日，宿をチェックアウトした後にその記録を利用したインタビューを行った．インタビュー内容は，当該旅行について宿泊先を決定した経緯・理由，予約方法，来訪手段，温泉地での過ごし方，城崎温泉訪問前にどこに行ったか，また訪問後どこに行くのか，城崎温泉に来なかったらどこに行っていたか，その他ライフスタイルについてなどであった．20組のインタビュー結果を整理し，各組の温泉地での行動動線を抽出し，それらを統合することによりいくつかの行動動線モデルを構築し，温泉地訪問者像を導出した．

3.2.3　温泉地の楽しみ方の類型に関する仮説に基づいてエリートモニタを選定する（CCE-2：クリティカルパラメータの決定，CCE-3：エリートモニタの選定）

調査モニタを募集するに際し，温泉地の楽しみ方（温泉訪問属性）の異なる多様なモニタを選定することが必要であった．そこで，城崎温泉への来訪経験の有無に関わらず，温泉地の楽しみ方に影響を及ぼす要素として

・温泉地を選ぶポイント
・お風呂・お湯を選ぶポイント
・温泉宿を選ぶポイント

の三つを想定した．また，城崎温泉への訪問経験のある者に対しては，

・過去に城崎温泉で立ち寄った場所
・過去に城崎温泉に行く決め手となったポイント

を城崎温泉での行動に影響を及ぼす要素として加えた．これらが，本調査におけるクリティカルパラメータである．これらのパラメータがとる具体的な値が，温泉地での観光行動の違いに影響を及ぼすと仮定した．

モニタの選定過程を図3.2.1に示す．まず，各回答者のクリティカルパラメータの値を得るための設問を含むWebアンケートを実施した．これらの設問を表3.2.1に示す．Webアンケートは，2008年10月3日（金）午後8時から10月8日（水）午前10時までの間，モニタ会員約7,000名に配信された．回答件数は1,649件，有効回答数は1,337件であった．有効回答のうち，回答に不備がない調査参加希望者229名分に対して集計を行い，クラスタ分析を行った．そして，その結果に基づいて特徴的な訪問属性を持つ者を選定し，同行者の人

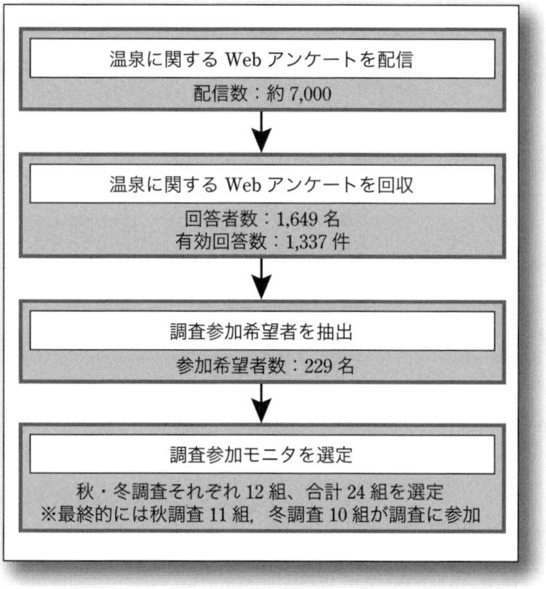
温泉に関する Web アンケートを配信
配信数：約 7,000
温泉に関する Web アンケートを回収
回答者数：1,649 名
有効回答数：1,337 件
調査参加希望者を抽出
参加希望者数：229 名
調査参加モニタを選定
秋・冬調査それぞれ 12 組、合計 24 組を選定
※最終的には秋調査 11 組，冬調査 10 組が調査に参加

図 3.2.1　調査モニタの選定過程

数とその関係なども考慮して，本調査のエリートモニタを選定した．

以下に，クラスタ分析の結果と最終選定の経緯について説明する．

表 3.2.2 は，クリティカルパラメータに関する設問，Q13，Q14，Q15，Q22，Q23 に対する参加希望者 229 名の回答パターンをクラスタ分析した結果を示している．Q13 について 4 クラスタ，Q14 について 3 クラスタ，Q15 について 3 クラスタ，城崎温泉に来訪したことのある回答者に対しては，Q22 について 4 クラスタ，Q23 について 5 クラスタが同定された．クラスタの組合せパターンの総数は 756 通り（4 × 3 × 3 + 4 × 3 × 3 × 4 × 5）となるが，このうち実際に現れた組合せは 79 パターンであった．

城崎温泉に来たことのない回答者（118 名）について，Q13，Q14，Q15 の回答パターンをみると，上位 3 パターンは ACA（35 名，30%），AAA（22 名，19%），CCA（20 名，17%）であり，全体の 65% を占めていた．第 4 位のパタ

表 3.2.1　温泉地の楽しみ方を分類するための設問

Q13：温泉地を選ぶポイント	Q14：お風呂・お湯を選ぶポイント	Q15：温泉宿を選ぶポイント
あなたが温泉地を選ぶポイントで，こだわるものを五つまでお選びください．	あなたが温泉を選ぶポイントで，こだわるものを三つ選んでください．	あなたが温泉旅行で宿を選ぶ時にこだわるものを三つ選んでください．
1)　特にこだわりはない 2)　宿泊施設の良さ 3)　お湯・風呂の良さ 4)　公共交通機関でのアクセスの良さ 5)　自家用車でのアクセスの良さ 6)　自然の豊かさ，自然環境の良さ 7)　秘境度の高さ 8)　温泉街の風情，雰囲気が良い 9)　人出が多く，賑やかである 10)　観光スポットや名所がある 11)　観光施設やレジャー・スポーツ施設等がある 12)　郷土料理や特産物が有名 13)　お土産，ショッピングが楽しめる	1)　特にこだわりはない 2)　湯の泉質 3)　湯の効能 4)　お湯の色 5)　源泉かけ流し 6)　湯船の大きさ 7)　露天であること 8)　湯船のユニークさ 9)　お風呂の種類の多さ	1)　特にこだわりがない 2)　食事の良さ 3)　宿泊施設の雰囲気 4)　宿泊施設の利用料金 5)　宿泊施設の歴史と伝統 6)　サービスプランの良さ 7)　接客サービス（ホスピタリティ）の良さ 8)　各種サービスや施設の充実度

※ Q13，Q14，Q15 は参加希望者全員（229 名）が回答

Q22：過去に城崎温泉で立ち寄った場所	Q23：過去に城崎温泉に行く決め手となったポイント
過去に，城崎での宿泊や日帰り旅行で立ち寄ったり，利用した施設や観光名所についてすべてお答えください．	過去に，城崎温泉に行く決め手となったポイントのうち，特に重視したものを五つお答えください．
1)　外湯 2)　足湯 3)　飲食店，喫茶店 4)　土産物屋 5)　鮮魚店 6)　木屋町小路 7)　遊技場（射的，スマートボール，パチンコなど） 8)　スナック，飲み屋 9)　カラオケ店 10)　ギャラリー 11)　工芸品（麦わら細工など）の手作り体験スポット 12)　神社仏閣 13)　美術館，資料館 14)　文学碑，歌碑，文人ゆかりの場所 15)　公園 16)　ロープウェイ 17)　ハイキングコース 18)　宿案内所，観光案内所 19)　円山川（駅の向こう側にある大きな川） 20)　城崎マリンワード 21)　玄武洞 22)　竹野浜海水浴場	1)　温泉の泉質，効能，成分 2)　外湯めぐりができるなど，温泉場の魅力 3)　浴衣でのそぞろ歩き 4)　泊まりたい旅館・ホテルがあった 5)　温泉地までのアクセスの良さや，最寄り駅を出るとすぐ温泉街であるなど，交通の利便性 6)　車で行ける 7)　郷土料理やその土地の特産物（カニなど） 8)　伝統工芸品などに興味があった 9)　川べりの柳，静かな情緒など，街の雰囲気や景色 10)　サービスやおもてなしの良さ 11)　温泉地としての歴史や知名度 12)　小説の舞台，多くの文人が訪れるなど文学史的な興味 13)　周辺の自然環境や名所等に興味 14)　周辺のレジャースポット等に興味 15)　海が近く，海水浴ができる 16)　イベントやお祭りなど，地域の催し物に興味があった

※ Q22 と Q23 は城崎訪問経験者（111 名）のみが回答

表 3.2.2　候補者選定に利用した設問項目のクラスタ分析の結果

分析対象の質問		各クラスタにおける主な要素	各クラスタの説明	出現率（%）
Q13：温泉地選び	A	湯・風呂，風情・雰囲気，宿施設，料理・特産，自然豊・環境	定番・メジャー志向	66.8
	B	観光・レジャー・スポーツ，公共交通アクセス，観光名所	温泉はおまけ志向	4.8
	C	自然豊・環境，湯・風呂，秘境度	秘境・自然派志向	21.8
	D	湯・風呂，風情・雰囲気，宿施設，土産・買い物，料理・特産，イベント	買い物・お祭り志向	6.6
Q14：お湯・お風呂選び	A	風呂の種類，露天，湯船大きさ，湯船ユニーク	見た目・ハード志向	36.7
	B	湯の色，泉質	ステロタイプの温泉らしさ志向	7.9
	C	源泉かけ流し，泉質，効能，露天	本物温泉志向	55.4
Q15：温泉宿選び	A	食事，利用料金，雰囲気，接客	コストパフォーマンス重視	85.1
	B	歴史・伝統，雰囲気，食事，サービスプラン	歴史伝統・風情重視	6.6
	C	食事，設備充実，雰囲気	食事・ハード重視	8.3
Q22：城崎温泉での立寄	A	外湯，土産屋，城崎マリン，竹野浜，玄武洞	城崎外の定番コース	56.8
	B	外湯，土産屋，文学・歌碑，神社仏閣，玄武洞，円山川，ロープウェイ	城崎内外の欲張りフルコース	35.1
	C	外湯，土産屋，スナック，木屋町，遊技場，ギャラリー，工芸，カラオケ	ナイト＆近場コース	5.4
	D	美術，文学・歌碑，土産屋	美術・文学コース	2.7
Q23：城崎温泉に行く決めて	A	外湯，料理・特産，泉質・効能，雰囲気・風情，浴衣漫ろ歩き	城崎らしさが決め手	37.9
	B	アクセス・利便性，外湯，料理・特産	電車でお手軽なのが決め手	17.1
	C	歴史・知名度，海近い，自動車アクセス，自然・名所，レジャー	観光・名所が決め手	14.4
	D	外湯，自動車アクセス，歴史・知名度	車で行ける有名処が決め手	27.9
	E	泉質・効能，サービスもてなし，旅館・ホテル，レジャー	泊りがけで温泉ノンビリが決め手	2.7

ーンはACC（5名，4%）であった．最上位のパターンACAは，「A：『温泉地選びについては定番的・メジャー志向であり，湯・風呂，風情・雰囲気，宿施設，料理・特産，自然の豊かさを重視し』，C：『お湯・お風呂については，本物志向であり，源泉かけ流しを好み，泉質，効能，露天にこだわりがある』．そして，A：『コストパフォーマンスを重視した宿選びをする』」というタイプであ

る．第2位のAAAは，最上位のパターンACAの2番目の要素のお湯・お風呂選びのこだわりが，C:『本物温泉』というよりも，むしろハードウェア的な側面，つまりA:『風呂の種類，露天，湯船大きさ，湯船のユニークさにこだわりをもつ』というタイプである．第3位のCCAも第1位のパターン（ACA）の一つが変わったバリエーションであり，最初の要素である温泉地選びのこだわりがA:『メジャー志向』ではなく，むしろC:『秘境・自然を好む』傾向にある．

このクラスタ分析の結果を踏まえ，以下の点を考慮して調査モニタの選定を行った．

・指定された調査日とインタビュー日に参加可能な者
・同行者を含め，2人以上で調査に参加可能な者
・クラスタの組合せパターンがバランスよく現れること
・年齢層，性別，同行者形態，城崎温泉訪問歴，居住地域がバランスよく現れること

表3.2.3にモニタの選定結果を示す．24組を選定したが，3組のキャンセルがあったので，最終的な調査参加モニタ数は21組であった．表には，最終的に参加したモニタ21組について，同行者形態，温泉訪問属性を表すクラスタの組合せパターン，パターンの出現率，城崎温泉訪問経験（宿泊／日帰り），居住地を示している．居住地は，大阪府（4組），兵庫県（3組），岐阜県（3組），京都府（3組），滋賀県（3組），奈良県（2組），愛知県（1組），香川県（1組），岡山県（1組）であった．全組，兵庫県を中心とする近隣府県からの参加となった．城崎温泉訪問経験については，経験のある参加者は12組，初めて城崎温泉を訪れる参加者は9組であった．

3.2.4　観光行動を記録して動線を記述する（CCE-4：現場での行動観察，CCE-5：表現空間の定義）

観光客行動調査は，2回実施された．第1回目の調査は2008年11月19日（水）～11月22日（土）に，第2回目の調査は2009年1月9日（金）～1月12日（月・祝）に実施された．調査のフローを図3.2.2に示す．各モニタは城崎温泉

表 3.2.3 調査参加者の属性

同行者形態		クラスタ組合せパターン								
人数	形態	Q13 温泉地選び	Q14 お湯・風呂選び	Q15 温泉宿選び	Q22 城崎温泉での立寄	Q23 城崎温泉に行く決めて	パターン出現率（%）	城崎温泉訪問経験 宿泊／日帰り	秋調査参加モニタ（居住地）	冬調査参加モニタ（居住地）
3名以上	家族	B	A	A	—	—	1.3	初	A-09（岐阜）	
		D	B	A	—	—	0.9	初	A-02（愛知）	
		A	C	C	—	—	2.2	初		W-07（大阪）
		A	A	A	C	D	0.4	2～3回／0回		W-09（兵庫）
	男友人グループ	A	C	A	A	C	2.2	0回／1回		W-01（香川）
2名	親子ペア	C	C	A	B	D	0.4	1回／4～5回	A-04（京都）	
		C	C	A	—	—	8.7	初		W-02（大阪）
		A	A	A	A	A	2.2	1回／0回		W-03（京都）
		A	A	A	C	A	0.4	4～5回／0回		W-06（滋賀）
	女友人ペア	A	A	A	A	D	1.7	1回／0回	A-10（大阪）	
	熟年夫婦	C	C	B	B	A	0.9	2～3回／0回	A-11（岐阜）	
	中年夫婦	A	A	B	—	—	0.9	初	A-05（兵庫）	
		C	C	A	—	—	8.7	初	A-03（京都）	
		A	C	A	—	—	15.3	初		W-08（奈良）
		A	C	A	B	D	2.2	1回／0回		W-10（岐阜）
	若年夫婦	D	C	A	B	C	0.4	4～5回／1回	A-01（奈良）	
		A	C	B	—	—	0.9	初		W-04（滋賀）
	恋人ペア	A	A	A	A	D	1.7	1回／1回	A-07（兵庫）	
		A	A	A	—	—	9.6	初	A-08（滋賀）	
		B	C	A	B	A	0.4	2～3回／0回		W-05（大阪）
	男友人ペア	A	A	A	B	A	1.7	2～3回／0回	A-06（岡山）	

到着後，調査についての説明を受け，デジタルカメラとGPSを携行して普段通りの温泉地観光を行った．調査員は，これらの機材を夜9時にモニタ所在地にて回収し，翌日のインタビューまでにGPSデータの紙地図へのプロット，デジタルカメラで撮影した写真の印刷を行い，インタビューの準備を行った．各モニタは，翌日，チェックアウト後に指定された場所でインタビューを受けた（秋調査では「城崎文芸館」，冬調査では城崎温泉観光協会「お宿案内処」を利用）．

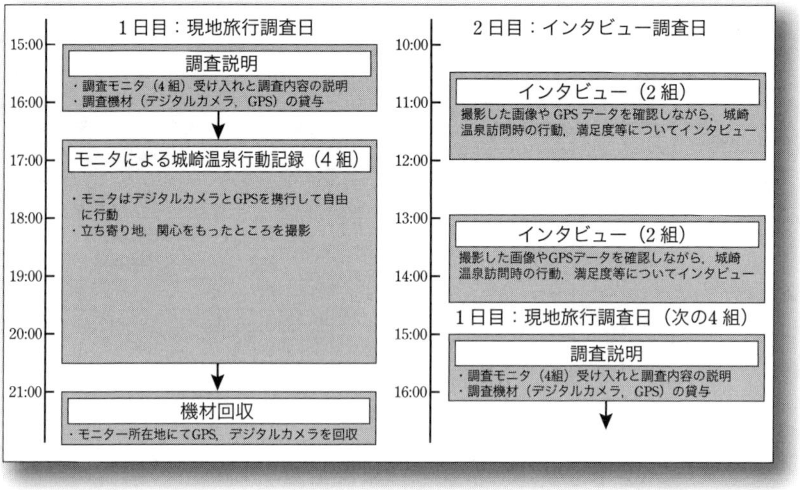

図3.2.2　調査のフロー

図3.2.3にインタビューの様子を示す．インタビュー時間は1組90分であった．インタビューでは，表3.2.4に示した内容について聞き取りを行った．各モニタは，実際に自分自身が行ったことの記録（GPSにより測定された位置と写真）を見ながら，調査員とともに城崎温泉到着からインタビュー会場に到着するまでの自分自身の行動動線を作成する作業を行いながら，そのときの様子を思い出し，質問に答えた．この共同作業により，行動選択の軌跡，その理由や背景などが明らかにされた．

図3.2.4は，後日，インタビュー結果を整理してモニタの動線を清書したものである．このようにして，個々の調査参加者について，城崎温泉観光動線が作成された．

3.2.5　立寄地をもとにモデル化する（CCE-6：行動の表現）

モニタの温泉地訪問者像を導出するために，インタビューにより明らかとなったモニタの活動内容を「湯」・「宿」・「食」・「街」・「遊」・「買」の6項目によ

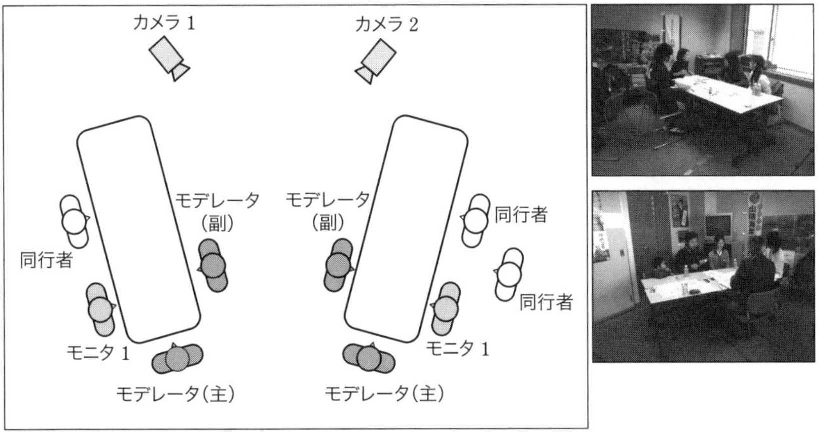

図 3.2.3　インタビューの様子（秋調査）

り整理した．各項目の内容は以下の通りである．

温：外湯巡りを行う．
宿：宿選びにこだわる．宿でゆっくりする．内湯を楽しむ．
食：宿の夕食，外食を楽しむ．また，食事の内容にこだわる．
街：街を散策する．街に関心が高い．
遊：サービス施設を利用する．城崎の外を周遊する．
買：お土産屋を巡る．購入する．食べ歩きをする．

表 3.2.5 に，各モニタのこれらの活動項目に対するウェイトを記す．

さらに，この 6 項目の活動内容の違いを表した行列表を用い，数量化Ⅲ類で処理した．その結果，モニタの活動は，第 1 軸が「静的－動的」，第 2 軸が「ショッピング志向－温泉志向」の 2 次元で説明され，以下のような 4 グループの訪問者像に分類されることがわかった．布置を図 3.2.5 に示す．

(1)　テーマパーク型

食べたり買ったり温泉に入ったりするなど，温泉旅行をバランスよく満喫す

表 3.2.4　インタビュー内容の骨子

■城崎温泉の事前知識 ・土地勘，来訪経験 ・情報の調べ方，手段 ■旅行に来る前に立てたプラン，予定 ■予約方法 ■温泉旅行の目的，動機 ■城崎温泉について ○温泉地としての魅力と不満点 ・環境，街並み ・距離，交通手段 ・歴史，文化 ・街歩き ○宿泊施設の良かった点，悪かった点 ・決めたポイント ・食事のプラン ・過ごし方 ・設備，サービス ・ホスピタリティ ○温泉施設の良かった点，悪かった点 ・訪問先 ・設備，サービス ・泉質，効能 ・雰囲気，風情	■城崎温泉について ○食事，間食の良かった点，悪かった点 ・特産，名物，郷土料理 ・かに，但馬牛 ・スイーツ類 ・街歩き ○お土産物について ・目的と予算 ・購入した物品 ・サービス ○観光について ・訪問先とその感想 ・利用した施設，サービス ■普段の旅行，趣味について ○普段，リピートしている温泉地，旅行先 ○最近の旅行先 ○予算の掛け方

る．活動の方法は，ゆったり温泉旅行を楽しむ人（A-01，A-05，A-06），あくせく動き回るのが楽しいタイプ（A-02，A-10，W-04，W-07，W-08）など様々である．時間が不足気味になるので，1泊2日では物足りなくなるタイプ．このグループは，チェックイン前の早い時間から城崎温泉入りし，チェックアウト後，遅くに城崎温泉を出るパターンが多い．自動車で来ている場合は，周辺観光を楽しもうとする．

(2)　ショッピング偏重型

どちらかというと，外湯に使う時間よりも相対的にショッピングに時間を費やす．温泉街でお土産を物色することが主目的の旅行者もいるかもしれないが，「悪天候でやむなくショッピングが中心になった（W-06）」，「混雑時に並んでまで外湯に入りたくない（W-09）」，「子供がいるので温泉より買い物の方が楽し

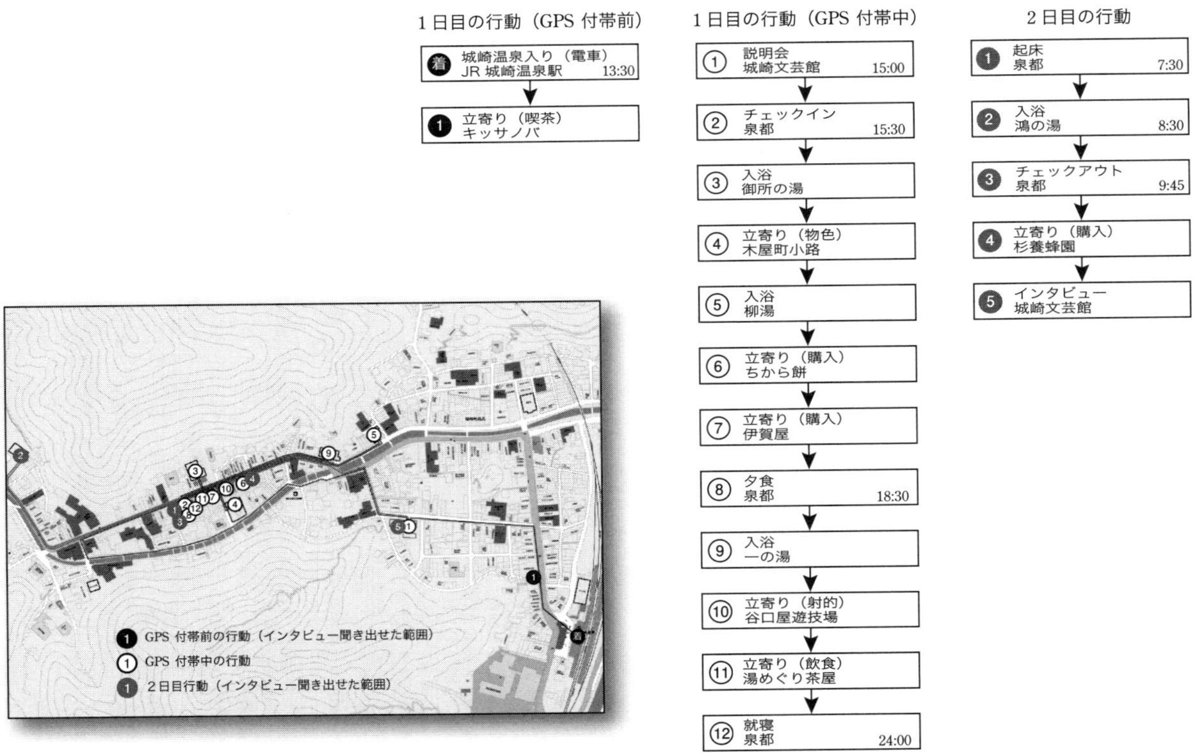
1日目の行動（GPS 付帯前）
着 城崎温泉入り（電車） JR 城崎温泉駅 13:30
1 立寄り（喫茶） キッサノバ
1日目の行動（GPS 付帯中）
① 説明会 城崎文芸館 15:00
② チェックイン 泉都 15:30
③ 入浴 御所の湯
④ 立寄り（物色） 木屋町小路
⑤ 入浴 柳湯
⑥ 立寄り（購入） ちから餅
⑦ 立寄り（購入） 伊賀屋
⑧ 夕食 泉都 18:30
⑨ 入浴 一の湯
⑩ 立寄り（射的） 谷口屋遊技場
⑪ 立寄り（飲食） 湯めぐり茶屋
⑫ 就寝 泉都 24:00
2日目の行動
1 起床 泉都 7:30
2 入浴 鴻の湯 8:30
3 チェックアウト 泉都 9:45
4 立寄り（購入） 杉養蜂園
5 インタビュー 城崎文芸館
GPS 付帯前の行動（インタビュー聞き出せた範囲）
GPS 付帯中の行動
2日目行動（インタビュー聞き出せた範囲）

図 3.2.4　モニタの行動動線の例

表 3.2.5　各モニタの活動内容

ID	特徴	クラスター			活動内容					
		温泉選び	湯・風呂選び	温泉宿選び	湯	宿	食	街	遊	買
A-01	夕食後も漫ろ歩き，外湯とお土産店巡り 嬉しいサービス，心遣いを受けたい，若年夫婦	D	C	A	●	●	●	●		●
A-02	温泉より，食べて見て，城崎を隅々まで探検 楽しいこと，感動できることを見つけたい，親孝行ファミリー	D	B	A			●	●	●	●
A-03	内湯でのんびりと，その土地のおいしいもの探し 自然や食を通じてその土地を感じたい，自然派中年夫婦	C	C	A		●	●			
A-04	専ら外湯巡り，いろいろなお風呂に入りたい 本物を求めて温泉地を評価したい，評論家熟年女性とその息子	C	C	A	●			●		
A-05	お宿はリーズナブル，外湯とお土産店巡り 安く済ませていろいろな温泉地に行きたい，節約中年夫婦	A	A	B	●					●
A-06	外湯はそこそこ，街歩きと城崎の外を観光 温泉地風情のある街で観光を楽しみたい，熟年男友人ペア	A	A	A				●	●	●
A-07	行き帰りに観光，城崎では内湯にのんびりと 二人だけで静かに宿と旅行を楽しみたい，熟年カップル	A	A	A		●	●			
A-08	外湯と街の漫ろ歩き，城崎の様子を観察 街の特徴やサービスを知りたい，社会派若年カップル	A	A	A	●			●		
A-09	面倒なので子供と宿で過ごす，帰りはお土産探し 俺（夫）と子供中心の温泉旅行を楽しむ，若年ファミリー	B	A	A						●
A-10	外湯巡りと食べ歩き，城崎を隅々まで歩き回る ワイワイ，あちこち城崎を楽しみたい，女子大学院生と OL ペア	A	A	A	●		●	●	●	●
A-11	行き帰りに観光，城崎では宿と食事重視のゆったり旅行 城崎のスタイルに合わせて楽しみたい，熟年夫婦	C	C	B		●	●			
W-01	宿の遠くから外湯巡り開始，夕食後もダメ押しの入湯 来たからには七湯制覇したい，熟年おじさん3人組	A	A	A	●					
W-02	城崎周辺を自転車で疾走，夕食後も漫ろ歩き 母に振り回されてそれを楽しむおっとり娘，アクティブ親子ペア	C	C	A	●			●	●	
W-03	良い宿をお安く，旅行前の計画が楽しい お洒落・可愛さ・賑やかさ重視，時間を持て余したくない，ママ友ペア	A	A	A		●	●			
W-04	夕食後も漫ろ歩き，城崎を隅々まで丹念に巡る 非日常を楽しみたい，お宿と食事にこだわる若年夫婦	A	C	B	●	●	●	●	●	●
W-05	たまには口コミで評判の外食をしながらのんびりともっと手軽に いつものスタイルと変えて楽しむ，素泊まり若年カップル	B	C	A			●			
W-06	夕食後も漫ろ歩き，外湯とお土産店巡り 目一杯，城崎を楽しみたい素泊まり親子ペア	A	A	A						●
W-07	城崎の隅から隅まで，外湯巡りと美味しいもの探し 食欲と好奇心旺盛な母，心ゆくまで楽しみたい買い食いファミリー	A	C	C	●		●	●		●
W-08	夕食後も漫ろ歩き，チェックイン中に七湯制覇，チェックアウト後はお土産店巡り．計画的にせわしなく動き回る，風呂好き中年夫婦	A	C	A	●					●
W-09	母娘で外湯そこそこに，お土産店巡り 温泉街を楽しみたい母娘と宿でゆっくりしたい夫，別行動ファミリー	A	A	A						●
W-10	外湯だけ巡りで七湯制覇，お土産には興味なし せわしく外湯をはしご，宿は大型で設備充実に限る，年の差夫婦	A	C	A	●					

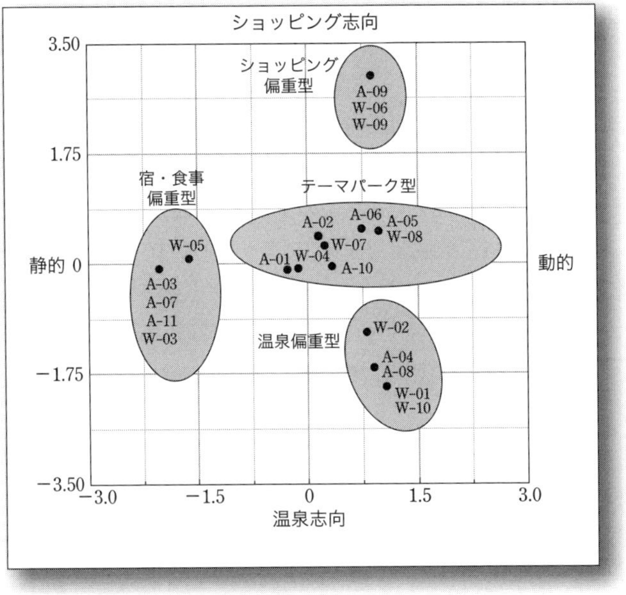

図 3.2.5　温泉地の楽しみ方のタイプの 2 次元布置

める，迷惑掛けない（A-03）」といった消極的な理由もある．このグループはお土産をたくさん購入するわけではないが，見るべき特産品・名物が少ない，お土産店の数や品物が少ない場合，その温泉地に不満を持ったり，時間を持て余す可能性がある．

(3)　温泉偏重型

ショッピングや食べ歩きよりも外湯に入ることに時間を費やす．街歩きや観光もするが，チェックイン後からチェックアウト前までの宿に宿泊している時間帯の行動は，外湯を巡ることが中心である．中にはほぼ温泉のみが目的という旅行者（W-01，W-10）もいる．このグループは，お土産はチェックアウト後に購入するが，時間的に食べ歩きや昼食が中心である．むしろもっと温泉に入りたいと思うほうで，チェックアウト後に外湯が有料になるシステムに不満を持っている（A-08，W-01）．

(4)　宿・食事偏重型

外湯巡りが活発ではなく，宿の内湯や夕食を楽しむことを重視する．チェックイン前後，県内外の旅行を伴って城崎にやって来るスタイルもある（A-07, A-11）．そのため，城崎温泉で目一杯楽しむような行動はせず，宿で静かに楽しむか（A-03, A-07），街歩きの際もエリアや外湯を絞って時間をゆっくり掛けて楽しむ（A-11, W-03, W-05）．このグループは，傾向として旅慣れている人（A-03, A-07, A-11）や城崎温泉のリピータ（W-03, W-05）が多い．宿泊に掛ける費用が旅行全体の費用に近いため，食事やサービスに対する評価が厳しく，コスト意識も高い．また，西村屋に宿泊経験がある（A-07, W-03），今回検討した（A-11）など高級旅館での宿泊が多いことも特徴．

図 3.2.6 は，これら 4 タイプの各タイプに属するモニタの行動動線を重ね合わせ，城崎温泉における大まかな動線パターンとして統合した行動モデルを示したもので，タイプの違いが行動動線の違いとして現れていることがわかる．特に，アウトドア活動として示した活動内容の量に大きな違いがある．

3.2.6　CCE 調査と PDCA サイクル

今回，調査を行った城崎温泉では，これまで様々なイベントを開催し，集客に成功してきてはいる．しかしながら，来訪者がどのように城崎温泉が提供するサービスを受容しているかを適切に把握してはいなかった．PDCA サイクル（plan-do-check-act cycle）の plan-do を，check-act 無しでやり続けているという状況である．

今回の CCE 調査により，どのような楽しみ方を期待して来訪しているかという観定から城崎温泉の来訪者を 4 種類に分類できることがわかった．ここでようやく PDCA サイクルをきちんと回すことが可能となった．現在提供しているサービスが来訪者のニーズに適合しているのかどうか，情報発信が不十分なために誤った期待を持って来訪している人たちはどういう人たちかなどを検討することができる．

この調査の延長には，顧客の定量把握がある．つまり，4 タイプの人たちの

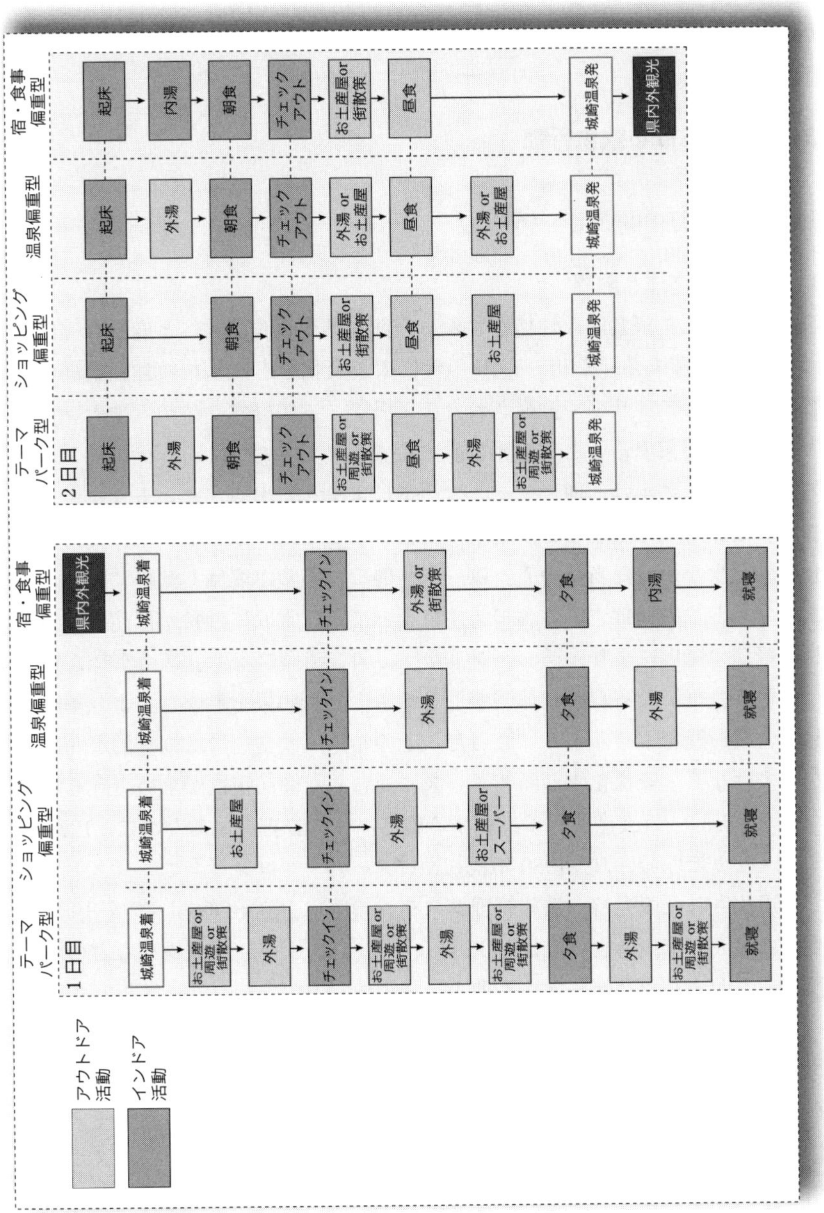

図 3.2.6 4タイプの訪問者像の行動モデル

人数の推定である．それを行うことによって，提供するサービスの定量的な効果予測が可能となる．

3.3 外食における飲食行動

3.3.1 顧客嗜好の多様化への対応

(1) 従来の対応法と限界

日本において，家業的な性格が強かった飲食業が外食産業へと変貌を遂げたのは1970年代である［3.1］．1970年代に大規模化を志向した外食企業群は，先行市場であるアメリカで開発されたチェーンストア経営システムやセントラルキッチンを導入することで規模の拡大を実現してきた［3.2］．チェーンストアのビジネスモデルは，同一フォーマットによる大量出店・セントラルキッチンによる商品の大量生産など，規模の経済によるマスメリットの創出である．外食体験の少なかった当時の人々は，画一的ではあるが廉価で気軽に味わえるチェーンストアの提供する外食モデルによって，日常的に外食が可能になった．

日本経済の発展により，チェーンストア以外にも多様な飲食店の形態が成立し，顧客は豊富になった飲食体験を通じてストック効果を形成し，より多様な商品や営業形態を求めるようになった．その結果，飲食店には画一的な商品提供だけではなく，多様化する顧客ニーズに適合した商品提供が求められるようになった［3.3］．外食産業は多様化する顧客ニーズを把握するために，1970年代にアメリカで開発され，1980年代初頭にスーパー・コンビニエンスストア業界で実用化された販売時点情報管理システム（POS, Point-Of-Sales）を1980年代半ばに導入した．外食産業はPOSによって年齢・性別・家族構成などの顧客属性データおよび出品データを収集し，それをABC分析などで解析して顧客ニーズに適合する商品設計をするようになった［3.4, 3.5, 3.6］．例えば，回転寿司業態は「中心的顧客層が家族である」というデータをもとにレーンにケーキを流し，牛丼業態は「若い男性顧客が丼を複数注文する」というデータをもとに特盛りを開発した．この様な取り組みは，顧客ニーズに基づいたメニュー開発の好例である．

近年，顧客属性データや出品データに基づく商品開発は限界に達している．外食産業が商品設計の基礎にしてきた男性・女性・サラリーマン・主婦といった顧客属性と飲食行動との関連性が弱くなってきたのが原因である．すなわち，同一の顧客属性を持つ顧客層が，飲食行動の際に同一ないしは類似の商品や店舗を必ずしも選択しないようになったのである．従来，若い女性層はデザートなどの甘いものや，野菜類，パスタなどを選択していた．しかし近年，従来は男性客が利用していた焼肉や牛丼も消費するようになってきた．男性客を想定して出版された「焼肉手帳」の読者の半数を20代から30代の女性層が占めることがその傾向を裏付けている［3.7］．一方，男性は従来ボリュームの多い商品や肉類を選択していたが，「草食系男子」と呼ばれる属性を持つ層は，健康に留意してヘルシーメニューを選択し，食事量そのものを抑制することも多くなってきている［3.8］．「十人十色から一人十色へ」のたとえのように，顧客層と注文行動との関係がより複雑になってきた．多様化した顧客ニーズに適合した商品提供を実現するためには，まず顧客ニーズを適切に把握することが必要である．ニーズを直接顧客から聞き出すことは効果的な方法ではないと考える．同一の顧客であっても状況によって多様な飲食行動をとるからである．

本節では，外食産業において顧客ニーズを把握することを目的として行った顧客行動の調査（3.3.2節），ならびにPOSデータの解析（3.3.3節）について説明する．このような日常生活や消費行動に関するデータに基づいた顧客理解と情報活用のアプローチは，多様な顧客ニーズの理解において有効である［3.9］．

(2)　POSデータと行動計測

いずれの調査においても，POSデータは顧客ニーズを探り出すための重要な情報源である．しかし，真の顧客ニーズを探り出すには情報が不足しており，他の手段により必要な情報を収集しなければならない．POSデータで収集できる情報の範囲は限定的なので，顧客の行動を計測して情報を得る必要がある．顧客ニーズの抽出のためにさらにどのような情報を収集する必要があるのか，また収集できるのかということは，現場の状況を考慮して決定される．ここでは，POSによるデータ収集と，それを補完する顧客の飲食行動計測によるデータ収集を比較し，それぞれの長所・短所について概説する．

①顧客データの収集

a：POS

顧客データは，従業員がチェックアウト時あるいはチェックイン時に入力する．POSを活用して全顧客を網羅したデータを収集することができ，非常に大規模なデータとなる．しかし，入力される客層データ（年齢，性別，職業など）は観察に基づいているので，信頼性は低い．

b：行動計測

POSデータを補完する顧客データをインタビューにより収集することができる．インタビューは従業員が顧客に対して行う．客層データに加えて，利用目的などのPOSデータを補完する情報も収集することができる．一方，承諾を得られた顧客のみからの情報収集となること，また，インタビューには時間がかかることから，多くのデータを収集することが難しく，サンプルに偏りが生じる可能性がある．

②商品の購買目的の理解

a：POS

POSでは，客層データとして性別，年齢，職業などのデモグラフィック情報を大量に収集できる．顧客が明確な購買目的を持った商品を購入するような場合には，POSデータにより客層と購買目的の関係を調べることができる．例えば，コンビニエンスストアの弁当は「朝食」「昼食」「夕食」の3群に分化していて，それぞれの利用目的に合わせて商品設計がなされている．POSデータを分析すれば，どのような客が朝食を購入するのかを知ることができる．

b：行動計測

一方，同一商品であったとしても，その購買目的が顧客の置かれている状況によって変動するような場合には，POSデータのみで顧客の購買目的を把握することは難しい．例えば，「家族の会食」「接待」「歓迎会」など利用目的が異なる場合であっても，同じ料理が注文されることが多々ある．このような場合には，利用目的と飲食行動に関する情報を収集して，POSデータの情報を補うことが必要である．

③データ取得時期

a：POS

POS では，顧客の注文時に従業員が注文情報をハンディー端末で登録する．全顧客の注文情報がリアルタイムで把握可能であるため，顧客セグメント別の注文行動や，曜日，天気，近隣イベントなどと注文との関係を分析することができる．

b：行動計測

注文データ取得時点で，顧客は実際に商品を消費しているわけではない．顧客は，味やボリュームなど商品から得られる効用を期待して注文する．商品の満足度は結果として得られるのであるから，注文時には不明である．実際，大量に注文されてはいるが顧客は満足していない商品や，逆に新商品であるために注文数は少ないものの顧客が満足している商品がある．したがって，注文情報のみから大きな満足が得られる商品を発見して商品設計に活かすことはできない．

実際の消費行動は注文後に起きる．したがって，消費行動を理解するためには飲食行動を計測し，消費のプロセスを分析するためのデータを収集する必要がある．例えば，食品残渣の計測により顧客の飲食後食べ残しに関する情報が得られる．ある商品に満足した顧客は食べ残さないであろうし，商品の味に不満があるか顧客の可食量を超す商品は完食しないであろう．食品残渣は，商品設計と顧客満足の関係を知る上で重要な情報である．しかし，食品残渣の計測は人手で行わざるをえないため，大規模データの取得は難しい．

3.3.2 食品残渣に見る利用目的と飲食行動の関係

(1) 行動計測調査の概要

本調査では，顧客の利用目的と飲食行動との関係を正確に把握するため，まず，顧客に直接インタビューを実施して飲食目的を収集し，次に，当該顧客の食品残渣量の計測を実施した．そして，得られたデータをもとに，顧客の利用目的と飲食行動との関係を分析し，外食産業における商品再設計のあり方について検討した．

(2)　方法

日本料理店で飲食をした35組，534名の顧客を対象に調査を実施した．事前に計測の了承を得ることが必要だったので，予約客を対象とした．また，可食量と食品残渣率・量との条件を可能な限り同一にするため，可食量がおおむね同量のコース料理を注文した顧客を対象とした．なお，調査実施期間は，2009年3月から2009年4月である．

①飲食当日の行動データの収集

a：インタビュー

まず，35組の顧客に対し，利用日当日の飲食前にインタビューを行った．顧客の利用日時および滞在時間帯は調査員が顧客ごとに計測し，集計用紙に記入した．

b：食品残渣量

次に，食品残渣量をコース料理の個別品目ごとに電子秤で計測した．残渣は，常識的に飲食可能な素材の食べ残しである．吸い物のスープや刺身のつまなどの素材は飲食可能なのでその食べ残しは残渣である．一方，野菜の飾り物のように，飲食可能であるが常識的には飲食しない素材は残渣とはみなさない．残渣量は，回収されてきた器の重量から，器ならびに残渣対象素材以外の素材の重量を差し引いた重量である．具体的な残渣量の計量手順を以下に示す．まず，回収されてきた器の重量を計測した．次に，残渣および水分をゴム製のへらで器から取り除き，器の重量を計測した．その差を食品残渣量として記録した．残渣率は，残渣量を飲食前重量で除した値である．営業中に計測を行うため，すべての商品の飲食前重量を計測することはできなかったので，レシピに記載された商品の総重量を飲食前重量とし，残渣率を求めた．

②商品注文情報と飲料注文情報

顧客の飲料注文情報を把握するため，35組の注文データを後日POSからダウンロードして取得した．予約客なので「商品の注文情報」は把握できる．しかし，飲料の注文情報は把握が難しい．例えば，飲み放題の場合は顧客自身が作る飲料もあるので，注文数を把握できないからである．そこで「飲料の注文情報」については，飲み放題を注文した顧客は「アルコール飲料を多く消費する顧客」，飲み放題を注文しない顧客は「アルコール飲料をあまり消費しない顧客」と仮定し，POS データから取得される飲み放題の有無を顧客の飲料情報とした．

(3)　結果と考察

顧客 1 人に提供された商品の平均重量は 945g であった．そのうち，平均して 808g が消費され，137g が残渣となった．食品残渣率の最大値は 35.2%，最小値は 0.4%，平均値は 14.5% であった．

①顧客の利用目的と食品残渣の関係

表 3.3.1 に，顧客の利用目的および顧客属性と食品残渣率との関係を示す．顧客の利用目的は，会合の趣旨（歓迎会／送別会／食事会），利用時間（昼／夜），飲酒目的（有／無）によって表現される．顧客属性は，世代，性別によって表現される．

a：会合の趣旨と食品残渣率との関係

歓迎会，送別会，食事会ではともに平均食品残渣率は 15% 前後であり，会合の趣旨別に食品残渣率が大きく変化していることは確認できない．しかし，顧客別食品残渣率の分布を見ると，目的によって飲食行動が大きく異なることが確認できる．表 3.3.2 は，会合の趣旨別の食品残渣率の分布を示している．食事会利用の食品残渣率はほぼ 15% 以内に収まっているが，歓迎会および送別会は 0% から 35% 以上まで幅広く分布している．食事会は飲食自体が目的であるのに対して，歓迎会や送別会はコミュニケーションや相互交流が目的である．歓送迎会が利用目的の顧客は相互交流に時間を割いたため，相対的に飲食に多くの時間を割かなかったと推定される．

b：飲酒行動と食品残渣との関係

飲酒目的の場合は，飲酒を伴わない場合の約 1.5 倍の食品残渣が発生している．

飲酒を伴う場合はアルコールを消費する分，食事量が減ったものと推定される．また，飲酒はコミュニケーションを促進する効果があるため，顧客はコミュニケーションにより多くの時間を割いたと考えられる．

表 3.3.1　顧客の利用目的および顧客属性と食品残渣率

	顧客区分	区分	食品残渣率（%）		
			最大値	最小値	平均値
利用目的	会合の趣旨	歓迎会	35.2	5.3	14.6
		送別会	33.7	4.2	17.5
		食事会	16.9	0.4	13.2
	利用時間	昼	24.6	0.7	7.9
		夜	35.2	0.4	15.3
	飲酒目的	有	35.2	0.4	16.5
		無	24.6	0.7	9.3
顧客属性	世代	30 代	35.2	0.7	15.1
		40 代前半	22.7	0.4	12.2
		40 代後半	26.7	2.5	14.2
		50 代以降	24.6	1.4	11.6
	性別	男	33.7	0.4	15.9
		女	16.9	0.7	7.4

c：利用時間別と食品残渣との関係

夕食では昼食の約 2 倍の食品残渣が発生している．昼食の目的は食事そのものであるのに対し，夕食の目的は多様である．そのため，昼の残渣率は低くなったと考えられる．また，欧米と異なり，日本では昼食の時間帯は約 1 時間と比較的短い．日本の生活習慣上，昼以降も買い物やビジネスが控えているため，昼に飲酒を伴う食事を取ることは少ない．本調査においても，昼の飲み放題を伴う宴会は 0%，夜の飲み放題を伴う宴会は 70.3% であった．そのため，昼食の残渣率が小さかったと考えられる．

d：顧客の年代と食品残渣との関係

30 代までの平均残渣率が 15.1%，40 代前半が 12.2%，40 代後半が 14.2%，50 台以降が 11.6% であり，世代によって傾向に大きな相違があるわけではない．

e：性別と食品残渣の関係

男性顧客では女性顧客の約 2 倍の食品残渣が発生している．生理的には男性

表 3.3.2　顧客別食品残渣率の分布

食品残渣率(%)	会合の趣旨		
	歓迎会	食事会	送別会
35～	1		
30～35			1
25～30			1
20～25	2		1
15～20	1	1	4
10～15	1	4	3
5～10	4	3	1
0～5		5	1

の可食量は多いが，飲食店における飲食行動の場合は女性の方が良く食べるという結果である．

②利用目的と食品残渣率に関する仮説と商品設計

これらを総合的に勘案すると，顧客の飲食行動と食品残渣率の関係について，表 3.3.3 のような仮説を持つことができる．顧客の利用目的が飲食そのものに近いほど食品残渣率が低い．一方，顧客属性と食品残渣率については，女性の方が食品残渣率は小さいが，世代は食品残渣率と大きな関連性はない．

この仮説に立脚すると，従来外食産業が行ってきた顧客属性中心の商品設計ではなく，利用目的中心の商品設計を行う方が良いという結論になる．顧客は，利用目的に応じて商品を選択しているのではないが、利用目的は注文した商品の飲食方法に影響を及ぼす．例えば，ある商品の提供量が食事会目的の顧客にとっては少なく，歓迎会目的の顧客にとっては多いということが起こる．したがって，同じ商品であっても利用目的に応じて調整することが顧客満足（低残渣率）につながることになる．

③商品設計

外食産業は，商品の提供量を一律にするような商品設計ではなく，顧客の利用目的に応じて商品の可食量を調整できるような商品設計をすることが必要である．

表3.3.3　利用目的，顧客属性と食品残渣との関係

食品残渣率	低	<	高
会合の趣旨	食事目的	<	複数目的（会話，食事，など）
飲酒目的	無	<	有
飲食時間	昼	<	夜
世代	相関関係無し		
性別	女	<	男

以下に，商品設計のあり方について考察する．

表3.3.4に懐石料理の品目別食品残渣量（率）を示す．食品残渣率は，コース料理の前半では食が進むにつれて食欲が刺激されるために低い水準を維持するが，コースの進行にしたがい満腹感が生じ，次第に増加する．椀物以降の食品残渣率が高い水準を推移するが，それは，椀物で可食量である800gに達するためであると推定される．しかし，最後のデザートのみ食品残渣率が低い．一般にデザートは別腹といわれる飲食行動が低残渣率につながっていると推定される［3.10］．

この実態を踏まえ，より顧客満足の高い新たな商品設計を試みる．まず，顧客が可食量に達する椀物以降を以下のように変更することが考えられる．顧客が利用目的に応じて複数の飲食行動を選択できるように，コース料理に複数の選択肢を用意する．表3.3.5は，懐石料理の選択肢設計例である．商品提供量を一律にするような商品設計する場合，椀物で商品提供を止めるか，または個別品目の可食量を減じるという設計が考えられる．一方，顧客が飲食行動を選択するような商品設計を行う場合，椀物以降は「飲食を椀物で止め，寿司以降に相当する土産を持ち帰る」「デザートのみをその場で食べ，寿司および止め椀に相当する土産を持ち帰る」「すべてその場で飲食する」という選択肢から顧客が飲食行動を選択できるようにする．この方法により，食事とともにコミュニケーションをとるなどの多様な利用目的の顧客は，商品を食べ残す代わりに土産などの代替サービスの提供を受ける．一方，食事自体を利用目的とする顧客は，従来どおりの可食量の商品を飲食できるため，顧客満足が低下することはない．

表 3.3.4　品目別の食品残渣率

提供順	品目	提供量(g)	残渣量(g)	残渣率(%)
1	前菜	200	24.4	12.2
2	吸物	200	12.9	6.5
3	造り	100	7.7	7.7
4	中千代口	60	0.8	1.3
5	おしのぎ	50	2.4	4.7
6	台の物	100	11.4	11.4
7	揚物	40	5.4	13.4
8	椀物	120	18.8	15.7
9	寿司	115	17.6	15.3
10	止め椀	80	36.6	45.8
11	デザート	80	7.1	8.9
	合計	1,145	145	12.9

表 3.3.5　選択オプション設計例

	寿司	止め椀	デザート	土産
食事目的大	○	○	○	×
食事目的小	×	×	×	◎
デザート希望	×	×	○	○

3.3.3　外食チェーン店における POS データ分析例

本項では，日本料理を提供する外食チェーン店において取得された POS データの分析例を紹介する．最初のデータは，大阪地区の比較的規模の大きい日本料理店（約 200～300 席数規模）4 店舗における，2009 年 9 月のある 1 週間分の購買履歴情報を対象としたものである．この期間の来店者数は約 3,600 組，計 8,900 名，総注文数はドリンク類も含めて約 34,000 品であった．データには，従業員によるハンディ端末への入力により，来店日，来店時間，注文された商品，個数，価格に加え，来店客数，客層，接客場所，テーブル番号，チェックアウト時間などが記録された．客層については，顧客（1人または1グループ）の外見によって，従業員が約25種類の客層から適切な分類を判断し，入力した．例えば，「男性20代・30代」「男女混合40代，50代」「ファミリー（小学生）」「スーツ男性」「私服女性」などの選択肢が事前に用意されており，従業員はその中から最もふさわしいと思われるカテゴリを選んだ．この分類方法は探索的なもので，一部，重複もあることが問題であったが，今回の調査では，従業員がどのような属性として入力するかについても関心があったため，特段の制約は設けなかった．

分析を始めて最初に気付いたのは，メニュー数に対する注文回数の分布の極めて強いロングテール性であった．図3.3.1は，この期間に1度でも注文された約620品に関して，その注文数を注文数が多い順に左からプロットしたものである．

想像に難くないことだが，最も多く注文された商品は生ビールであり，2位の簡単なおつまみの約2倍の注文数であった．また，100回以上注文された商品は70品目ほどであったのに比べ，下位の200品以上は10回未満しか注文されていなかった．この情報に1品あたりの単価の情報を加え，累積の売上をプロットしたものを図3.3.2に示す．なお，ロングテール現象とは，Amazon.comのようなインターネット販売において，売上頻度によって商品を分類した場合，一般的に売れ筋商品の20%程度（つまり全商品数の20%）で売り上げ全体の80%を占めるような現象（パレートの法則）のことを指す．今回の場合，約30%で売り上げの約80%を占めており，ネット販売ほどではないものの，そのロングテール性に驚かされた．なぜなら，ネット販売のように商品が劣化せず，在庫コストも低い場合には良いが，外食産業においては，原材料の仕入れコストや廃棄ロス，調理のバリエーションのコストは大きく，あまり売れないメニューを置いておくことは生産性の低下につながるからである．一方で，食事やドリンクの選択肢が広がることは消費者にとっては大きな魅力でもある．メニューの品目は，消費者に十分な選択肢を与える必要があるとともに，外食産業の生産性の低下をもたらさない範囲にとどめることが必要である．このことは，「顧客の多様性と商品の多様性のマッチングを適切にとる，という問題を

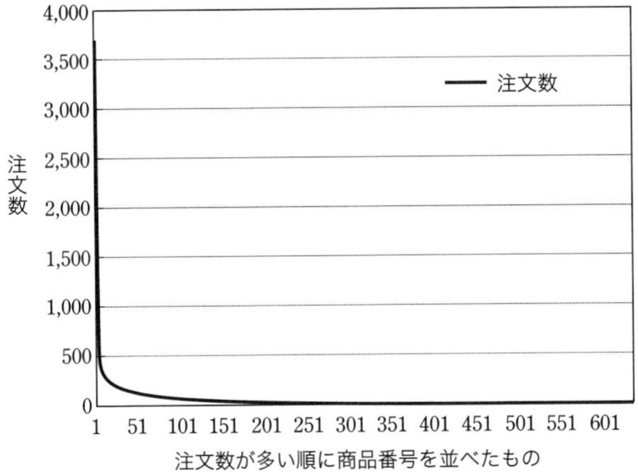

図 3.3.1 商品ごとの注文数

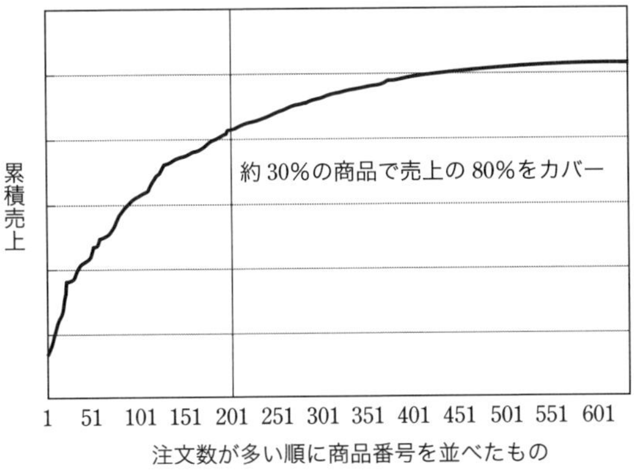

図 3.3.2 商品数に対する累積売上

解決すること」が必要であると言い換えることができる．この問題を理解するためには，どのような顧客がどのようなメニューを選択しているかという情報が必要となる．

(1) POS 分析を通してわかる全体的な飲食行動の傾向

この問題を考える前に，もう少し POS 分析を通してわかる全体的な飲食行動の傾向について紹介したい．飲食行動を考える上で一つの大きな側面は，来店時間や滞在時間といった時間的側面である．対象となった4店舗は，昼の11時から夜12時過ぎまで休みなく営業しているが，昼頃にはサラリーマンを中心とした非常に多くの顧客が来店し，夜には夕食や宴会，接待など様々な目的で多様な客層の顧客が訪れる．図3.3.3は全来店者のチェックアウト時間の分布を示している．

この図からは，昼食の12時台と夕食の20時台をピークとして，全体的には滑らかな分布が見られるが，先の客層ごとには随分と違う傾向が観察された．

例えば，スーツを着た男性は顕著に12時台にチェックアウトしており，夜は20時台と22時台にピークが現れる．一方，私服の男性や私服の女性は昼の13時台にピークがあり，14時台もかなり多いことがわかった．逆に夜には，それらの客層の顧客は，スーツの男性と比べて1時間ほど早い19時台から緩やかに分布していることがわかった．さらに，家族連れの顧客は15時台にチェックアウトが多いことも示された．もちろんこれらの結果は，職業を考慮すれば想像に難くないことではあるが，時間帯によって顧客が求めているサービスも異なる可能性があり，店舗のオペレーション上も重要な情報となり得るだろう．

飲食行動の時間的側面として，もう一つの情報は顧客の店舗内の滞在時間である．図3.3.4は，チェックイン時刻（最初の注文）からチェックアウト時刻までの時間（概ね滞在時間に相当）の全体の分布を示したものである．対象となった店舗は昼食時の来店が多いこともあり，全体的には20分〜30分の滞在時間をピークに，4時間を超えるような滞在まで徐々に減衰していることがわかる．

そこで，滞在時間が増えれば注文数が増え，結果的に支払金額が増えるのだろうかという素朴な疑問から，図3.3.5に示すような滞在時間と一人当たりの支払金額の分布をプロットし，線形，非線形の回帰分析を行った．分析の結果，3次の回帰曲線によるフィッティングが最も良い結果を示した．このことは，ある程度の時間（このデータでは3時間程度）を超えると，滞在時間と支払金額に相関がなくなることを示している．

この結果は，前述の可食量を考えれば納得できる結果であるが，今後，利用

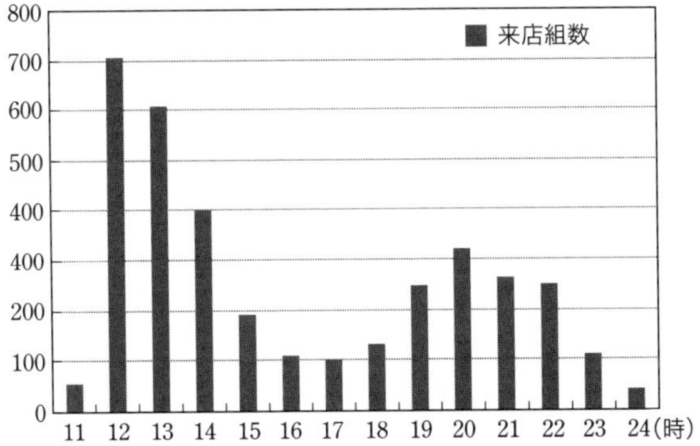

図 3.3.3 時間ごとの来店組数の平均

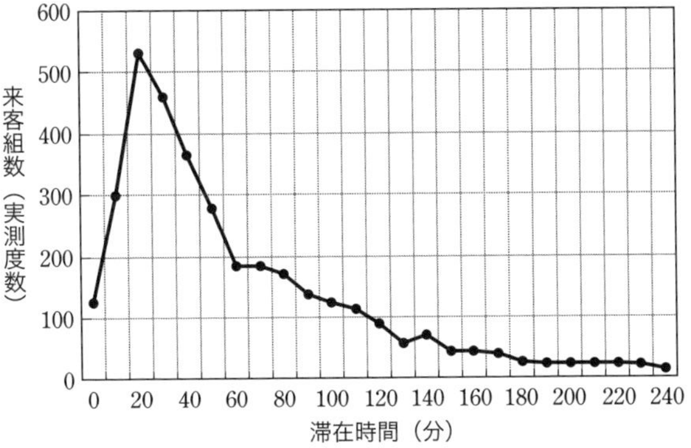

図 3.3.4 滞在時間の分布（最初の注文時からチェックアウトまでの時間）

目的や客層を考慮したさらなる分析が必要であろう．なぜならば，前半で示した残渣分析の結果のように，食事の目的によって食事の仕方が変化するため，顧客の注文行動の時系列的な分布を知ることによって，料理の提供間隔など顧客のニーズに合った提供方法の設計ができるからである．また，そうすることにより，顧客満足度を下げることなく客席の回転率や店舗内のオペレーションを改善できる方法が見つかる可能性がある．

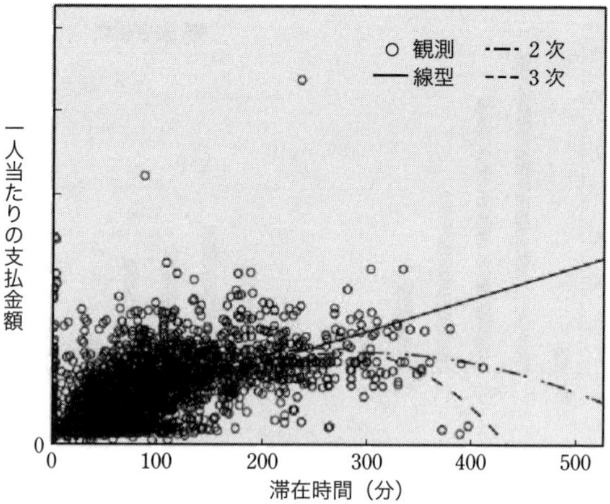

図 3.3.5 滞在時間に対する支払金額の分布

(2) どのような人がどのように商品を注文しているか

顧客の飲食行動を理解する上で大きな問題は，どのような人がどのように商品を注文しているかという問題である．冒頭に述べたように，現在，嗜好が多様化し，かつ性別や年代といった違いによる差が小さくなってきていることも指摘されており，メニューに対する嗜好を理解することは簡単ではない．この問題を理解するために，いくつかの分析を行った．

① 同時に注文される商品—あまり有効でない

例えばその一つの分析として，一組の顧客が一緒に頼む商品の組合せを発見する，バスケット分析と呼ばれる分析手法を適用した．この手法は，スーパーマーケットなど多くの商品が同時に購入される場合によく用いられ，例えば「白菜と牡蠣が共起するのは鍋を作るためだろう」などと，事後にその背景にある利用動機を推測するために行われる．しかしながら，この分析を日本料理店での商品に適応してみてもあまり面白い結果は得られなかった．その理由は，昼はほとんどの注文が単品であるため分析の対象にはならず，また，夜には飲酒を伴う注文に対していくつかのパターンが発見されるものの，その多くはビールと単品という組合せであったからである．ただし，ある小さなおつまみは，ビールとともに他の単価の高いおつまみとの共起確率も高く，このような特定の商品が他のおつまみやお酒への購買意欲を促進している可能性も示された.

② 客層と注文内容の関係―あまり有効でない

次に，客層ごとに注文される商品に違いがあるかどうかを検討した. このような分析の結果，一つには，女性と男性では人気商品が少しずつ異なることが示唆された. 例えば女性の場合，いろいろな小さな料理が盛りつけられた商品の人気が高かった. また，全体的に揚げ物の注文は少ないようであった. しかし一方で，ステーキのようなボリュームのある商品が女性に人気がないかというとそうでもなく，また，年代によって肉よりも魚が多く注文されるのではないかという先入観が必ずしも正しくないこともわかってきた. つまり，料理の嗜好は，年齢や性別といった簡単な属性からだけでは理解しにくい側面が多いということであろう.

③ メニューの提示方法と注文行動―関係あり

ところが，この分析結果を眺めているうちに，別の新たな注文行動の傾向が見えてきた. それは，顧客が手にするメニューの種類やメニュー内での商品の位置や写真の有無などが，実際の商品の売れ行きに大きく影響しているのではないかというものである. 例えば，対象となった店舗では，お昼の定食として30品目以上のメニューを提供しているが，ランチ用として1枚のメニューにピックアップされた商品がよく注文されていることが観察された.

(3) メニュー構成と商品選択行動の関係（クリティカルパラメータに関する仮説と検証）

この問題をより明らかにするために，メニューの構成と注文数の関係を調査することにした. ただし，ここまで対象とした本格的な日本料理店では，メニュー数が多く，メニューの構成も複雑であることから，新たにとんかつ料理を中心とする関西地区のチェーン店の5店舗を対象とした. また，B4サイズ1枚で提示されるメニュー（ランチメニューと通常のメニューを含む）の構成と注文数の変化を明らかにするため，ランチメニューの構成が変わった日を境に前後1か月間のデータを分析の対象とした. これらの店舗では，ランチメニューの他に通常のメニューもあり，全体で30品目程度の定食類を選ぶことができる．そのうちランチメニューとして掲載されている商品数は，変更前後で各十数品であった．その期間，注文された定食類の商品数は，両月ともに約13,000点であった．

① ランチメニュー変更前後の注文の比較

図3.3.6は，ランチメニュー変更前後における商品のランチメニュー上の位置の対応関係と，変更前の注文数の変化を模式的に示したものである．このようなレイアウトの問題を議論するとき，マーケティングの分野においては，古くから「Zの法則」と呼ばれる方法論が言及されてきた [3.11]．これは，紙媒体の広告を読むとき，視線の動きを追っていくと，左上から右上，左下から右下というようにZ型に注意が向くため，まず，一番薦めたい商品を左上に置くべきだというものである．視野の問題も含めて行動学的に検証できているかは別として，今回の調査に限っては，左上に配置された商品がよく注文されるという現象は一目瞭然だった．例えば，Aセットという商品は1番人気の商品で旧ランチメニューでは左上に配置されていたが，新ランチメニューでは中央上段に移されたところ，それまでの1か月と比べて注文数が前月比79％に減少した．逆に，定番の人気商品であるBとCは，新ランチメニューの左上に移ったところ，それぞれ前月比112％～123％に増加している．

② 写真の効果

次に，それよりも単純で劇的な現象は，そもそもこのランチメニューに写真とともに掲載されるかどうかによって注文数が激変することであった．例えば，GセットやJセットは旧ランチメニューには載っていたが，新ランチメニューには載っていない．しかしこれらの商品は，通常の大きなメニューブックには載っており，商品を注文できないわけではなかった．しかしながらその結果，なんと前月比でそれぞれ1％，2％の注文数に激減していた．逆に，Hの商品は新ランチメニューに掲載されることにより，前月比184％に注文数が伸びた．

その他，小さな変化ではあったが，Fの商品はメニュー上の位置はあまり変わらなかったものの，写真が少し変更され，アップされて料理が大きく写っていた．また，ポップ広告の位置も変更され，若干フォントサイズが大きくなっていた．ただし，写真全体の大きさはむしろ小さくなっている．果たして，こ

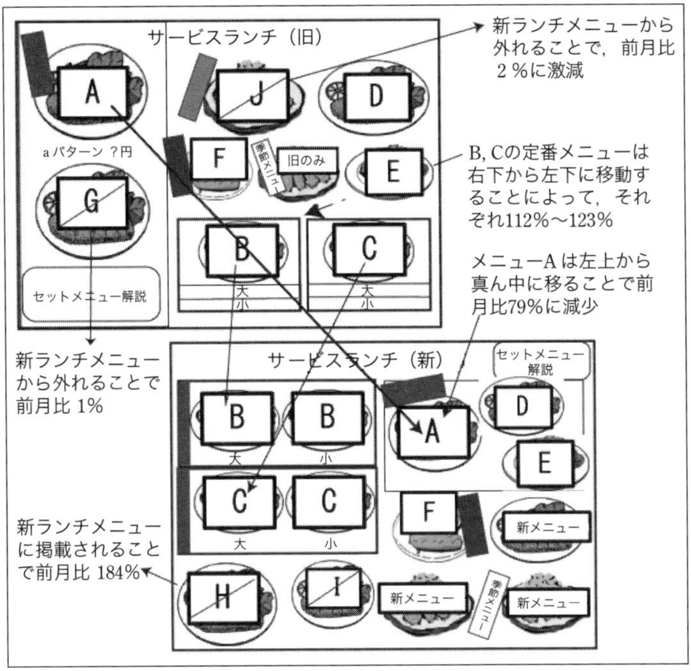

図 3.3.6 メニューの変更による注文数の変化

れらの影響かどうかはわからないが，結果的に 110％ に注文数が伸びたことも事実である．

(4) 本格的な CCE 調査に向けて

このように全体的な傾向としては，明らかにメニューの紙面構成と売上の間には大きな関係がありそうである．そしてこの結果は，多くの人のメニューからの注文品の選択行動に同様の変化があった可能性を示している．しかしながら，メニューからの注文品選択プロセスを理解するためには，さらに深い調査が必要だと考えている．

その理由の一つは，人間の限定合理性の問題にある．人は，自分に最もあった商品を時間をかけて探すというよりは，ある程度の許容範囲にあるものに出会ったとき，それ以上の新たな代替案の検索をせず，その商品を選択することがある．サイモンは，この現象を「満足化原理 (satisficing)」と呼んだ．振り返って日常生活を考えてみると，ランチメニューが30種類もある場合に，その中で優劣を判断し，最も自分の嗜好に合った商品を選択できたと思うことはあまりないだろう．同行者がいればもっと短絡的に，「私も同じものを」と注文することさえある．このような傾向を考えると，合理的な人間を想定してメニューからの注文品の選択行動を考えること自体に問題があることがわかる．したがって，人間の選択行動過程を理解するためには，「Zの法則」といった表面的な性質にとどまらず，選択肢の数とその中からの項目選択の時間的制約との関係など，様々な状況をより実験的な側面から研究する必要がある．さらには，ここまでは議論しなかったが，料理を選ぶときは多くの人が価格を意識している．すなわち，昼食はとにかく安いものが良いと思う人もいれば，ちょっとした贅沢を味わいたいときもあるだろう．このように，料理の価値には視覚的な価値もあれば，名称などによる言語的イメージの価値もあり，さらには経済的価値もある．これらをどのように統合していくかが，これからの課題であると考えている．

3.3.4　価値の学習

最後に，人間の飲食行動を理解する上で，さらに人間の本質的な問題として，価値の学習（ミームの構築）の問題が重要であると考えている．すなわち，あるサービスの価値はそのサービス単独の価値として認識されるわけではなく，他の同業他社のサービスに関して取得した情報や，過去に自分が受けたサービスの経験の中で価値判断がなされる．また，人間は困ったことに，どんな素晴らしいサービスでも学習を通して慣れてしまうのである．これは，外食サービスに限った問題ではないが，同じ服を何日も続けて着たくないのと同様に，同じ料理を食べ続ければ飽きてしまう．このような人間の学習の側面を理解することが，メニュー開発を含めたサービス設計に必要である．

そのためには，POSデータだけでは不十分である．個人のメニュー選択・飲食行動の背後にある経験，継続的な飲食行動パターンの理解など，多くの問題を明らかにしなければならない．今後のサービス産業における課題は，これら人間の学習の側面の理解に基づいて，価値設計・商品設計の在り方を進化させることである．一人十色という言葉に形容されるように，顧客は常に新たなサービスを受容し，価値基準を変化させていく．CCEは，サービス設計においてよりフレキシブルな顧客行動に対応し，満足につながる方法論として有効であろう．

3.3.2節では，食品残渣量を顧客満足を計測する指標と想定して，メニュー選択後の飲食行動を検討した．また，3.3.3節では，POSの分析により，メニュー提示の形態がメニュー選択行動に大きな影響を及ぼすことを示し，これをクリティカルパラメータとしたCCE調査の必要性を示した．今後さらに，顧客の飲食行動・メニュー注文を理解することによって，単に個々人にとってのサービスの価値を高めるだけでなく，外食産業全体の廃棄ロスを減らすなど，より良い社会を目指すことにつなげていきたい．

参考文献

[3.1] 日本フードサービス協会HP http://www.jfnet.or.jp/

[3.2] Chase, R. B., and Apte, U. M. "A history of research in service operations: What's the big idea?" Journal of Operations Management, 25 (2), 375-386, 2007

[3.3] Muller, C. C. "The business of restaurants: 2001 and beyond" International Journal of Hospitality Management, 18 (4), 401-413, 1999

[3.4] Shimmura, T., Takenaka, T., and Akamatsu, M. "Real-time process management system in a restaurant by sharing food order information" Proc. of International Conference of Soft Computing and Pattern Recognition, IEEE computer society, 703-706, 2009

[3.5] 日本NCR株式会社レジスター博物館 http://www.ncr.co.jp/library/register/index.html

[3.6] フィリップ・コトラー（著）恩蔵直人（翻訳）『コトラーのマーケティング・マネジメント・ミレニアム版』ピアソン・エデュケーション，2001

[3.7] 産経新聞　2009年12月15日「関西の暮らしと文化」，http://www.sankei-kansai.com/2009/115-018297

[3.8] キャドバリー・ジャパン株式会社と株式会社味香り戦略研究所による「味覚の刺激嗜好性」調査，2009年9月実施，http://www.cadbury.jp/release/2203.html

［3.9］　石垣司・本村陽一・陳希「大規模データと認知構造を導入した消費者行動モデルについて」電子情報通信学会技術研究報告，108（480），319-324，2009
［3.10］　山本隆「別腹は本当にあるのか？　脳のしくみから別腹を解明する」おいしさの科学，Oishisa journal，食品研究社，6，35-43，2008
［3.11］　清水均『フードサービス攻めのメニュー戦略』商業界，2007

第4章

輸送サービス

4.1 駅内での移動行動

4.1.1 目的地移動に関する認知行動過程（CCE-2：クリティカルパラメータの決定）

本節では，日常行動として「目的としているところに移動すること」を取り上げよう．「移動」といっても様々な場面が考えられる．自分の体を実際に動かして今いる場所から目的としている場所に移動する場合や，道具を使って，例えば車を運転して目的地に移動する場合がある．これらは物理空間内の移動である．一方，体を動かさない移動もある．Web サイトを訪れて目的としているページに移動する場合，券売機で切符が発券された状態に遷移させる場合などである．これは，情報空間・状態空間内の移動である．このように考えると，日常行動の中で移動行動は非常に多くの局面で実行されていることが想像できるだろう．

では，移動行動がどのように実行されるのかということに，どのようなことが影響を及ぼしているのだろうか．移動行動のクリティカルパラメータを検討することを通じて，移動行動を理解していこう．移動行動のクリティカルパラメータは「どういう場合に目的地に到達できず迷う可能性があるか」という失敗事例を考えることによって，あたりをつけることができる．まず，目的地への到達方法がわからないと迷う可能性がある．到達方法のわかり方は種々ある．過去に，同じ出発地から目的地へ行った経験がある場合には，その経験を思い出すことにより到達方法がわかる．あるいは，あらかじめ地図で調べて情報を入手してそれを記憶から引き出す，印刷しておいた地図を持参して現在地と目的地を確認することによって到達方法がわかる，誰かに行き方を教えてもらって一時記憶し，それを引き出すことによって目的地への経路を進む，などがある．これらは，行動を起こすときに作業記憶に置かれる知識である．これがない場合でも，偶然に目的地に到達できる場合があるかもしれないが，多くの場合，ほとんど不可能だろう．ここで，移動行動のクリティカルパラメータの一つとして，**目的地への経路に関する事前知識**をあげることができる．ただし，知識があるからといってその知識が確実に利用できるわけではない．知識を格納している記憶は自律システムだからだ．作業記憶に置かれたオブジェクトが記憶検索（知識検索）の手がかりとなり，必要な知識が利用できるようになる．

行動を起こす前に，目的地到達に必要な知識が利用できるようになっていない場合は，進路上（必ずしも目的地につながっているかどうかはわからない）で得られる情報を利用して次に進むべき経路を選択しながら目的地を目指して進むことになる．たとえ，目的地到達に必要な情報が経路上に配置されていたとしても，種々雑多の情報の中から目的到達に必要な情報に注意を向け，情報を適切に理解し，正しい経路選択を行わない限り，迷わずに目的地に到達することはできない．迷った後に振り返ると，あるいは同じ経路を行ってみると，確かに案内表示があったという経験があるのではないだろうか．経路上に掲示されていたからといって，それが確実に有効に利用されることにはならない．そこで，もう一つの移動行動のクリティカルパラメータとして，**移動中に適切に必要な情報に注意を向け理解する能力**をあげることができる．

初めて訪れた駅（以下ではJR東京駅を例として説明する）でトイレに行きたくなった場合を想定し，さらに検討を進めよう．案内表示があちこちに掲示されているので，それを見ながら行くことにしたとする．図4.1.1は，JR東京駅中央コンコースに掲示されている案内表示である．さて，手前から歩いてきて，どちらの方向に行くと判断するだろうか．トイレを示すピクトグラムは容易に認識できるが，トイレが左右のどちらにあるのか，あるいはさらに先にあるのかは，瞬時には判断できないだろう．しかし，よく観察するとこの表示の

図 4.1.1　案内表示の例（JR 東京駅中央コンコース）

意味しているところを理解でき，右方向に行けばよいことがわかる．

読者の中には，なぜ，右方向が正しいのか，すぐにはわからない人もいるかもしれない．実は，「化粧室」という文字と「1・2」「中央線」という文字の間の細い縦線（仕切り線）が，左右の方向を分けている．仕切り線の右側の領域に表示されている路線や施設などは右方向にあり，仕切り線の左側の領域に表示されているものは左方向にある，という規則に従って目的地のある方向を表示している．案内表示の読み方に関する知識が備わっていて，かつそれが利用できるようになっていれば，この複雑な表示を読み解き，「トイレに行く」という目標を達成するために必要な行動として「右方向に行く」を選択することができる．しかし，人混みの中を他人にぶつからないようにして進んでいる場合には，この表示を読み解くことに十分な認知資源を割り当てられない可能性がある．案内表示から得られる視覚情報が十分に符号化される前に，案内表示を通過してしまうことも考えられる．

また，読み解くという認知的な処理を行うには，上述したように「トイレに行く」という目標が作業記憶に置かれていなければならない．目標の活性が低下してしまうと，たとえ案内表示が正しく「トイレは右方向にある」と作業記憶内で表現されたとしても，「右方向に行く」という行動の選択には至らない．このように，「トイレに行く」という目標が作業記憶に置かれていて活性が高いことが正しい行動を選択するための必要条件であるが，日常の実環境中で行動しているときは，必ずしもそれが常に満たされているというわけではない．多くの場合，「トイレに行く」という目標は，駅を利用しているときの主目標ではない．東京駅から東海道山陽新幹線に乗る，のぞみ○○号に乗る，番線を確認する，乗車券・特急券を自動改札機に通すなど，多くの行動目標が存在し，作業記憶に置かれるのを待っている．いいかえれば，駅での行動中はいずれの目標もスタンバイ状態にある．これらの目標の中の一つに「トイレに行く」がある．目標は，復誦することで作業記憶内にとどめることができる．あるいは，環境からの刺激の表象が作業記憶に形成されることにより活性を獲得し，作業記憶に置かれる場合がある．活性が弱い場合には，たとえ図4.1.1の案内表示の中のトイレのピクトグラムが視野に入った（網膜上に結像した）としても，そこに注意が向かない限りその表象は生じず，作業記憶内に存在する「トイレに行く」という目標とのリンクを構築できず，その結果「トイレに行く」という目標を達成するための行動が選択されないことになる．

以上に説明してきたことをまとめると，「右方向に行く」という行動が選択されるときの心的過程は以下のようになる．

① 「トイレに行く」という目標が作業記憶に置かれている．
② トイレのピクトグラムに注意が向き，作業記憶内にその表象を得る．
③ 「|」に注意が向き，作業記憶内にその表象を得る．
④ 「→」に注意が向き，作業記憶内にその表象を得る．
⑤ 案内表示のシンタックスを知っている（長期記憶に存在し，この場合は「「|」と「→」に挟まれたオブジェクトは右側方向にある」という規則に対応する）
⑥ 案内表示のセマンティクスを知っている（長期記憶に存在し，この場合は「トイレのピクトグラムをラベルにもつオブジェクトはトイレである」という宣言的知識に対応する）
⑦ 案内表示のシンタックスを記憶から呼び出し，作業記憶に置き，それを利用して案内表示の内容を理解し，「右方向に行く」という行動を選択する．なお，ここでは次の手続き的知識が長期記憶から検索され，適用される．『「目標が○○に行く」であるとき，「○○は□□にある」ことがわかったならば，「□□に行く」という行動を選択する』

以上から，目標の管理を行うプランニング機能（①），注意機能（②，③，④），作業記憶機能（⑦），駅に関する知識・経験（駅のメンタルモデル）（⑤，⑥）が，案内表示を利用して駅内で行動するために必須な認知機能であることがわかる．これらが，移動行動のクリティカルパラメータである．

4.1.2 調査の概要

案内表示が駅構内の目的地に行くことにうまく利用されない場合がある．このことが「駅の案内表示がわかりにくい」という苦情につながっている．たしかに，現状の駅の案内表示を観察してみると，「見える」位置に「読めばわかる」ように掲示されてはいる．案内表示の前に立ち止まり，目標を作業記憶に置き，時間をかけて案内表示の内容を読み取れば，正しく理解できるとは考えられる．しかし，実時間制約のもとで実行されている人間の認知行動の仕組みを考えれば，そのような状況はあり得ず，現在の案内表示では所与の目的を十分に達成できないことは明らかである．

しかし，現状の固定の案内表示でも完全に機能していないわけではない．どういう場合に機能しなくなるのだろうか．駅での案内情報をどのように提供すべきかを決めるための堅実な方法は，現在の案内表示がどのように利用されているのかを現場で理解し，機能している点と機能していない点を見極め，解決策を考案することである．以下では，案内表示がどのように利用されているのかを，上述の認知機能（プランニング機能，注意機能，作業記憶機能，知識）の視点から実施したCCE調査について説明する*1．この調査では行動選択に関わる認知機能に着目し，その能力の優劣に基づくスクリーニングによりエリートモニタを選定し，実際のタスクを実フィールドで実施する過程を記録し，直後にインタビューを行い，行動選択の仕組みの理解を行った．

案内表示を利用して適切に行動するためには，「プランニング機能」「注意機能」「作業記憶機能」が適切に働かなければならない．また，「知識」の有無が行動の結果に影響するはずである．そこで我々は，調査対象者の属性としてこれらの認知機能の働きを想定し，認知機能の働きの高低が案内表示の利用にどのように影響するかを調査することにした．

*1 本調査は，東日本旅客鉄道株式会社と産業技術総合研究所の共同研究「駅のユーザビリティに関する調査研究」（平成15年度）「駅のユーザビリティ評価手法に関する調査研究」（平成16年度）のもとで実施された．

```
                    ┌──────────────┐
                    │  高齢者プール  │
                    └──────┬───────┘
                         168│
                    ┌──────▼───────┐
                    │  スクリーニング  │
                    │AIST式認知的加齢特性検査│
                    └┬────┬────┬───┬┘
                  39│  14│  15│   │8
           ┌────────▼┐┌──▼──┐┌─▼──────┐┌──▼───┐
           │プランニング機能││注意機能││作業記憶機能││高得点群│
           │  低下群  ││低下群││ 低下群  ││      │
           └────┬────┘└──┬──┘└───┬────┘└──┬───┘
              3 │     3 │     3 │     3 │
           ┌────▼───────▼───────▼────────▼────┐
           │駅における行動調査（秋葉原駅(4),大宮駅(4),巣鴨駅(4)）│
           └─────────────────┬────────────────┘
                    ┌────────▼─────────┐
                    │認知機能の低下と行動の関係を分析│
                    └──────────────────┘
```

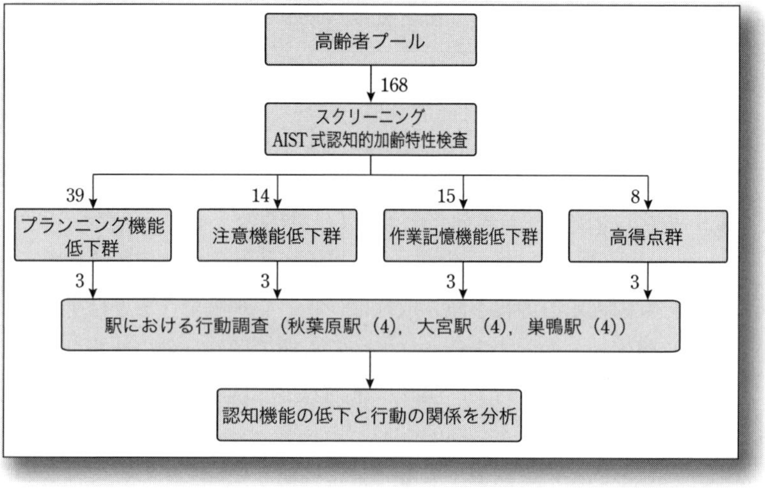

図4.1.2 調査の流れ

調査は2回実施された．第1回目の調査（平成15年度に実施）では，「プランニング機能」「注意機能」「作業記憶機能」の三つの認知機能と行動選択の関係に着目した．第2回目の調査（平成16年度に実施）では，「知識」も含めた．図4.1.2は，第1回目の調査の流れを示している．調査は2段階からなっている．第1段階目は，認知機能の働きの異なる調査対象者を選定するためのスクリーニングである．第2段階目は，実地調査である．選定されたエリートモニタに，実際に駅に行って案内表示を利用してJRの駅で行動してもらい，その過程を記録した．そして，直後にその記録を利用したインタビューを行った．

4.1.3 認知特性の異なるモニタを選定する（CCE-3：エリートモニタの選定）

第1段階目のスクリーニング調査では，首都圏のシルバー人材センターに登録している168名に対して産総研式認知的加齢特性検査を実施し，認知機能の働きを調べた．各認知機能の働きを調べる問題に対する得点の分布をもとに，当該認知機能の低下している者（下位25%以内），優れている者（上位25%以内）を特定した．

第2段階目のJRの駅での行動調査では，認知機能の働きの違いが行動にどのように現れるのかを調べた．第1回目の調査では「3機能のうち1機能のみが低下している者」，その対照群として「すべての機能が優れている者」を調査対象者とした．図4.1.2に示すように，168名中プランニング機能のみが低下している者は39名（プランニング機能低下群），注意機能のみが低下している者は14名（注意機能低下群），作業記憶機能のみが低下している者は15名（作業記憶機能低下群），すべての機能が優れていた者は8名（高得点群）であった．これらの認知的機能において特徴のある群（4群）の各群から3名をエリートモニタとして選抜し，合計12名がJRの駅での行動調査に参加した．

4.1.4 駅内移動行動の記録とインタビュー（CCE-4：現場での行動観察，CCE-5：表現空間の定義）

各群のモニタには，駅で実際に行われそうな課題を実行してもらった．対象とした駅は，秋葉原駅，大宮駅，巣鴨駅（いずれもJR東日本の駅の部分）である．各駅では乗り換えを主課題として，その間にコインロッカー，トイレ，公衆電話などの駅施設を利用することを副課題とし，これらを実行する様子を観察・記録した．

各駅での課題は以下の通りであった．

秋葉原駅：山手・京浜東北線1・2番線から総武緩行線5番線に乗り換えて新宿駅へ向かう．その間にトイレと電話を利用する．

大宮駅：東口から駅に入り，埼京線を利用して池袋駅へ向かう．その間にコインロッカー，トイレを利用する．また，乗車券を購入する．

巣鴨駅：ホームからとげぬき地蔵へ向かう．その間にエレベータとコインロッカーを利用する．アーケードから巣鴨駅に行き，目白駅へ向かう．その間にコインロッカー，トイレを利用する．また，乗車券を購入する．

モニタは，与えられた課題を自分のペースで実行する．他人の助けを求めて

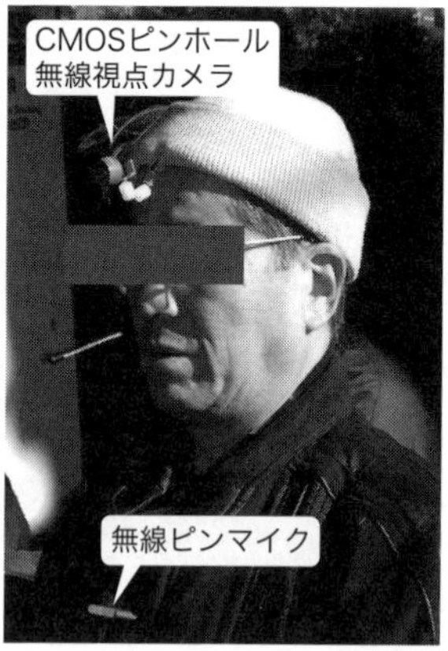

図 4.1.3　調査の様子（モニタの装備）

はならない．これは，モニタが日常的に行っていることとは違うかもしれないが，「日常的に案内表示をどのように使っているか」が問題なのではなく，「案内表示を利用しなければならない局面におかれたときに何が起きるのか（案内表示を利用しないということも含めて）」を見たいので，その点からは適切な設定となっている．

図 4.1.3 にモニタの装備を示した．モニタには帽子をかぶってもらい，親指の先程度の大きさの CMOS ワイヤレスカメラ（視点カメラ）を額のあたりに装着してもらった．また，上着の胸のあたりにワイヤレスマイクを装着してもらった．さらに，これらの駆動のためのバッテリーを収納したウェストポーチを装着してもらった．これらにより，モニタが課題遂行中にどの方向を見ていたのか，何を発話したのかが記録できる．図 4.1.4 に，駅内での行動の記録の様子を示した．行動記録クルーは 3 名であった．右から，モニタの後方からモニタ自身と周囲の状況を CCD 全景カメラにより記録する者，モニタの装着したワイヤレスカメラ，ワイヤレスマイクの信号を受信し記録する者，調査が滞りなく進行するように調整を行う者（モデレータ）である．なお，モニタは帽子，カメラ，マイク，バッテリーを収納したウェストポーチを装着したが，外見的に違和感はなく，また，重量的にも行動に支障をきたすものではなかった．こ

図 4.1.4　調査の様子（モニタの行動の記録）

図 4.1.5　調査の様子（モニタへのインタビュー）

のようにして，自然な課題を自然に遂行する様子を記録した．

課題は 15 分～30 分で完了した．モニタには課題終了直後，駅に隣接する調査会場に来てもらい，課題遂行過程を記録した視点カメラ映像，全景カメラ映像を再生して，モニタが示した特徴的な行動についてインタビューを行った．その様子を図 4.1.5 に示す．

インタビューでは，モニタがとった行動の背景を聞き出した．このとき，映像記録を再生する．インタビューでは，モニタがとった行動をその行動の文脈の中で理解し，また，そのモニタが過去に同じような状況のときにどのような行動をしていたのかを聞き出し，その行動の理解を深めることを行った．モニタがとった行動の記録を利用してその行動の記憶を発掘したり，過去の同様な記憶の発掘をすることになる．

例を紹介しよう．図 4.1.6 は秋葉原駅での行動の一部を示している．左側は視点カメラの映像，右側は全景カメラの映像である．インタビュアーはモニタとともにこれらの行動記録映像を再生しながら，そのときの行動の目標を，また，案内表示を参照した場合にはその動機，参照しようとしたもの，その結果を聞き出し，駅での移動行動と案内表示利用の関係を記述した．図 4.1.6 は秋葉原駅での課題を開始した直後の連続する三つのシーンであり，これらのシーンを使ってインタビューをすることにより，モニタの行動を適切に記述することができた．このモニタは 30 年前，通勤で秋葉原駅を利用していた．そして，階段を間違えるとホームも間違えることを知っていた．

図 4.1.6 のシーンでは，モニタは「総武線新宿方面ホームで電話とトイレを探す」ことを目標として行動をしていた（インタビューによる）．この目標を達成するためにモニタのとった行動は以下の通りであった．まず，(b) では階段足元の案内を参照し，この階段が総武線千葉方面のホームに行く階段であることを確認した．階段足元案内を確認したということは，その行動の直前の足元を見ながら歩いている映像（図 4.1.6 (a)）から続けて見るとよくわかる．そして，さらに進み，次の階段入り口のホーム歩行面上の案内「新宿方面のりば」（図 4.1.6 (c)）を確認し，その階段を上った．

もう一つの例を説明しよう．駅は大宮駅である．このモニタは，大宮駅を 20 年前に東武線の乗り換えで利用していた．図 4.1.7 のシーンでは，コンコース入口前で立ち止まり，つり下げ案内表示をじっくり見ながら「どんな案内表示だろう」と発話した．このシーンを再生しながら聞き出したところ，このときこのモニタは「トイレを探す」という目標を設定していたことがわかった．このつり下げ案内にトイレは表示されており，モニタの視点カメラにもそれが映っていた．しかし，このモニタはそれを認識することなく，「トイレを探す」という目標の達成に向けて何も進展がなかった．

(a)

(b)

(c)

図 4.1.6　秋葉原駅での行動記録（左：視点カメラ映像，右：全景カメラ映像）

図 4.1.7　大宮駅での行動記録（左：視点カメラ映像，右：全景カメラ映像）

4.1.5　認知行動過程をもとにモデル化する（CCE-6：行動の表現）

(1)　分析フォーム

モニタが達成すべき課題は，課題を実施する場所を見つけ出す探査行動が主たる認知行動課題であった．そこで，収集されたビデオ記録，インタビュー結果を総合的に考慮して，探査行動を単位として一連の行動をセグメント化した．さらに，認知行動を特徴付ける五つの項目（目標，観察された移動・振るまい，動機・検索対象，参照した案内板・表示板等，参照の属性（情報取得・確認））を用いて詳細に記述した．図 4.1.8 は，この調査のために作成した分析結果記述フォームである．このフォームは，通常のブラウザで閲覧できる．一つの行動の単位である「観察された移動・振る舞い」に対応する目線カメラ映像，全景カメラ映像を再生することができる．

図 4.1.8 の映像は，同図にリスト表示されている最上段の行動を再生したときのスナップショットであり，そのときのモニタの認知行動状態は以下のように分析されている．

探査行動：とげぬき地蔵方面に出口を探す．

移動・振るまい：改札を通過し，構内を歩行．

発話（動機・検索対象など）：ホームで見た名所案内で「北口」は記憶にあっ

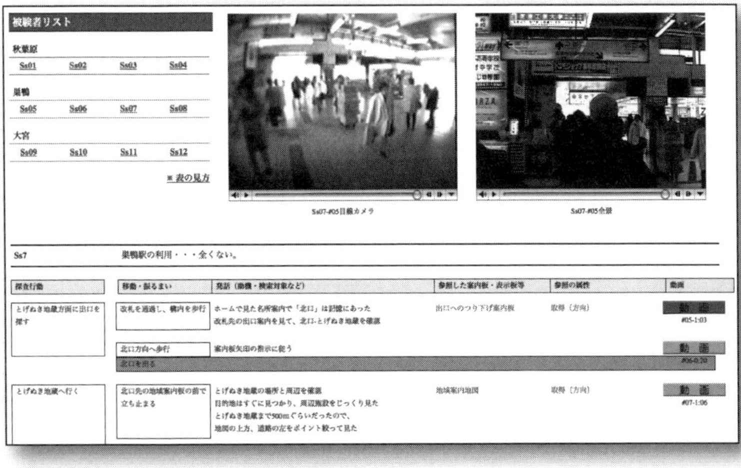

図 4.1.8　行動調査結果の分析に用いたフォーム

た．改札先の出口案内を見て，北口-とげぬき地蔵を確認．

参照した案内板・表示板等：出口へのつり下げ案内板．

参照の属性：取得（方向）．

表 4.1.1 は，大宮駅で高得点を示したモニタ群の行動を書き起こした結果を示している．行動目標が「トイレ・ロッカーを探す」「改札と券売エリアを探す」「トイレ・ロッカーを探す」「トイレを探す」「電車に乗る」というように行動の進行に合わせて適切に設定され，また，その時々の目標を達成するための行動が適切に実行されていたことが読み取れる．発話（動機・検索対象など）の欄に記載されていることを見ると，このモニタは非常に効率よく情報探索を行っていることがわかる．プランニング機能，注意機能，作業記憶機能のいずれも高い能力を有していることがこのような行動に現れている．

(2)　分析結果

平成 16 年度には，モニタの選定条件を変更した第 2 回目の調査を，1 回目の

表 4.1.1　完全なフォーム（大宮駅のモニタ：40 年前に利用．ほとんど当時のことは憶えていない．）

探査行動	移動・振るまい	発話（動機・検索対象など）	参照した案内板・表示板等	参照の属性
	スタート			
トイレ・ロッカーを探す	階段上がり，左右見回しながら歩行	入口に総合案内があると思ったが，なさそうだった		
	周囲を見回しながら改札方向へ歩行	まずは，駅が全体がどうなっているのか，表示（トイレ，ロッカー）を探しながら，駅構内探索		
改札と券売エリアを探す	階南口改札方向へ歩行			
	券売機の前で立ち止まる	「池袋」までいくらかを確認		
トイレ・ロッカーを探す	左右見ながら西口方面へ歩行	両端のトイレ，ロッカーの表示板を探していた．トイレ，ロッカーへの案内板も探していた		
	西口階段前で立ち止まる	左と右の様子を確認，西口改札に気付く		
	右側へ歩行	トイレとコインロッカーの案内表示を見つける	つり下げ案内板	取得（施設）
	左右見ながら矢印に従って歩行	通路の左右か，通路の突き当たりにあるイメージ．コインロッカーが見つかる		
	ロッカーを利用			
トイレを探す	左右見ながら矢印に従って歩行	「壁から出ているトイレ表示」を探した．若干上を見ていた．つり下げのトイレ表示板が見えた	つり下げのトイレ表示板	取得（施設）
	トイレの前で立ち止まる	女性用がどっちか迷った．男性が出てきたので，その逆だと思った		
	トイレを利用			
電車に乗る	西口方面へ歩行	来るときに西口改札を確認したので，そこに向かった		
	乗車券購入			
	改札を通過			
	左方向へ歩行	電光掲示板を見た．「埼京線・川越線」の緑の看板を見たが，もっと奥？	電光掲示板電光掲示板の裏に貼られたステッカー	取得失敗（階段口）
	階段口で立ち止まる	奥と思ったら，階段口のつり下げ案内が目に入った．通路の先を見渡し，案内板の「新宿」方面と下矢印を見て，この階段を降りるんだなぁと思った	つり下げ案内板	取得（階段口）
	埼京線の階段を降り，中間フロアで立ち止まる	階段口のつり下げ案内板を確認．どちらの階段を降りるのか電光掲示板で時間，行き先番線を調べる	階段口のつり下げ看板中間フロアの電光掲示板	確認（番線） 取得（方面）
	19-20 の階段（手前側）を降りる	時間がないので階段の番号を見て降りる	階段番号	確認（番線）
	19 ホーム側の乗車位置につく	停車中の電車の行き先は確認していない		
	電車に乗る			

調査と同様の方法で行った．2回目の調査では，一つの認知機能のみが低下していない「プランニング機能のみ優位群」「注意機能のみ優位群」「作業記憶機能のみ優位群」を選抜し，さらに，駅の利用経験の有無，すなわち東京駅の利用経験はあるが渋谷駅の利用経験はない，逆に，東京駅の利用経験はないが渋谷駅の利用経験はある，どちらの駅の利用経験もない，という駅利用経験に関する条件を加えてモニタ群を設定し，知識（メンタルモデル）の有無と認知機能の低下が案内表示を利用した駅内移動行動に及ぼす影響を調べた．

2年間にわたって実施した調査の結果の概略は以下のとおりである（詳細な結果は文献［4.1］［4.2］を参照のこと）．

行動の特徴は，着目した三つの認知機能のうちプランニング機能，注意機能の二つの機能の高低の組合せで最もよく理解できる．作業記憶機能が低下すると高得点群に比べて全体的にパフォーマンスは落ちるが，案内表示による誘導行動においては重篤な問題は生じていない．

認知能力，メンタルモデル，行動特性の関連について，以下の結論を導き出すことができた．

プランニング機能，注意機能のいずれかがある場合：作業記憶機能の有無は，今回調査に用いた課題においては顕著には行動に影響しない．

プランニング機能がある場合：メンタルモデルの有無に関わらず，目的に応じて適切な目標や下位目標を設定し，状況の変化に応じてそれらを適切に更新して問題解決を行っている．注意機能がある場合には，その影響も受ける．

注意機能はあるがプランニング機能がない場合：メンタルモデルがあるときには表示を見ない．一般的なメンタルモデルがあっても状況に合致するメンタルモデルがないときには，何を見つけるべきかが定かでなく，不要な情報を取得するのみで，課題達成のための情報取得を行わない．その結果，迷うことになる．

プランニング機能も注意機能もない場合：目標の設定があいまいであり，情報取得が十分になされない．その結果，迷うことになる．

4.1.6　認知機能低下に対応した行動誘導

以上に説明したCCE調査により，クリティカルパラメータと移動行動の関係が理解できた．この結果を踏まえると，各認知機能低下に対応した案内表示による行動誘導向上策を導き出すことができる．

以下にその一例を示す．

プランニング機能のある場合：この場合にはタスクの分解をどのように行うかを調査し，駅のインタフェースがタスク表現に合致した案内を表示していることを確認する必要がある．例えば東京駅では，八重洲中央口に行く場合に新幹線がゴールに設定される場合が多い．そこで，新幹線の位置を示す案内があるとよい．現在位置と目的地の関係を理解することにより，行動プランを容易に立てられるようになる．

注意機能のある場合：この場合には，どのようなメンタルモデルを持ち込むのかを調査し，駅インタフェースがそれをサポートすることを確認する必要がある．例えば，注意機能のある調査対象者の一人は，埼京線渋谷駅にいるときに山手線渋谷駅のメンタルモデルを持ち込んでいた．埼京線渋谷駅と山手線渋谷駅が違うことがわかるような案内表示を行い，位置関係を明確に表示することにより既有のメンタルモデルが有効に使えるようになり，問題状況の発生が回避される．

プランニングを容易にすることや，おかれた状況と既有のメンタルモデルとを結び付けて適切に状況把握をすることは，駅の案内表示による誘導サービス向上に有効であろう．いずれの場合でも，現在位置とゴールの関連を正しく理解することが必要である．しかし現在の案内システムでは，それが十分に達成できていないようである．現在位置を中心にして平面的にゴールの位置を表示することにより，移動が支援されると考えられる．

4.2　車中での運転支援行動

4.2.1　情報提供による運転満足度の向上（CCE-1：調査現場の決定）

本節では，自動車を運転しているときにドライバーに提供する運転支援情報について考える．自動車運転の第一義的な目的は，安全に目的地に移動することである．交通規則を守り，自車の周囲の状況に応じて適切な運転操作を行い，目的地への経路を安全に運転する，危険を避け安全な運転をする，目的地に到達するために経路に従って進行する．これらが自動車運転の重要な要素である．情報技術が発達する以前は，ドライバーが助手席者を伴わないで一人で運転している場合，安全運転，経路・進路の選択はドライバー自身の判断で行わなければならなかった．前節では駅内の移動行動を取り上げたが，自動車の方が進む速度が格段に速いので，道路上の案内表示の読み取りを駅内で案内表示を読むよりも素早く行わなければならないという点において違いがある．しかし，環境情報や知識を利用して進路を選択しながら進むという点においては，本質的に同じである．

最近では情報技術の進歩に伴い，テレマティクス技術などを活用したドライバーへの情報提供システムが開発されてきている．これらのシステムの狙いは，情報を提供することによってドライバーの運転満足度を高めるということである．単に，安全かつ迷わずに目的地に到着することを支援する情報を提供するばかりでなく，様々な情報，例えば経路上のレストランの情報や目的地の天気など，運転に直接関わるわけではないが，広い意味での「トリップ」に関連する情報も提供し，目的地に到達するまでの間の時間を満足度の高いものにしようというのである．

今後はセンシング技術やITS技術の発達により，ドライバーの状態や道路状況などの多様なデータの取得が可能となるだろう．これらが実現されれば，必要な情報を自動的に提供して運転満足度を高めるという機能への発展が期待できる．しかしながら，それらの取得データを運転者にとって有用な情報に加工し，適切なタイミング，ドライバーの望む表現で提供する方法はまだ確立されていないのが現状である．その原因は，ドライバーが本当に必要としている情報が何であるか，また，どのようなタイミングや表現で情報を求めているかということに対する理解が不足していることにある．また，ドライバーの情報ニーズは多様であり，同一の内容を伝達する場合でもドライバーごとに好まれるタイミングや表現方法は異なるだろう．さらに，同じ運転者であっても，状況によって提供された情報を必要に感じたり不必要に感じたりすることがある．このようなことが正しく考慮されていない情報提供は，ドライバーにとって運転満足度の向上に寄与しないと考えられる．

4.2.2　どのような情報は運転支援情報になり得るか（CCE-2：クリティカルパラメータの決定）

ここで，運転満足度の向上に貢献する情報の要件を考えてみよう．情報は自車の内部において提供されるものに限定する．経路上の情報や他車からの情報は考慮しない．

ドライバーの主タスクの一つは，安全な運転操作である．時々刻々と変わる状況に適切に対応しながら運転操作を行い，安全な走行を維持しなければならない．ここでは，「適切な状況把握」「適切な運転操作の選択」「適切な実行」が必要である．これを行うための必要条件の一つは，安全運転のための操作を実行しているときに作業記憶に余裕があり，状況把握，運転操作選択，実行の流れがスムーズに行われることである．従って，「安全運転のための操作実行中の作業記憶の負荷を低減させるような情報提供」は，運転満足度の向上につながるはずである．

ドライバーのもう一つの主タスクは，目的地に迷わずに到達することである．熟知している地域，熟知した経路を走行しているのであれば，どこで曲がるのか，どの車線を走行するのかというような走行経路に関する情報を提供することは不要だろう．土地勘のあるドライバーは事前に走行経路を計画し，それに基づいて走行するからだ．しかし，たとえ土地勘があったとしても計画を変更する必要があることを示唆するような情報，例えば渋滞情報や工事，イベントなどによる交通規制に関する情報は，これらのドライバーにとっても有用だろう．迂回した方がいいかどうかを判断するのに役立つ情報，どのように迂回するかを指示するような情報は効果的である．計画の変更の決定や計画の実際の変更には，ドライバーの持っている知識と提供される情報が嚙み合なければならない．そうしたときには，作業記憶に負荷をかけずに行動選択ができる．嚙み合わない情報が提供されると，情報を理解するために知識を活性化する必要があり，そのために作業記憶が使われ，安全運転に影響を及ぼす可能性がある．ドライバーがその地域に不案内な場合には，経路に関する情報を提供することにより目的地への移動が達成されるので，経路情報の提供は効果的だろう．ここでも，土地勘のあるドライバーの場合と同様に，ドライバーの持っている知識と提供される情報が嚙み合うことが作業記憶負荷を低減させる上で重要である．このように考えてくると，「ドライバーが経路選択の決定や実際の経路選択を行う際の，ドライバーの知識に嚙み合うような情報の提供」は運転満足度の向上につながるはずである．

ドライバーの主タスクではないが，ドライバーは，運転中に興味を引くものを道路上（他車，歩行者など）や道路沿いに見つけたとき，「あれはなんだろうか」と思うことがあるだろう．あるいは，道路沿いに観光名所などがあることを事前に知っていたらそれを探そうとするだろう．いずれの場合でも，関心を持ったものが作業記憶に置かれ，前者においてはそれに関する知識の活性化が起こり，後者においては環境中から情報を獲得し，それに関する知識を活性化して環境情報を理解するという認知的な活動が起動される．これらはいずれも作業記憶のリソースを消費するので，その低減につながるような情報提供，つまり環境情報を理解するためにドライバーが自らの認知活動によって知識を活性化するのではなく，その過程をバイパスさせる，肩代わりするような情報提供は，作業記憶の負荷を低減させる．したがって，「興味のある対象を理解するための情報提供」も運転満足度の向上につながるはずである．

4.2.3 調査の方法

(1) 調査の概要

前節で，どのような情報が運転満足度を向上させそうかということを考察し，

「作業記憶の負荷を低減」「知識が噛み合う」「興味のある対象」という表現を用いて，運転満足度に貢献する情報を規定した．これらが，ドライバーの運転満足度を向上させるであろう情報提供行動のクリティカルパラメータである．しかし，これらが具体的に何なのかはよくわからない．そこでこの節では，ドライバーの運転満足度に貢献する情報の具体例とその類型化を行うことを目的に，前節の考察結果に基づいて，調査設計を行って実施した「実路運転行動調査」を紹介する［1］［2］．調査は2007年10月～2008年2月にかけて，図4.2.1に示すステップで実施された*2．

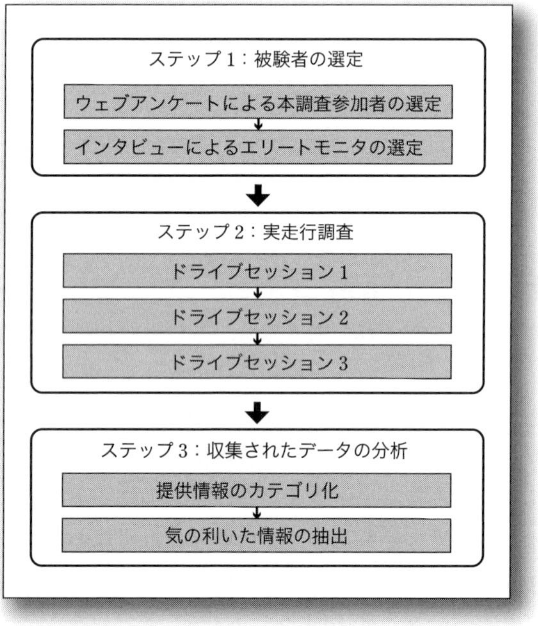

図4.2.1　調査のステップ

*2　本調査は，日産自動車株式会社と産業技術総合研究所の共同研究「運転者が気づいていない情報を提供することによる運転満足度の向上」のもとで実施された．

この調査により，ドライバーの持つ真の情報ニーズがわかる．それらは，今後，現在のカーナビに続く真に気の利いた情報提供を行う車載情報機器を開発するときの，要求仕様策定の際の参考とすべき知見となる．システム開発者はこの知見を活かすことにより，運転手の真の情報ニーズに応えるシステム開発を目指すことが可能になる．さもないと，ありもしないニーズに応えようとするシステム開発となり，資源の大きな浪費となってしまう可能性がある．

(2)　調査設計

さて，調査設計について説明する．この調査では，運転の満足度を高める情報を「土地勘のないドライバーと土地勘のある助手席者のペアによるドライブにおいて，助手席者がドライバーに提供する様々な情報の内，ドライバーが有用だと感じる情報」と定義し，これらを実走行実験により抽出することを試みた．以下では，このような情報を「気の利いた情報」と呼ぶことにする．具体的には，被験者ペア（4組）に，ドライバー，助手席者の役を交互に経験する2回の走行を3セッション実施してもらい，走行中に助手席者がドライバーにとって気の利いていると考える情報を提供することを求めた．一人の被験者は3走行において助手席者として情報提供を行い，さらに別の3走行においてはドライバーとして助手席者の情報提供を受けながら運転をすることになる．後述する方法で選出されたエリートモニタは，3組の夫婦ペア，1組の職場同僚ペアであり，相手が望むように情報を提供することが可能なペアであった．また，各ドライブのルートは，助手席者は熟知しているがドライバーはよく知らないルートであり，ドライバーの運転満足度を高めるための情報を助手席者が提供する機会が存在すると期待されるものであった．

この調査設計には，前節の考察が活かされている．以下にそれを説明する．まず，ドライバーの「作業記憶の負荷を低減させる情報」「知識が嚙み合うような情報」「興味のある対象に関する情報」が何であるのかを探るためには，ドライバーの持っている既有知識の把握や，道路状況・交通状況・ドライバー状態によって時々刻々と変化するドライバーの認知的負荷の評価が情報提供時にできていることが前提となる．それは，現在のセンサ技術では難しい．そこで本調査では，ドライバーのことを熟知している同乗者（助手席者）にそれを求めた．助手席者に対する教示は「ドライバーが気の利いていると思う情報を提供して下さい」であったが，相手を熟知している人間であれば，ドライバーの既有知識を把握して，あるいはドライバーの認知的負荷を評価して情報提供が行えると考えた．

ペアのそれぞれにドライバーと助手席者の役割を交代で行わせることにより，同じペアから情報を収集できるようにした．このようにするのが，調査設計上，効率が良い．また，助手席者によるドライバーの既有知識の把握の精度が高くなるほど，また，ドライバーの認知的負荷の評価の精度が高くなるほど，提供される情報の質は高まるはずである．そして，これらのスキルは1，2回の練習で急速に向上するはずである．役割を交代して3回のドライブを行うのは，このスキル向上に期待し，情報収集の効率を高めようとしたことを反映している．

また，調査の目的は，運転満足度の向上に貢献する情報の具体例を収集することである．従って，そのような情報提供の機会が多いように仕組むことが必要である．そこでドライブルートとして，情報提供者である助手席者が熟知していて，ドライバーには不案内なルートを設定して調査を行うことにした．

(3)　ドライブセッション

本調査では3回のドライブセッションを実施した．被験者ペアは気心の知れたペアではあったが，ドライバーがどのような情報を気の利いた情報と感じるかについては未知であった．各ドライブセッションでは助手席者に，ドライバーが気の利いていると思う情報を提供するように求めた．しかしこの課題は，被験者ペアにとっては初めて行う課題であった．そのため，最初は助手席者がドライバーにとって気の利いていると考える情報と，ドライバーにとって真に気の利いている情報には隔たりがあることが想定された．そこで，気の利いた情報を提供するスキルが向上するように3回のドライブセッションを実施し，回を重ねるに従って被験者ペアが「気の利いた情報」を確実に提供できるように仕組み，「気の利いた情報」が効率よく抽出されるようにした（図4.2.2）．

ドライブセッション1：相手をよく知らずに案内するドライブ

1回目のドライブセッションは，お互いが求める情報を探り合うことを目的とした．走行前には，助手席者はドライバーがどのような情報を気の利いた情

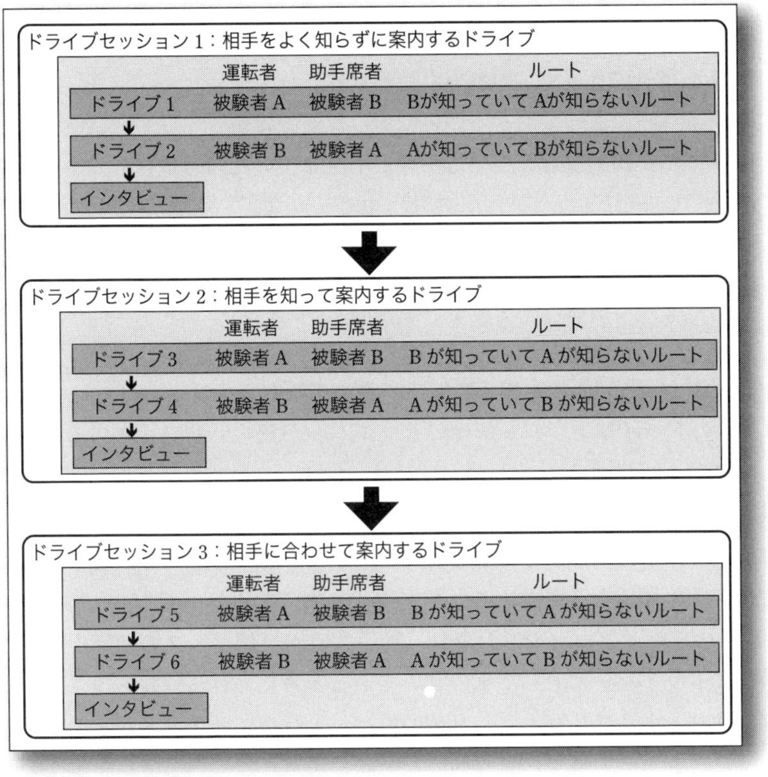

図 4.2.2 ドライブセッション

報であると評価するかを正確には把握していない．そのような状況下において助手席者から提供される気の利いた情報は，助手席者が自ら運転をしていると想定し，自分がそのルートに不案内だと想定した上で，その情報が有り難いと考えられる場合に提供されると考えることができる．つまり，1 回目のドライブセッションにおいて，助手席者は不案内なルートを運転している自分を想像して，ルートを熟知している自身が気の利いたナビゲーション支援を行うと想定される．このようなプロセスに従って情報提供がなされると考えると，1 回目のドライブセッションからは，以下の 3 種類の情報提供を抽出できることが想定される.

・ドライバーにとって気の利いた情報提供
・ドライバーにとっておせっかいであった情報提供
・ドライバーが必要としている情報が不足していた情報提供

そこで，1回目のドライブセッションが終わった後，走行ビデオを見ながらインタビューを行い，提供された情報の確認を行った．これを行うことにより，互いに求めている情報に関する事例を積み上げ，次回のドライブセッションの事前知識として利用できるようにした.

ドライブセッション2：相手を知って案内するドライブ

2回目のドライブセッションは，ドライバーが欲しいと思っている情報を推測して情報を提供することを目的とした．1回目のドライブセッションの結果，被験者ペアはドライバーがどのような情報を気の利いた情報であると評価するかについて，事例ベースの知識を得ることができた．そして2回目のセッションでは，その知識を活用することを被験者ペアに求めた.

2回目のドライブセッションでは，助手席者が事例ベースの知識を利用して，積極的にドライバーにとって気の利いていると考えられる情報を提供することが促進されるように仕組んだ．具体的には，走行中に助手席者からの情報提供があったとき，その情報が気の利いた情報であると思ったらそれを覚えておき，走行直後にそれらを振り返り，記録に残すことを求めた.

このようにして，助手席者が熟知しているドライブルートに関する情報の中から，ドライバーにとって気の利いていると思われる情報を効率的に引き出せるように計画した．しかしながら，1回目のドライブセッションで得た知識は抽出された事例に基づいたものであり，ドライバーの情報ニーズやウォンツとして体系的に学習した情報提供ではないため,「気の利いた情報」としての完成度は十分に高いものにはなっていない可能性が考えられた．そこで，2回目のドライブセッション後のインタビューでは，2回目のドライブセッションでの提供情報を振り返るとともに，運転者の求めている情報を分析した結果を助手席者に解説し，案内指導を行った.

ドライブセッション3：相手に合わせて案内するドライブ

3回目のドライブセッションは，ドライバーの特性を理解し，必要としている情報を的確に提供できることを目的とした．助手席者には，2回目のドライブセッション後に指導された内容を忘れないように案内指示シートを渡し，走行時に持参するように指示した．この案内指示シートには，助手席者の情報提供の傾向とドライバーの求めている情報の傾向を参照できる様に示し，どのような情報が有り難いか，おせっかいであるか，不足しているかを記載した．それに加え，具体的な案内事例を記載し，次回走行時にどのように案内を行えばよいかを示した．これにより，ドライバーにとって「気の利いた情報」を的確に提供することができるようになると考えられた．

4.2.4　運転支援情報を提供できるモニタを選定する（CCE-3：エリートモニタの選定）

実走行調査において気の利いた情報を提供できるエリートモニタを選定するため，Webアンケートによる候補者の選定，インタビューによる最終選定という，2段階の方式を採用した．

(1)　Webアンケート

Webアンケートは，年齢が20～40代で1都3県（神奈川県，埼玉県，千葉県）在住，車を所有し，月に2～3回以上運転するという条件に合致した1,655人に配信された．また，本調査では発話による分析を行うので，気の利いた発話ができる人を選定する必要があった．そこで，気の利いた情報の提供適性を尋ねる設問（「おせっかいである」「マメである」「気が利いている」など）を用意し，自己評価で回答させた．また，回答者が自身とともに調査に参加を想定している同伴者に関しても，回答者に同様に回答させた．それらの回答結果を集計し，回答者，同伴者，ともに気が利きそうであり，「気の利いた情報」を提供できる可能性のあるペア10組を実路走行調査参加候補者として選定した．

(2)　エリートモニタ選定のためのオーディション

オーディションでは，Webアンケート中の気の利いた情報の提供適性を尋ねた項目について，回答者が自身に対して下した評価結果と，同伴者に対して下した評価結果を見ながら，お互いの性格を話題として議論させ，Webアンケート通過の要件であった回答が適切であったかどうかを確認した．

また，候補者には3回のドライブセッション（計6回のドライブ）で走行する経路を計画してオーディションに臨んでもらった．走行調査では，「気の利いた情報」を効率よく抽出するために，①助手席者が熟知し，②ドライバーには未知のドライブルートであるとともに，③情報提供が自然に行われるコースを設定する必要があった．そこで，オーディション時には計画したコースの地図を描かせ，①については訪問頻度や土地勘の有無により，②については口頭での確認により，③については走行経路上の特別な案内や運転補助が必要になるポイントの有無により，これらの要件を満たしているかどうかを確認した．これらの三つの観点からオーディション参加ペアの実走行調査に対する適性を評価した結果，3組の夫婦ペアと1組の職場同僚ペアをエリートモニタとして選定した．

4.2.5　情報提供行動の記録とインタビュー（CCE-4：現場での行動観察，CCE-5：表現空間の定義）

(1)　走行コースの決定

オーディション時に設定したドライブプランに基づいて走行するように教示した．走行途中の立ち寄りおよびカーナビの利用は任意とした．また，走行コースは，記録機材の制約と分析時の負担を考慮し，30分から2時間程度で目的地にたどり着くようなコースに調整させた．

(2)　走行データの記録

走行データを記録するために，記録用カメラ2台を走行調査に使用する車両（被験者ペアが所有）に取り付けた．図4.2.3 (a) に示したカメラによりドライバーと助手席者の発話する様子を撮影・記録した．また，図4.2.3 (b) に示したカメラにより，走行風景やカーナビゲーションを含む車載機器の操作を撮影・記録した．なお，ドライバーと助手席者の自然なやりとりを記録するために，調査実施者は同乗せず，被験者ペア自身が機材を操作して撮影・記録を行った．また，被験者ペアには機材操作に戸惑わないよう事前に操作方法を説明

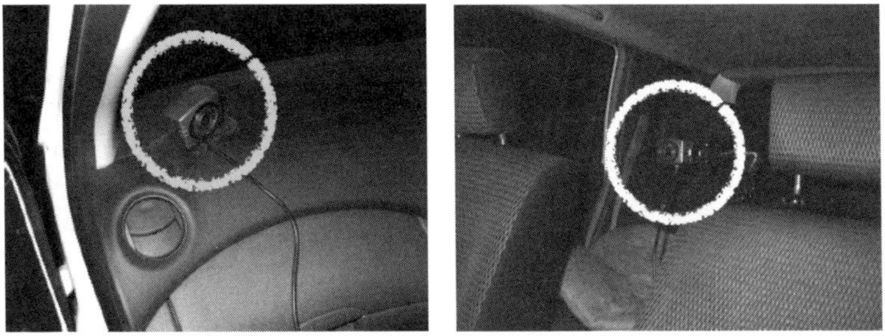

(a)　(b)

図 4.2.3　運転状況を記録するカメラ

し，簡易マニュアルを渡した．

(3)　インタビュー

1 回のドライブセッションを終了した時点（ドライバー，助手席者を交替で 1 回ずつ経験）で被験者ペアの両者に参加してもらい，90 分のインタビューを実施した．効率的にインタビューを遂行するため，インタビュー開始前に走行データの中から発話内容とタイムコードを書き起こし，インタビューポイントを定めておいた．インタビューでは両者のドライブについて，図 4.2.4 に示したように記録ビデオを再生しながら以下の質問を行った．

情報提供のトリガー（助手席者への質問）：情報提供をしたきっかけについて
提供情報の有効さ（ドライバーへの質問）：提供された情報の役立ち感につい

図 4.2.4　インタビューの際の記録ビデオの再生

て

情報提供の背景（助手席者への質問）：前提知識，ドライバーへの配慮した点について

両者の同席のもとにこれらの質問をすることにより，お互いが意図していたことや，求めていた情報を共有させることができると考えた．

4.2.6　情報提供の状況をもとに支援情報をモデル化する（CCE-6：行動の表現）

(1)　提供された情報

走行中の発話によって助手席者から提供された情報数は，総数で1,859件あった．表4.2.1に，ドライバーと助手席者の会話の中から助手席者がドライバーに提供した情報を抽出した例を示す．この場合には，三つの情報が提供されている．走行開始時を起点として，6分24秒には将来に左折することを指示している．ただし，この先に家電量販店があり，駐車場に入る車両による渋滞が発生する可能性があるため，左車線へ移動することは好ましくないということを説明している．6分39秒には，ドライバー側から左折のために左車線へ移動する必要があるのかという質問を助手席者にしている．助手席者は，ドライバーが駐車待ち車両を避ける必要性を確信していないことを察し，右側を走行することを指示する．また，どのタイミングで左車線に移ればよいかもこのときに指示している．7分20秒，助手席者は，家電量販店前で駐車待ち車両を回避する前方他車が右車線へ移動してくることを注意喚起している．この情報提供は，土地勘の無いドライバーに周辺施設や道路の特徴を提供し，ドライバーのスムーズな回避行動を支援している．走行中にもありがたい情報提供であったことは発話されているが，事後のインタビューにおいても，この指示はドライバーにとって気の利いたわかりやすい指示であったと評価されている．

ドライブセッション別の情報提供件数を表4.2.2に示す．ドライブセッションに要した時間，経路の長さ，道路状況，助手席者の特性によって情報提供数は変化するが，平均すると1分当たり1.32件（最大値2.47件，最小値0.54件）

表 4.2.1 助手席者とドライバーの会話からの提供された情報の抽出の例

時間	ドライバー	助手席者（情報提供者）	提供された情報の内容／行動
情報提供 1			
0:06:24			停車
		この先にね，左に曲がるんだけどね，家電量販店がね，時々ね，駐車待ちで並んでいるんだ．まだこの時間だと早いかもしれないからね，かもしれないんだけど	この先に家電量販店があり，駐車待ちの車両が並んでいる可能性があることを教える
情報提供 2			
0:06:39	左車線に行っておいた方がいいんですか		
		ううん，まだ右でいいや	この先左に曲がる必要があるが，右車線を走っておいたままの方が良いことを指示
		家電量販店を過ぎたら，左に行くんだけど，ちょっとカーブがあるから，それ過ぎてからでも	発車
情報提供 3			
0:07:20		何かこの間さ，ビデオを見た時に，やけにやっぱしゃべりすぎじゃないけど，ちょっとあれだよね	
	余計な普通の会話になっちゃって		
	何かしゃべんないで，ずっとあれもおかしいですよね		
0:07:35		多分左側から来るから気を付けた方がいい	左側から車が来ることを注意喚起
	駐車待ち車両すごいですね		
		うん，いつもすごいもんね．で，ここ過ぎたら，左側に寄っちゃって大丈夫だよ	

表 4.2.2　情報提供件数

被験者ペア	ドライブセッション（長さ）	情報提供者（助手席者）	情報受容者（ドライバー）	情報提供件数	件数／分
A1, A2	1-A1 （31分）	A1	A2	32	1.03
	1-A2 （32分）	A2	A1	39	1.22
	2-A1 （16分）	A1	A2	19	1.19
	2-A2 （51分）	A2	A1	46	0.90
	3-A1 （38分）	A1	A2	34	0.89
	3-A2 （35分）	A2	A1	52	1.49
B1, B2	1-B1 （76分）	B1	B2	112	1.47
	1-B2 （90分）	B2	B1	180	2.00
	2-B1 （68分）	B1	B2	89	1.31
	2-B2 （64分）	B2	B1	81	1.27
	3-B1 （54分）	B1	B2	85	1.57
	3-B2 （61分）	B2	B1	89	1.46
C1, C2	1-C1（109分）	C1	C2	59	0.54
	1-C2 （88分）	C2	C1	88	1.00
	2-C1 （70分）	C1	C2	45	0.64
	2-C2 （54分）	C2	C1	34	0.63
	3-C1 （85分）	C1	C2	50	0.59
	3-C2 （73分）	C2	C1	75	1.03
D1, D2	1-D1（117分）	D1	D2	159	1.36
	1-D2 （90分）	D2	D1	139	1.54
	2-D1 （42分）	D1	D2	82	1.95
	2-D2 （47分）	D2	D1	91	1.94
	3-D1 （32分）	D1	D2	79	2.47
	3-D2 （45分）	D2	D1	100	2.22

という結果であった．

走行中に提供された情報の内容を明らかにするために，以下に示す方法で，提供情報を分析した．

表 4.2.3　提供された情報を記述するための属性

属性	説明	値
提供内容	発話により提供された情報	具体的な内容
提供方法	情報の伝え方	タイミング，指示方法
道路状況	発話時の道路の状況	道幅，速度
ドライバー状態	発話時のドライバーの状態	運転余裕度，前提知識

表 4.2.4　提供内容を記述するためのカテゴリ

カテゴリ	説明
道案内	右左折などの進行方向に関する情報
運転補助	注意喚起など進行方向には関係しないがスムーズ，安全な走行に必要な情報
説明	道の名称，知識，周辺スポットなどの走行ルートに関連する情報
走行中会話	車載機器や，窓から見える風景など走行に関係する会話
雑談	友人の話題など，走行には関係しない雑談，話題

(2)　提供された情報の記述とカテゴリ化

走行中に発話により提供された情報の内容を分類するために，発話の状況を記述する属性として「提供内容」「提供方法」「道路状況」「運転者状態」の四つを設定した（表 4.2.3）．また，提供内容を分類するために，さらに五つのカテゴリを設定した（表 4.2.4）．

(3)　提供された情報の評価

インタビュー時に，助手席者から提供された情報をドライバーに評価させた．ここでは，評価の根拠もあわせて聞きだした．しかし，すべての提供情報についてインタビュー時に評価を求めることは時間的に不可能であったため，インタビュー時に評価できなかった提供情報については，表 4.2.5 に示した 3 段階の評価ラベルを，分析者が走行データを参照して付与した．

(4)　気の利いた情報の抽出

提供情報のうち，評価ラベルとして「気の利いた情報」が付与されたものを収集し，表 4.2.4 に示した提供内容カテゴリごとに整理した．そして，各カテゴリに振り分けられた提供情報を分類し，気の利いた情報の種類を導き出した．

表 4.2.5　提供された情報に対して付与された評価ラベル

評価ラベル	内容
気の利いた情報	運転手が満足した情報提供
有効な情報	特に問題がなかった情報提供
無効な情報	過不足があり活用できなかった情報提供

表 4.2.6　気の利いた情報の種類

カテゴリ	気の利いた情報	件数	例
A）道案内（55 件）			
A-1	わかりやすい指示例を用いたルート案内	13	あの赤い車が入ったところを左折してください
A-2	概要情報の提供	12	間もなく市街地に入ります
A-3	ドライバーの好みに合わせた言い回し	4	3つ目の信号を右折してください
A-4	走行ルートについての解説	4	この先で車線数が減るのでこの辺りは渋滞します
A-5	運転技量，好みに則したルート案内	4	幹線道路を行きましょう．近道は有りますが，狭くて運転しにくいので
A-6	立ち寄り地提案	3	コンビニで弁当を買いませんか．おなかがすいてイライラしているみたいです
A-7	降車後のことを考えた目的地付近の案内	5	あの階段のそばに駐車してください．店の入り口が近いです
A-8	適切なタイミングでのルート案内	9	ここから先は複雑なので，その場所に来たら案内します
A-9	ルートの正誤確認	1	この道であっています
B）運転者支援（57 件）			
B-1	不安事項の解消補助	15	こちら側（助手席側）は大丈夫です．十分にすり抜けるだけのスペースがあります
B-2	注意喚起	19	この辺りは大学のキャンパスのそばでバイクが多いので注意してください
B-3	スムーズかつ安全運転補助	9	次の交差点で左折しますが，まだ，右のレーンにいてください．家電量販店の駐車場に入る車で左のレーンがつぶれているときがあります
B-4	行動代行	5	ハザードをオフにしましょう．これからカーブが連続して大変でしょうから
B-5	確認補助	4	車は来ていませんよ．バックして大丈夫です
B-6	し忘れ行動の指摘	4	ライトを消し忘れていますよ
B-7	反省材料の提供	1	前の車は何かを探しながら運転しているみたいなので，そんなに近づかない方がいいですよ
C）その他（21 件）			
C-1	ドライバーの好みに合わせた情報提供	11	あそこに新しいそば屋が先月開店しましたよ．行ってみるといいです
C-2	周辺情報提供	10	今週末，このあたりは工事で交通規制があるそうです

結果を表4.2.6に示した．道案内に関する気の利いた情報には9種類，安全運転のための運転支援に関する気の利いた情報には7種類，その他，走行中の雑談の中で提供された気の利いた情報に2種類があることがわかった．個々の説明はここでは割愛するが，それぞれについて例を掲載したので内容は理解できると思う．いずれも，本節の冒頭で導き出した気の利いた情報の要件，「作業記憶の負荷を低減させる情報」「知識が噛み合う情報」「興味のある対象に関する情報」を満たしたものであることがわかるだろう．

4.2.7　気の利いた情報の構造化

本節では，ドライバーにとって気の利いた情報はどのような性質を備えているはずであるかということについて検討した結果に基づいて調査設計を行い，気の利いた情報を抽出した．これらの気の利いた情報の構造を見い出すことにより，支援システムのデザインの方向性を見極めることが容易になる．

気の利いた情報が「属性-値」の組で表現されているとき，それを当てはめる枠組みを設定することによって，それらの現れ方を構造的に捉えることができるようになる．枠組みの視点の一つに，助手席者が情報を提供しようと決断する動機がある．例えば以下に示すようなものが動機として想定できる．

運転行動修正：助手席者は現在の状況において，ドライバーが運転を進めるに際して運転行動Dが必要だと考えるが，ドライバーがその運転行動をとらない可能性があると思ったとき．

運転行動支援：助手席者は現在の状況において運転手が運転を進めるに際して運転行動Dが必要だと考えるが，運転手がその運転行動をとる可能性があるが，情報を与えることによって運転行動が促進されると思ったとき．

補足情報の充実：助手席者は現在の状況において，運転手が知識Kを得ることによってドライブの満足度を高められると思ったとき．

助手席者を上記の心的状態に導き，情報提供に至らしめる外的・内的なトリガー情報として，以下の項目が挙げられる．

・助手席者による状況理解
・道路状況（道路の構造など）
・ドライバー状況
・自車状況
・交通状況（他車の状況）
・助手席者による予測
・運転の進展に関する助手席者の予測
・トリップの進展に関する助手席者の予測
・予測される経路
・出発地
・目的地
・これまでの経路

これらの項目に従って表4.2.1の事例を見直してみる．「属性-値」は，「『駐車待ち車両の渋滞が発生しやすい車線』—『事前に渋滞車線を回避する案内』」と当てはめることができる．ドライバーが渋滞車線があることを意識せず左車線を走行し，スムーズな走行ができなくなってしまうことを防止するため，そのときにドライバーが気付いていない状況を察知し，運転行動修正を促す情報を提供したと考えられる．

本節では，助手席者から提供された情報の属性のうち，「提供内容」属性をもつ情報の分析を行い，9種類の気の利いた情報を見い出した．本調査では，表4.2.3に示したように，「提供内容」以外の属性として「提供方法」「道路状況」「運転者状態」を設定したが，これらの属性が具体的にどのような値をとっていたかを上記の観点から調べ，助手席者が情報を提供しようと決断する動機とそれらを関連付けることにより，気の利いた情報の構造化を行うことができる．ここに示した方法で構造化を進める中で，今回の調査で収集したデータでは不足している部分が見つかる可能性がある．自動車側からドライバーに対して「気の利いた情報」を提供することによってドライバーの運転満足度を高めるという最終目的の観点から，データ収集の必要性を考慮して構造化の精度を高めていくことが今後必要である.

4.3 認知特性と運転行動

4.3.1 自動車開発におけるユーザプロファイリング

(1) これからの自動車開発の視点

近年の技術進展により，新規運転支援技術（車線逸脱防止装置，前車追従システム，複数のカメラ画像を上方から見下ろした映像として表示する駐車支援システムなど）が多数導入されるようになった．今後さらに，自動車の動力制御形態が電気システムへ広がるという新しい局面を迎え（バイ・ワイヤ技術；X-by-wire），車載機能や搭載システム（HMI；Human-Machine Interface）の大幅革新が可能である．また，車の知能ロボット化技術の進歩により，知能システムとドライバーとの間の双方向コミュニケーションが必要となる新たな運転形態の可能性が生じている．

これらの新技術によって，安全性の向上とともに運転に対するドライバの心身の負荷が軽減することが期待されている．同時に，技術革新によってもたらされる新たな運転形態では，自車とドライバーの関係のみならず，他車や歩行者，道路環境など，自車との関わりをもつものすべてを含むシステムとして運転という事態をとらえ，その中でドライバーを理解し，その理解に基づいて安全性や人間適合性を評価することが必要になる．

例えば，混雑した市街地を走行する場面を考えてみよう．従来の自動車とドライバの関係のもとでは，自動車開発時に考慮すべき事柄は運転操作性能の確実性や視界の良さ等である．安全性を第一の基準に制御し，その上で人間適合性を検討する．一方，新規運転支援技術を活用した自動車開発では，このような状況においてドライバーに負担をかけずに安全で快適な走行を支援することを追求する．例えば，混雑した道路環境の中で歩行者や他車に注意を払いながら走行するためにはドライバーにどのような支援が必要であるのか，またすべてのドライバーに対して同様の支援方法が最適であるのかなど，安全性と同時にドライバー負担の軽減を考えなければならない．これらの課題に適切に対処することが，これからの満足のいく自動車開発の使命である．

(2)　従来の方法とユーザプロファイリングの比較

複雑なシステムの中で人間がどのように振る舞うのかを適切に理解することが，今後の自動車開発には必要である．では，「適切に理解する」とはどういうことを意味するのか．ここでは，本書で提唱している認知機能によるユーザプロファイリングが有効であることを説明する．

①　従来の方法

従来の人間を主体にした車載機器や搭載システム（HMI）の開発／評価場面では，想定されるドライバー像の平均的な体格や特性を基準に開発設計を進め，開発のある段階においてその製品に対してユーザテストを行い，設計の評価を行っている．想定ドライバーの平均値とそのバラツキを基準とすることは，最も大多数のユーザに合致すると考えるためである．その際，想定されるドライバーの特性とは，主に性別や年齢といった生物学的特徴であり，ユーザテストにおいても性別や年齢，場合によっては運転経験との関連が着目されることが多い．

自動車に限らずその他の人工物や事柄における人間適合性を扱う問題でも，ユーザテストやアンケート調査時の被験者プロファイルとして，性別や年齢，経験を問うことは一般的である．人工物や事柄との関わりにおいて，影響の大きい因子としてそれらが捉えられているためであり，かつ被験者のプロファイルとして最も手軽に抽出できるという実験者側の理由による．また，自動車の操作性など動的な仕様の開発に関しては，熟練ドライバー（エキスパート評価者）がその操作性を最終的に評価しており，運転経験に支えられる運転技術が重要なドライバー属性と捉えられている．熟練ドライバーは，計測機器では測りえない微細な自動車の挙動を比較することができる．一方，静的な仕様，例えば車室内のインテリアに関しては，好き嫌いや快不快といった印象的側面や感性的な価値に関して，官能評価等の評価手法やインタビューによって被験者の声から質的な情報として取り出され，活用されている．その際の被験者属性においても，性別や年齢，運転経験，あるいはライフスタイルなどが重視される．

性別や年齢，運転経験といった属性は，個々のドライバーの概要をつかむ上で大きな手がかりとなる．しかし，上記の属性においては差異がない，例えば体格的な差異が少ない同性，同年齢，同程度の運転経験をもつドライバー間にも，ドライバー特性において差が生じている場合がある．例えば，運転が得意な人とそうでない人が存在したり，自動車への関心の高さに個人差があるだろう．あるいは身体特性や認知特性といった生体的な個人差や生活スタイルや経験の個人差も大きいとされる高齢者を被験者に多く含む場合などは，年齢分布のみを統制しても得られる結果のバラツキが大きくなる可能性がある．

そこで，多様なドライバーの特性理解のために，性別や年齢，運転経験以外の項目を記述するフェースシート開発を目指す動きも進められている．そこでは，身体的特性や生活習慣などの生理的なリズムに関する特性，運転習慣などを質問紙によってドライバー自身から回答を得る [4.6]．また，同様の考えにより，運転スタイルや運転負担感受性を測定するチェックシートの開発も行われている [4.7]．その他，例えば車載 HMI 開発に特化した開発では，ライフスタイルや自動車に対する考え方などの質問よりも，ドライバーを「積極活用型」「運転不安型」等のタイプにスクリーニングする手法も用いられている [4.8]．

上述の例からもわかるように，これまでに被験者特性を把握するために取り入れられている要素は，その被験者がもつ生物学的特徴と，インタビューや質問紙によって被験者自身から発せられた主観的な声である．主観評価は被験者の「感じ方や気持ち」が表現された貴重なデータであるが，専門被験者と異なり一般の被験者の場合には，そのときの気分や外的要因の影響を受けやすい（あるいはそれらの影響を統制することができない）という問題を回避することはできない．また，問われている現象や事象に被験者自身が気づいていない場合があったり，あるいは気づいていたとしてもそれを言語的に適切に表現できない可能性等の問題を含んでいる．

② 自動車開発におけるユーザプロファイリング

一般に，「女性は男性よりも運転が苦手である」「高齢者の運転は見落としが多い」など，運転者の運転傾向は性別や年齢，運転経験などの属性に関連付けて理解されることが多い．しかし，実際に運転傾向を決定しているのは，「女性であること」や「高齢者であること」などの属性そのものというより，それらの属性をもつ集団に特徴的な（あるいは平均的な）認知機能上の性質，あるいは傾向ではないかと考える.

自動車運転という行動は，視覚，触覚，聴覚，体性感覚を利用した情報入力から，ハンドルやアクセル・ブレーキ操作による出力によって実現される一連の情報処理活動と考えることができ，その過程には様々な認知機能が関与していると想定できる．例えば，ハンドル操作と車の動きとの関係の理解に関連する認知機能や，ドライバーが運転する車の位置の把握に関連する認知機能，あるいは運転操作を行いながら周辺環境へ必要な注意を払うことに関連する認知機能等があげられる．それら種々の認知機能が組み合わされて運転行動が実現されているものと考える.

つまり，自動車開発の中でも運転行動といった動的な問題への解決方法には，認知的クリティカルパラメータを想定することが重要であると考える．すなわち，認知機能によるユーザプロファイリング手法を適用することによって，運転行動の個人差を適切に記述できる可能性がある.

具体的にいくつかの例をあげる.

駐車：出先で周辺の見通しが悪い車庫に後方駐車する場合，駐車スペースと自車の大きさを比較し，バックミラーやサイドミラーでスペースを確認しながら運転操作を行うことが必要であり，ドライバー自身のハンドル・アクセル操作とそれらの操作によって実現される自車の動きを対応付けて理解する認知機能，実現される自車の動きを内的にイメージするための空間イメージ機能らと関連していると思われる.

合流：側道から多数の車が高速で走行している本線へ合流する場合，近づいていくる他車のスピードと他車間の間隔から自車が入り得るタイミングを判断する必要があり，運動物体の予測に関する認知機能，予測された自車，他車の関係を内的にイメージするための空間イメージ機能らと関連していると思われる.

4.3.2 シナリオベースによる実車実験の事例

(1) 運転行動に影響する認知機能の仮説を構築する（CCE-2：クリティカルパラメータの決定）

運転があまり得意ではないドライバーの運転行動を観察したり，彼ら自身の運転行動についてインタビューすると，以下のようにいくつかの特徴的な行動や問題が浮き彫りになる．

・何回もやり直しをしなければ駐車できない
・バックをするとき，ハンドルをどちらに切ればどちらに進むのかわからない
・狭い道で対向車が来ると避けようとしているが避けきれない
・幅寄せするときホイールをすってしまう
・進行方向の確認に夢中で後方の確認を怠る
・周りの車の流れに入っていけない
・周囲の車が気になりアクセル操作が疎かになる

これらの問題のうちの多くは，自動車を自分のイメージどおりにコントロールする方法がわからないために生じる問題であると考えられる．つまり，自己の身体によるハンドル操作と，そのハンドル操作によって実現される自動車の動きとの関係性の理解が困難なために生じる問題であろう．このような理解に深く関わる空間認識機能や自らの空間座標系を外部の環境の座標系に合わせる機能（身体-外部対応付け機能）が，ドライバーの得手・不得手に影響している可能性が高い．この認知機能の優れたドライバーとそうでないドライバーの運転行動を比較することにより，上記のような運転時の問題に関わる認知的な要因を探り出すことができる．次世代自動車開発では，ドライバーと車両や搭載システム（HMI）間でコミュニケーションする場面が増加すると想定でき，ドライバーの認知特性の理解がますます重要になるであろう．

そこで本節では，認知機能の中で「身体-外部対応付け機能」を認知的クリティカルパラメータとして想定し，本認知機能が実際の運転行動に及ぼす影響を

検討した事例を紹介する.

(2)　認知行動特性の異なるモニタを選定する（CCE-3：エリートモニタの選定）

運転場面では，ドライバー自身が行うハンドルやアクセル操作（身体座標）と自車の動き（外部座標）をスムーズに対応付けしなければならず，しかもバック走行の場合は，サイドミラーやバックミラーに映る像を利用してその対応付けを行わなければならない状況が多い．そこで研究では，身体座標と外部座標との対応付け機能の個人差を調べる認知課題として，「左右反転ポインタ操作」課題を実施した.

本課題は，被験者自身のマウス操作（身体座標）と，それによって実現するディスプレイ画面上のポインタ移動（外部座標）をスムーズに対応付けることが要求され，運転操作に強く対応した認知機能を測定するものである．その結果から，本課題が得意な被験者および不得意な被験者を，続く実車実験での被験者としてスクリーニングすることを目的とした.

被験者は，47名（19-27歳）の女性とした*3．左右反転ポインタ操作課題は，PC（Windows2000）によって接続された17インチCRTディスプレイに表示され，被験者の反応入力には光学式マウスを用いた．課題は，高次認知機能を測定する神経心理学的検査の一つとして古くから使われているTrail Making Test［4.9］に，鏡映描写法を組み込んだ課題である（Trail Making Testは高齢者の認知機能と運転行動との関連を検討するためにも使われている例がある［4.10]）．ディスプレイ画面には数字とアルファベット文字が9個ずつランダムな位置に提示され，その際，文字や数字はお互いに重ならないという制約が設けられている．被験者は1，A，2，B，…というように数字とアルファベットを交互にクリックするように求められるが，このとき，マウスの左右座標が反転するように設定されており，右にポインタを動かすときは，マウスを左に動かす必要がある．課題の成績は，すべての数字とアルファベットをクリックするまでに要した完了時間を指標とした.

*3　運転の得手・不得手に起因する要因の一つの可能性である性別の影響を排除するために，女性ドライバーに対象を限定した.

課題実行の結果，課題完了に長い時間を要する被験者は，本課題のように身体座標（手運動）-外部座標（画面上のポインタ移動）の対応が反転した状況に適応することができず，記録された軌跡は非常に複雑なものになり，試行錯誤の後がうかがわれた．これに対して課題完了時間が短い被験者は，身体座標-外部座標の対応が反転するという特殊な状況であっても適切なポインタ操作が可能であるため，軌跡は非常にシンプルであった．この結果に基づき，課題完了時間が 202 秒以下の被験者を高機能群，300 秒以上の被験者を低機能群と定義し，被験者を選別した．

(3)　教習所における実車運転行動の記録（CCE-4：現場での行動観察，CCE-5：表現空間の定義）

次に，認知機能が実際の運転行動におよぼす影響についての実験について説明する．

運転行動を記録するための実車実験は，A 市内の自動車教習所を借り切り，専用のコースを 2 種設定して行われた（実験 A：図 4.3.5，実験 B：図 4.3.6）．課題は，実験 A と実験 B をあわせて，日常的に行う課題（側道から本線に出る，前進駐車，後進駐車など）と，日常的には行わない課題（S 字路後進）の 2 タイプを設定した．実験車には市販のコンパクトカーを使用した．

被験者（ドライバー）は，左右反転ポインタ操作課題の成績（高機能群，低機能群）と運転頻度（高：週 1 日以上運転，低：年間数日以下）の 2 要因の組

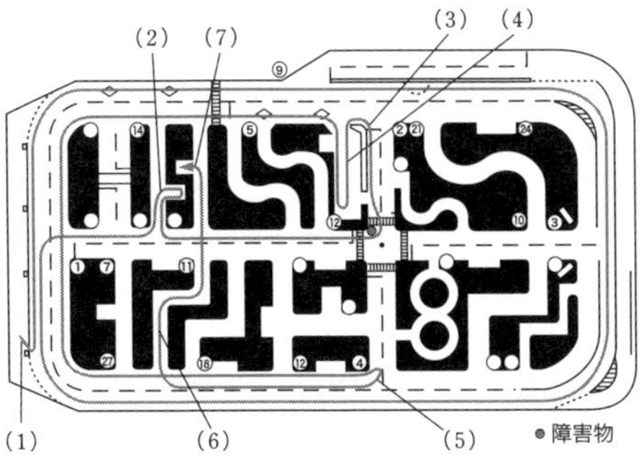

	課　題	従属変数
(1)	ハンドルが 360 度回転している状態から後進発車し，本線に出る	課題完了時間，操舵角変移
(2)	駐車枠内に後進駐車	課題完了時間，駐車角からのずれ，操舵角変位
(3)	停止線にあわせて停車	停止線からのずれ
(4)	狭いスペースで U ターンして切り返し，本線に出る	課題完了時間
(5)	障害物を避けて後進	課題完了時間，操舵角変移，車速
(6)	クランク路走行時にエアコン操作	課題完了時間
(7)	駐車枠内に前進駐車	課題完了時間，駐車角からのずれ，操舵角変位

図 4.3.5　実験 A におけるコースと課題

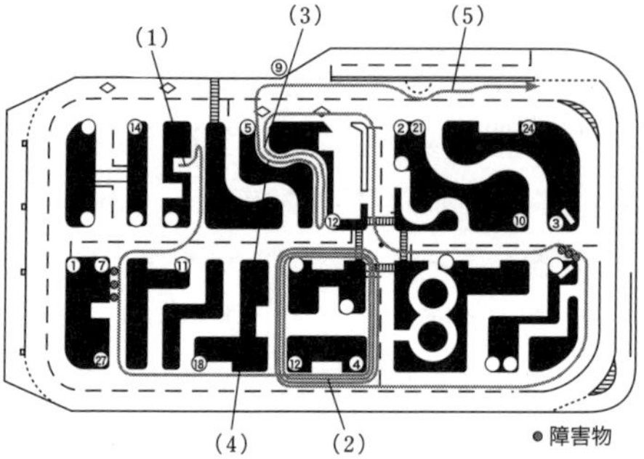

	課　題	従属変数
(1)	駐車枠内より後進発車	課題完了時間，操舵角変移
(2)	語流暢性課題（周回中にできるだけ多くの動物名を口頭で応える）	再生数
(3)	S字路を前進	停止線からのずれ
(4)	S字路を後進	課題完了時間，脱輪回数
(5)	道路左端の白線にあわせて停車	白線からのずれ

図 4.3.6　実験Bにおけるコースと課題

合せにより，4群（高機能/高頻度，高機能/低頻度，低機能/高頻度，低機能/低頻度）により各群2名が選出され，計8名の被験者が運転実験に参加した．実験では，助手席に座る実験者の教示に従い，教習所内の定められたコースを走行し，適宜課題を遂行するものとした．

運転行動におけるドライバーの運転操作については，各課題の遂行時間および正確性（定められた駐停車位置からの距離など）を記録した．車両挙動は，車速，アクセル開度，ブレーキ on/off，エンジン回転数，操舵角変位，シフト位置をCAN信号より取得した．さらに，車両全体の操作状況，各課題の操作状況，ドライバーからの前景，ドライバー表情，ドライバー足元，ドライバー姿勢をVTRに録画した．

(4)　運転行動データをもとにモデル化する（CCE-6：行動の表現）

①　結果の分析

a：遂行時間（日常的に行う課題）

実験Aと実験Bの代表的な課題について，各課題の遂行時間を図4.3.7に示す．すべての課題で，他の3群に比べて低機能/低頻度群の成績が低いことがわかる．これらの課題は日常的によく行う運転状況であるため，低機能/低頻度群以外については運転頻度による特徴的な差異は見られなかった．

b：正確性（日常的に行う課題）

後進駐車，停止線，幅寄せの正確性（前後輪の左右ずれ）を各被験者群で比

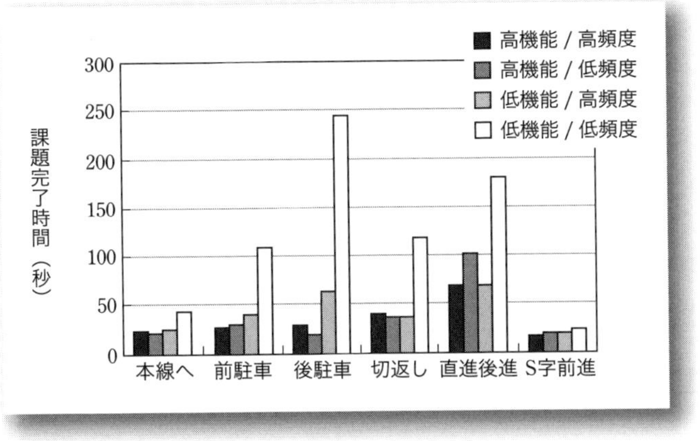

図 4.3.7　各課題の課題完了時間

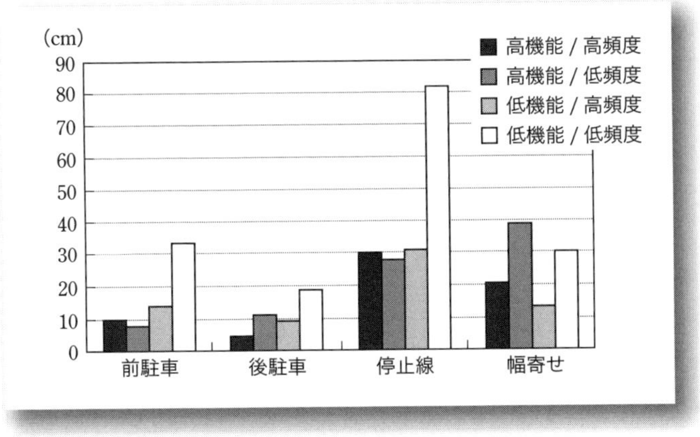

図 4.3.8　各課題の駐停車課題の正確性

較したところ，課題完了時間と同様，低機能/低頻度群は，ほぼすべての課題で他の3群に比較して悪い成績であることがわかった（図 4.3.8）．この場合も，低機能/低頻度以外の運転頻度による差異は特に見られなかった．

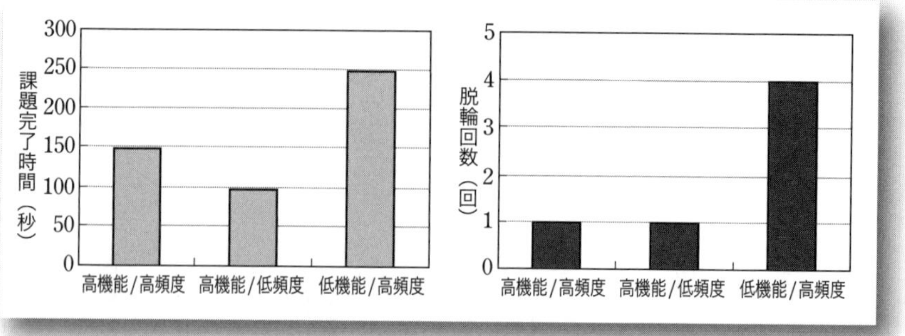

図 4.3.9　S 字路後進課題における課題完了時間（左），および脱輪回数（右）

c：S 字路後進課題（日常的には行わない課題）

S 字路後進課題では，スタート地点からゴール地点までスムーズに走行できる被験者が非常に少なかったため，脱輪回数を本課題の従属変数に加えた．低機能/低頻度群の 2 名は，本課題を最後まで遂行することができなかったため，残りの 3 群の成績を比較した（図 4.3.9）．課題遂行時間，脱輪回数は，ともに低機能/高頻度群が高機能の 2 群に比較して悪い成績であることがわかり，運転頻度ではなく，認知機能の高低が本課題の遂行成績に影響を及ぼすことが明らかとなった．

d：運転操作のスムーズさ（発進，後進駐車）

次に，360 度ハンドルが回転した状態から本線へ発進する課題（図 4.3.10，表 4.3.1），および駐車枠内に後進駐車する課題（図 4.3.11，表 4.3.2）における操舵角変移とハンドルを切り替えした回数より，各被験者群の運転操作のスムーズさを調べた．図 4.3.10 および図 4.3.11 では，縦軸に操舵角の大きさ（プラスが右方向，マイナスが左方向を表す），横軸に時間を表す．これらの図では，各群の代表的な被験者のデータを示している．

図 4.3.10 を見ると，発進課題の結果では，低機能/低頻度群が他の 3 群に比較してハンドル操舵角をゼロに戻すまで（すなわち本線に出るために準備を整えるまで）時間が長くかかり，また，操舵角がマイナス（左）側に一定に減少

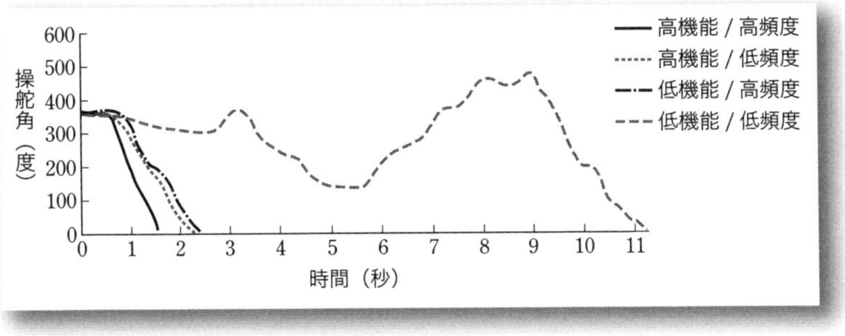

図 4.3.10　本線への発進課題時の操舵角変移

表 4.3.1　本線への発進課題時のハンドル切り替えし回数

群	高機能／高頻度	高機能／低頻度	低機能／高頻度	低機能／低頻度
切り替えし回数（回）	0	1	3	11

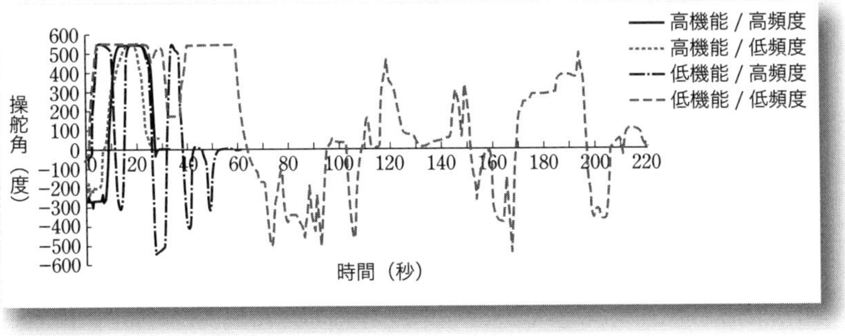

図 4.3.11　後進駐車時の操舵角変移

表 4.3.2　後進駐車時のハンドル切り替えし回数

群	高機能／高頻度	高機能／低頻度	低機能／高頻度	低機能／低頻度
切り替えし回数（回）	19	13	20	155

するのではなくプラス（右）側にもシフトし，左右どちらに回転させればよいかを理解できず，試行錯誤を繰り返していることがわかる．また，ハンドルの切り替えし回数も，低機能/低頻度群が他の3群に比べて非常に多い．

図4.3.11を見ると，後進駐車課題時の結果でも同様に，低機能/低頻度群の操作は課題完了時間が長いだけでなく，ハンドル操作の試行錯誤を繰り返していることが見受けられる．さらに，低機能/高頻度群では課題完了時間はさほど長くないが，残りの2群に比較すればスムーズさに欠けることがわかる．同様にハンドルの切り替えしも，低機能/低頻度群のみ圧倒的に回数が多いことがわかる．

③　認知機能と運転行動の関係

身体-外部座標対応付けが苦手で，かつ運転頻度が低い群（低機能/低頻度）は，ほぼすべての運転課題の成績が他の3群に比べて低かった．対応付けが苦手で運転頻度の高い群（低機能/高頻度）は，S字路後進を除くすべての課題で高機能/高頻度群と同程度の成績が見られた．後進駐車課題も同様に，高機能/高頻度群や高機能/低頻度群と同程度の速さで操作を行うことができたが，操舵角変位の結果を見ると，低機能/高頻度群は高機能/高頻度群や高機能/低頻度群に比べて，ハンドル操作がスムーズではないことがわかった．

これらの結果から，低機能/高頻度群は，日常的に多く経験する操作においては，一見，高機能群らと同程度の高いパフォーマンスを見せるが，S字路後進のように日常ほとんど経験しない特殊な状況ではスムーズな操作ができなくなることが明確になった．また，日常運転でよく経験する後進駐車のような場面では課題遂行時間は短いが，ハンドル操作のスムーズさに欠けるという特徴も明らかとなった．以上から，高機能/高頻度群と同等に高いスキルで操作できているとはいえないが，身体-外部座標対応付けが苦手であっても運転経験を積むことによって，あるレベルまでの運転スキルを獲得できるといえる．また，対応付け機能の成績が良く，かつ運転頻度が低い群（高機能/低頻度）の成績から，運転頻度が少なくとも，対応付けが得意であればスムーズな運転操作ができることが示された．

4.3.3 今後の可能性

車の運転の得手・不得手に影響する認知機能として，身体–外部座標対応付け機能を取り上げ，実際の運転環境に近いコースを教習所内に設け，その関連を検討した事例を紹介した．身体–外部座標対応付け機能は，特に駐車やS字路後進走行といった運転行動と密接に関連していることが示され，たとえ運転経験が同等であっても，個人の認知機能の違いによっていくつかの運転行動場面における運転行動を推定できることが明らかとなった．また，被験者はすべて20代女性であったにも関わらず，運転行動に差異が見られ，性別や年齢以外の個人特性が運転行動に影響を及ぼすことが示された．

もし，従来のアプローチのように，運転経験の多少のみを軸に被験者を選び，同様の実験を行ったならば，日常場面で頻繁に経験するような運転行動場面（例えば，前進駐車，一時停止など）では，当然，運転経験が多い人たちは少ない人たちよりもよいパフォーマンスを見せたであろう．しかしながら，日常経験する機会が少ない運転行動場面（例えばS字路後進）では，運転経験が少なくともさほど悪いパフォーマンスではない人がいたり，反対に運転経験が多いにも関わらず貧弱なパフォーマンスである人が見られたであろう．そうなると，日常あまり経験することのないような運転行動場面では何が要因でこのような違いが露出するのかを明確にすることができず，個人差によるばらつきと捉えることしかできなくなってしまったであろう．これらの結果より，運転支援技術等を目指す上での運転行動の把握においては，従来の方法に加え，個人の認知機能を加味し，被験者をスクリーニングして実車運転場面での行動計測を実証するというCCEの方法論が有効であると考えられる．

また，従来の運転行動研究では，例えば「縦列駐車」や「交差点での一旦停止場面」など，運転行動場面に特化した問題解決の方策が探索されてきた．本アプローチは，（教習所内で可能なという前提付きではあるが）実環境下での運転行動全般と認知機能との関連を見い出すことを主眼にしており，汎用性の高いアプローチであると考えられる．これらの成果は，今後，シーンに特定の問題解決場面が生じたときに応用可能なものと考える．

さらに今後は，運転行動に影響すると想定される他の認知機能，例えば空間イメージ機能や注意機能等との関連をも明確にし，複数の認知機能に基づくプロファイリング手法を確立することを目指したい．加えて，被験者（ドライバー）自身が自分の認知機能をどのように認知しているのか（メタ認知）を明らかにし，その認知と実際の認知行動との関係を探り，メタ認知を問う質問紙による簡便なプロファイリングの手法構築にもつなげることを検討中である．さらには，ドライバーの運転操作に対する不安等の心的状態をも考慮に入れ，より個々のドライバーに信頼される運転支援システム/HMIの評価と創出を目指していく．

参考文献

4.1節の参考文献

[4.1]　北島宗雄・熊田孝恒・小木元・赤松幹之・田平博嗣・山崎博「高齢者を対象とした駅の案内表示のユーザビリティ調査：認知機能低下と駅内移動行動の関係の分析」人間工学，44，3，131-143，2008

[4.2]　北島宗雄「サービス受容者の認知・評価構造」サービス工学入門，71-89，内藤耕（著，編集），東京大学出版会，2009

4.2節の参考文献（本節の内容は以下の研究をまとめたものである）

[4.3]　丸山泰永・黒田浩一・加藤和人・北崎智之・簑輪要佑・稲垣和芳・梶川忠彦・北島宗雄・赤松幹之「ドライバにとって有益な情報の要因に関する一考察」自動車技術会論文集，40，2，537-543，2009

[4.4]　簑輪要佑・稲垣和芳・梶川忠彦・北島宗雄・赤松幹之・北崎智之・黒田浩一・丸山泰永「ドライバーにとって気の利いた情報とは～実走行時の運転者と同乗者の自然対話の調査分析～」シンポジウム「モバイル08」，21-26，2008

[4.5]　Kitajima, M., Akamatsu, M., Maruyama, Y., Kuroda, K., Katou, K., Kitazaki, S., Minowa, Y., Inagaki, K., and Kajikawa, T., "Information for Helping Drivers Achieve Safe and Enjoyable Driving: An On-Road Observational Study", Proceedings of the Human Factors and Ergonomics Society 53rd Annual Meeting 2009 (HFES2009), 1801-1805, 2009

4.3節の参考文献

[4.6]　岩男眞由美・赤松幹之・石橋基範・大桒政幸・城戸滋之・熊倉佐恵・栗谷川幸代・高田裕史　"「彼ってどういうドライバ？」―ドライバの特徴を記述するフェースシー

トづくり―", 自動車技術, 58 (12), 28-33, 2004

[4.7] 石橋基範・大桒政幸・赤松幹之 "運転スタイル・運転負担感受性の個人特性指標と運転行動", 自動車技術, 58 (12), 34-39, 2004

[4.8] 美記陽之介・宮下由佳・植栗寛達 "さまざまなユーザを考慮したHMI開発", 日産技報, 61, 38-42, 2007

[4.9] Reitan, R. M. "Validity of the trail making test as an indicator of organic brain damage", Perceptual and Motor Skills, 8, 271-276, 1958

[4.10] 堀川悦夫・田野通保・大門敏男・丸山将浩・岡村信行・松井敏史・荒井啓行・佐々木英忠・樹神學 "高齢者の認知機能と運転行動の関係について ―Trail Making Testと運転シミュレータを用いての検討―", 東北大医短部紀要, 11 (1), 25-36, 2002

第 5 章

情報サービス

5.1 高齢者の認知機能と情報行動

5.1.1 高齢者の情報行動と情報機器

現在の日本社会は「超高齢化情報化社会」である．これは，「超高齢化社会」と「情報化社会」が同時に生起した社会である．「超高齢化社会」は，65 歳以上の高齢者の中で 75 歳以上の後期高齢者の占める人口の割合が急増している状況を指している．「情報化社会」は，情報通信技術の進歩によって登場した新たな情報機器を利用して，様々な情報を扱うことが求められる状況を指している．「超高齢化情報化社会」では，新たな技術が搭載された複雑かつ高機能な情報機器が，すべての世代の人の生活の場である家庭の中に導入されはじめている．表 5.1.1 は，その一端を示している．これは，2007 年と 2008 年の 2 年間で，二つの地域で独立して行った高齢者世帯における各種機器の所有率に関する調査結果である [5.1]．携帯電話は 7 割以上，デジタルテレビ，パソコンといった情報機器の所有率は 4 割以上であった．

家庭で利用される情報機器のカテゴリの一つに「情報家電機器」がある．情報家電機器とは，シンプルな機能を有する家電機器に情報通信技術を取り入れることによって，画像や音声，テキストデータ等の情報を，インターネット回線等のネットワークを介して高速・大量に交換することを可能にした機器である [5.2]．代表的な情報家電機器にデジタルテレビがある．デジタルテレビには，番組情報や番組表，静止画などの閲覧機能が搭載され，従来のアナログテ

表 5.1.1　高齢者の自宅における機器の所有率（2007 年と 2008 年，高齢者 309 人）

情報機器	携帯電話	FAX	パソコン	インターネット	DVD	デジタルカメラ	デジタルテレビ	HDビデオ	メモリオーディオ	携帯ゲーム機
	70%	66%	57%	49%	49%	48%	42%	41%	27%	16%
非情報化機器	電子レンジ	エアコンクーラー	アナログテレビ	全自動洗濯機	留守電	ビデオ	ICカード	ビデオカメラ		
	96%	95%	90%	83%	82%	77%	55%	28%		

レビで視聴できる動画以外の様々な情報へのアクセスが可能となっている．また，双方向通信機能も搭載されているので，デジタルテレビを家庭内情報端末として利用することもできる．実際，生活に必要な様々な行政サービスに関する情報配信やサービスの申請などをデジタルテレビにより行えるようにするという案も示されている [5.3].

以上のように，現在の情報化社会において情報家電機器のような情報機器を，「ネットワークを介した情報行動（以下「ネットワーク情報行動」と呼ぶ)」を支える機器として利用することが，今後ますます強調されるようになると考えられる．情報行動とは，情報化社会において様々な活動を行っていく上で，その活動に必要な情報を主体的に取捨選択し，入手する行動である．現在，それらの行動はネットワークを介して行われている．これを十分に行うためには，情報機器の操作をスムーズに行えなければならない．それができない場合，生活に必要な様々な情報を得られず，質の高い日常生活を営むことが難しくなる．

これまで，情報機器を利用したネットワーク情報行動は，比較的年齢の低い人々を中心として行われていた．若年者は，これらの情報機器を比較的スムーズに使っているように見えるが，高齢者にとっては必ずしも「使いやすい」道具ではなく，高齢者は操作上の様々な「困難さ」を示すことが報告されている [5.5]．今後さらに高齢化社会が進むと，高齢者だけで生活する家庭環境が増え [5.4]，高齢者自身が情報機器を使ったネットワーク情報行動を自律的に行うことが必要になる場面が増加すると考えられる．このとき，情報機器の使いにくさは致命的である．このような情報機器の操作上の困難さは，円滑な情報行動を阻害し，結果的に高齢者が機器を使って行おうとした活動が行えないことになる．高齢者が情報機器を使えないことによりネットワーク情報行動が行えないという問題を解決するためには，使いにくさを解消した情報機器を社会に提供していく必要がある．そしてその第一歩として，高齢者の情報機器の操作上の困難さの原因を明らかにすることが必要である．

本節では，高齢者の情報機器の使いにくさの原因を明らかにするために，2.2節で解説されたCCEにおける認知的クリティカルパラメータに注目し，高齢者の情報機器の操作に関わる認知的な特性を明らかにした研究を紹介する．そして，認知的クリティカルパラメータの観点から高齢者の情報機器の使いにくさの原因を捉えることの有効性について解説する．

5.1.2 高齢者にとっての情報機器の使いやすさ

(1) 認知的インタフェースと認知的加齢

情報機器は，はさみやペンといった単機能の人工物とは異なり，複数の機能を持った人工物である．このような人工物は，人間の高次認知機能を必要とする「認知的インタフェース」を有しており，使いやすさはその設計にかかっている．これまで認知的インタフェースは，認知工学と呼ばれる研究領域において研究されてきた．認知工学は，情報機器を操作する際のユーザの認知過程を明らかにし，その認知過程とインタフェースの間の不適合を取り除き，より人間の認知過程に適合したインタフェースのデザインを実現することを目標としている．

認知工学のアプローチにより高齢者ユーザにとって使いやすい情報機器の要件を明らかにしようとするとき，認知機能が加齢に伴って低下することの影響を考慮することが重要である．原田ら［5.5］［5.6］は，ATMやLモード電話機（ネットワーク接続機能を持った電話機）といった情報機器の使いにくさを明らかにするために，高齢者と若年者に対してユーザビリティテストを実施した．そして，高齢者に固有の問題が見い出されることを報告している．例えば高齢者は，複数の情報の中で目立った情報に引きずられて操作を誤ったり，同じ操作エラーを繰り返す．これらは，加齢に伴う認知機能の低下が影響していると考えられるが，どのように影響しているのかは若年者と高齢者のテスト結果を比較しただけでは解明できない．加齢に伴う影響を明らかにするには，「高齢者自身」の認知機能の特性に焦点を当てた検証が必要である．

(2)　高齢者の認知機能低下のパターンと認知的クリティカルパラメータ

「認知」とは，人間が情報を処理して行動に結びつけるまでに行われる認知過程の働きの総体を指し，複数の下位機能により構成されている．認知機能は加齢に伴って低下することが知られているが，加齢の影響を強く受けるものとそうでないものとがある［5.7］．また，機能低下が始まる時期や低下の度合いは個人によってまちまちである．したがって，加齢に伴って認知機能が一様に低下するのではなく，個人ごとに異なった様相を示すことになる．言い換えれば，加齢に伴う認知機能の低下については様々なパターンがあるということになる［5.8］．したがって，年齢を特定しても個人の認知機能を特定することはできない．同じ年齢であっても，どの認知機能がどの程度低下しているかに関して，非常に大きな個人差が存在するからである．

加齢に伴う認知機能の低下が情報機器の使いやすさを低下させる要因であると想定したとき，その二つの関係を明らかにするためには2.2節で説明した方法が有効である．まず，情報機器操作に影響を及ぼす可能性のある認知機能の中で，加齢に伴って機能低下が起こる認知機能（認知的クリティカルパラメータ）を特定し，それらの低下のパターンを導出し，実験に参加する高齢者ユーザの一人一人の認知機能プロフィールを明確にする．そして，実際の操作場面に近い状況で各個人の情報機器操作を記録し，操作の仕方の特徴を洗い出し，各個人の認知特性との関連を考えながらその困難さの原因を見い出す．

5.1.3　高齢者の情報機器操作に関する認知行動過程（CCE-2：クリティカルパラメータの決定）

(1)　ノーマンの操作の7段階モデルと認知的クリティカルパラメータ

高齢者の認知的インタフェースの操作に関わる認知的クリティカルパラメータに関する仮説を導出するために，人工物を操作する際の，人間の認知過程を記述した代表的なモデルであるノーマンの「操作の7段階モデル［5.9］」を検

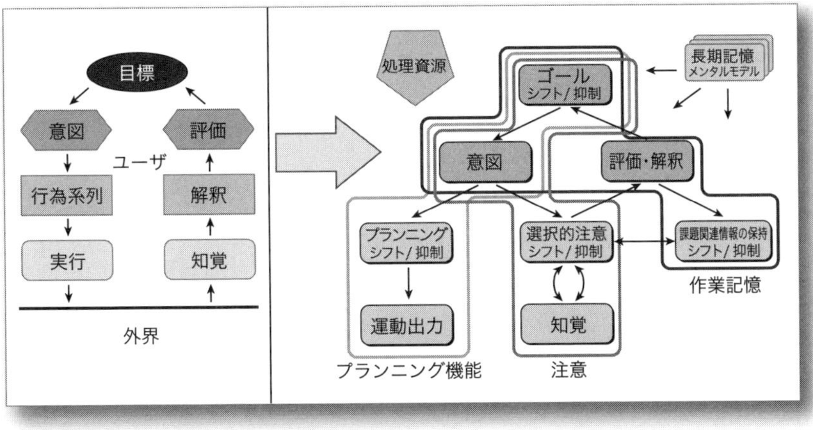

図 5.1.1 ノーマンの操作の 7 段階モデル [5.9]（左）と熊田らのモデル [5.10]

討する．このモデルは，モデルヒューマンプロセッサ（あるいはその進化版である MHP/RT（1.2.4 節を参照））によって，ユーザが機器操作をする場面をシミュレートした結果を近似的に表現するモデルである．

ノーマンのモデルでは，ユーザは何らかの目標を達成するために道具（情報機器）を利用すると考えることが前提にある．この前提を立てることで，ノーマンは道具の操作を一種の認知課題と捉え，認知課題を解決する認知過程を分析し，道具の操作の認知過程を以下のような七つのステップで記述している（図 5.1.1）．まず，ユーザはその時点での目標から意図を形成し，意図から行為を決定し，実行する．実行の結果として生じた外界の事象を知覚，解釈し，それを評価する．また，評価結果の如何によっては，再度，意図を形成することとなる．この認知過程のサイクルは，道具を利用している間，繰り返される．しかし，何らかの原因によってこのサイクルが停止してしまうことがある．このような場合，ユーザは目標を達成できない．この認知過程のサイクルは，人間の認知機能によって支えられている．人間の認知機能が適切に機能することで認知過程のサイクルは適切に駆動し，スムーズな操作が生み出される．このことから，認知的インタフェースに関与する認知的クリティカルパラメータは，認知過程のサイクルを支える認知機能と対応付けることができる．しかし，ノーマンのモデルでは，認知過程を支える認知機能が具体的には示されていない．これらについて，認知心理学などの分野の先行研究の知見から見い出していく必要がある．

(2)　情報機器の操作に関わる認知的クリティカルパラメータ

熊田ら［5.10］は，認知的インタフェースを支える認知機能として注意機能，作業記憶機能，プランニング機能の3機能を取り上げ，各認知機能の役割を以下のように説明している．

注意機能：注意機能は，目標を達成するために必要な情報に意識を向け，利用可能な状態にする機能である．例えば，機器のインタフェース上には，操作の目標達成に関連する情報やオブジェクトと，その目標達成には関連しないが前者と形状や意味的な類似度が高い情報やオブジェクトが配置されている場合がある．このような場合，ユーザは注意機能を適切に機能させることにより操作に関連する情報やオブジェクトのみに注意を向け，利用可能な状態にすることができる．さらに複雑な情報機器においては，インタフェース上のレベルだけでなく，機器を操作する際のユーザの心的な目標構造のレベルにおいても注意機能が関与している．例えば，ターゲットとなる下位目標や現在の目標に対して，適切に注意を向ける際に機能すると考えられる．

作業記憶機能：作業記憶機能は操作の認知過程において，インタフェース上に配置された操作に必要な情報（例えばラベルの文字，アイコンの形状）や目標構造の中の下位目標を常に利用可能な状態で記憶に留めておく機能である．作業記憶の機能が適切に働かない場合，ラベルの情報や配置を正しく覚えられず，そのインタフェースの全体像を理解することができなくなったり，操作過程において目標を喪失し，目標とは異なる操作を行ってしまうなどの状況が起こる可能性が考えられる．

プランニング機能：プランニング機能は，機器の操作の目標に応じて適切な目標や下位目標を設定し，機器の正しい操作系列を組み立て，状況の変化

表 5.1.2 認知的インタフェースに関わる認知的クリティカルパラメータ（CCP）

CCP	認知的インタフェースでの機能的役割
注意機能	目標を達成するためにインタフェース上の必要な情報に意識を向け利用可能な状態にする機能
作業記憶機能	インタフェース上に配置された操作に必要な情報（例えば，ラベルの文字，アイコンの形状）や目標構造の中の下位目標を，常に利用可能な状態で記憶に留めておく機能
プランニング機能	機器の操作の目標に応じて適切な目標や下位目標を設定し，機器の正しい操作系列を組み立て，状況の変化に応じて操作系列を適切に更新する機能

に応じて操作系列を適切に更新する機能である．プランニング機能が適切に機能しない場合は，目標に対応しない誤った操作系列や意図の明確でない操作系列が組み立てられる可能性が考えられる．

表 5.1.2 は，これら 3 種類の認知機能とノーマンの七つステップの関係を示している [5.10]．まず，機器操作を介した活動の目標が設定されると，そこから意図が生成され，意図に関連した情報が注意機能によって選択される．選択された情報は作業記憶に貯蔵され，解釈と評価が行われる．その解釈と評価の結果，何らかの行動が実行される場合にプランニング機能を介して行為の系列が形成され，最終的な運動出力として活動が実行される [5.8]．これら 3 種類の認知機能は，加齢によって機能低下することが明らかになっている [5.9]．これらを踏まえると，認知的インタフェースの操作場面における認知的クリティカルパラメータとして，これらの 3 種類の認知機能を想定することができる．

5.1.4 デジタルテレビ操作の困難さと認知機能低下の関係

鈴木ら [5.12] は，2011 年のアナログテレビの停波という社会的状況のためにここ数年間で家庭の中に急速に普及しているデジタルテレビを評価対象の情報機器と設定し，デジタルテレビの操作上の問題と認知機能低下の関係を見い出す研究を行った (CCE-1)*1．この研究は，高齢者ユーザの認知機能を測定し，

*1 この研究は日立デザイン本部と産業技術統合研究所との共同研究である．

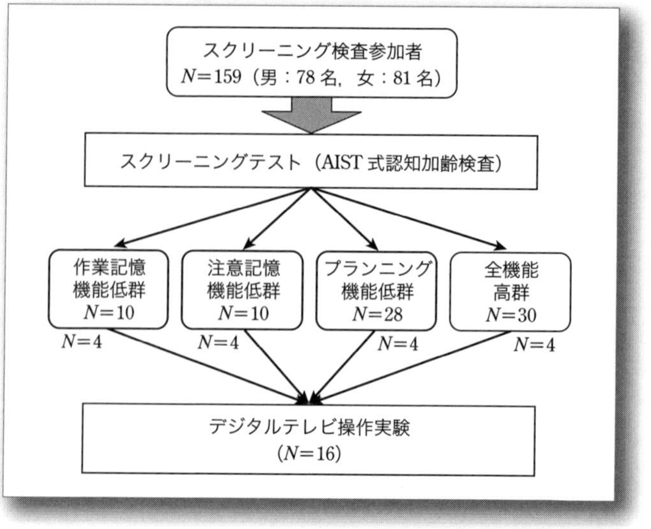

図5.1.2　認知加齢検査による高齢者参加者のスクリーニング

高齢者をグルーピングするスクリーニング調査と，デジタルテレビの操作実験の二つのフェーズで構成されていた．

(1)　認知特性の異なるモニタを選定する（CCE-3：エリートモニタの選定）

エリートモニタを選定するためのスクリーニング調査では，高齢者159人（男性78名，女性81名，年齢幅60～82歳，平均年齢71.5歳（SD = 4.6））に対してAIST式認知加齢検査（AIST-CAT）[5.14] を実施し，注意機能，作業記憶機能，プランニング機能を測定した．スクリーニング調査によって得られた認知プロフィールを参考にして，参加者を次の5群に分けた（図5.1.2）．

・3種類の認知機能の中の一つの機能のみに機能低下が認められ，残りの二つの機能が高機能であった参加者から構成される3群（作業記憶低群，注意機能低群，プランニング機能低群；これらをまとめて認知機能低下群と呼ぶ）

図 5.1.3 デジタルテレビの操作実験の風景

・すべての認知機能が高機能であった参加者から構成される群（全機能高群）
・どの群にも当てはまらないその他の参加者から構成される群

(2) デジタルテレビ操作過程の記録，ユーザビリティ指標に基づく表現を行う（CCE-4：現場での行動観察，CCE-5：表現空間の定義）

操作実験の被験者として，スクリーニング調査で抽出された認知機能低下群，ならびに全機能高群から，それぞれ 4 名を選定した．操作対象情報機器は大型デジタルテレビとした．このデジタルテレビには，番組表の閲覧，番組情報の閲覧，ハードディスクレコーダ機能などが搭載されていた．

被験者は，これらの機能を利用して達成できる課題を実施した．操作実験の風景を図 5.1.3 に示す．被験者の課題遂行過程は，操作データ，発話データ，視線データの 3 種類により記録した．

(3) ユーザビリティ指標に基づく評価をもとに操作行動をモデル化する（CCE-6：行動の表現）

操作がスムーズに行われたかどうかは，従来，ユーザビリティファクタとして知られている指標を利用して見い出すことができる．そこで本研究では，

・操作エラー

・特定のボタンを押下するまでの時間
・課題遂行時間

を指標として利用し，被験者の操作行動の特徴を見い出した．

(4)　量的・質的分析（CCE-6）

以下では上記の指標を利用して，各群の操作行動の共通性および相違点について，量的・質的な分析を行った結果を説明する．

①　メニュー起動ボタン（メニューボタン）押下の困難さ

デジタルテレビのような情報機器では，ディスプレイ上に表示されるメニュー操作により複数の機能を利用することができる．本実験では，メニューを表示させるためのリモコン上の「メニューボタン」押下において，群の間で差が見られた．

a：注意機能低群で見られた操作上の困難さ

被験者は，メニューボタンを押下していくつかの機能を利用する課題を複数回実施した．計測結果を分析したところ，注意機能低群で操作上の困難さが認められた．

注意機能低群は，初めてメニューボタンを押下することを求めた1回目の課題においては操作エラーを示さなかったが，押下までの時間が他群と比較すると最も長いという特徴を示した．しかし，2回目以降の押下までの時間は，他群と同じ水準まで短くなることが示された（図5.1.4）．

この結果から，メニューボタンを利用する際，操作すべきボタンの探索活動において注意機能低下が影響を及ぼすことがわかる．リモコン上には類似したボタンが多数配置されていることを考えると，特定のボタンの探索は注意負荷の高い操作場面である．そのため，注意機能低下により，ボタンを探索する際に時間が長くかかるという困難さが生じてしまったと考えられる．

b：プランニング機能低群で見られた操作上の困難さ

プランニング機能低群では，「メニューボタンの押下を最初に行う」という教示がなかった課題状況（課題4）において，メニューボタンを押下できない状況が認められた（表5.1.3）．この課題状況では，与えられた課題目標（ある機能を利用する）に対して，「メニューボタンの押下を最初に行う」という操作系列

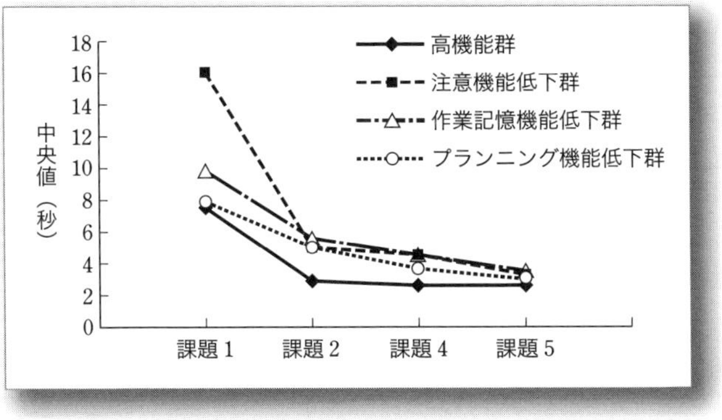

図 5.1.4 メニューボタンを押下するまでの各群の中央値

表 5.1.3 メニューボタンを押下することができた人数

メニュー押下課題	課題1	課題2	課題3	課題4	課題5
教示の有無	有	有	有	無	有
全機能高群	4／4	4／4	4／4	3／3	4／4
注意機能低群	4／4	4／4	4／4	4／4	3／4
作業記憶機能低群	4／4	4／4	4／4	3／3	4／4
プランニング機能低群	4／4	4／4	4／4	2／4	4／4

※成功人数／課題遂行人数（最大4名）

を自発的に組み立てることが必要だった．このような場面ではプランニング機能が必要とされ，高い認知的負荷がかかる．このことにより，プランニング機能低群において操作エラーが生じてしまったと考えられる．

② カラーボタンの操作における困難さ

デジタルテレビに特有なボタンに，リモコン上に配置された4色（青，赤，緑，黄）のカラーボタンがある．カラーボタンの機能は，ディスプレイに表示されるアイコンのラベルによって示される．したがって，カラーボタンを正しく操作するためには，ディスプレイに表示されたアイコンとカラーボタンを対応付けて，ラベルの情報を正しく理解することが求められる．

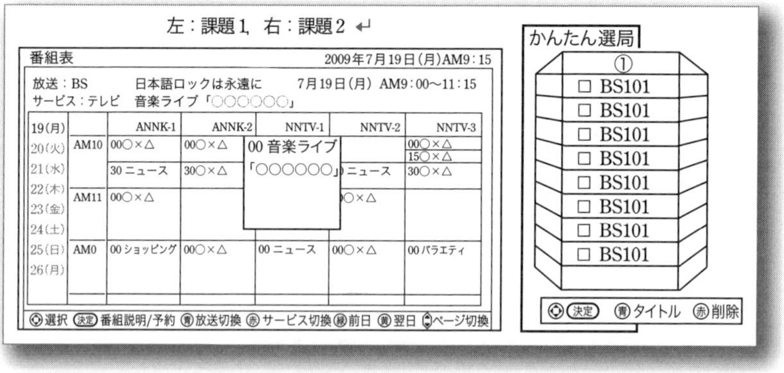

図5.1.5　画面上のカラーボタンアイコンの例

a：注意機能低群で見られた操作上の困難さ

被験者は，次の二つの課題状況でカラーボタン操作を行うことが必要だった（図5.1.5）．

・ディスプレイ上に四つのカラーボタンが，リモコン上での順序と同じ順序で配置された状況（課題1），

・ディスプレイ上に二つのカラーボタンが配置された状況（課題2）．

注意機能低群において，課題1では操作エラーが認められなかったが，課題2では操作エラーが認められた（表5.1.4）．この結果は，ディスプレイ上のアイコンの数とリモコンのボタンの数が対応していない場合，注意機能が低下するとカラーボタンの選択で困難さが生じることを示している．カラーボタンを操作するためには，リモコン上のカラーボタンをディスプレイ上のアイコンに対応付ける必要がある．対応付けが簡単に行える場合に比べ，対応付けるものの数や形に食い違いがある場合にはより高い注意機能が必要とされる．そのため，数に違いのある課題2において，注意機能低群は操作エラーをより高い頻度で生じさせたと考えられる．

表 5.1.4 カラーボタンを押下することができた人数

カラーボタン押下課題	課題 1	課題 2
全機能高群	3／3	3／4
注意機能低群	4／4	1／4
作業記憶機能低群	4／4	2／4
プランニング機能低群	2／3	4／4

※成功人数／課題遂行人数（最大 4 名）

表 5.1.5 誤押下頻度（各群の合計値，各群 4 名）

	誤押下頻度（回）
全機能高群	2
注意機能低群	2
作業記憶機能低群	7
プランニング機能低群	2

③ 類似した名前のボタン操作における困難さ

多機能な情報機器の特徴として，ボタンに表示するラベルが増加することと，そのラベルの名称が類似していることが挙げられる．例えば，デジタルテレビのリモコンには「番組表」「録画番組」「番組検索」というように，同じ語（ここでは「番組」）を含むラベルがある．機器を正しく利用するためには，操作の目標を達成するために必要なラベルの名称を覚え，区別することが求められる．

a：作業記憶機能低群で見られた操作上の困難さ

被験者は三つの課題において，「番組表」のボタンを押下することが必要であった．その 3 課題で「番組表」のボタンを押さず，「番組」という語を含む「番組表」以外のボタンを押下する現象が認められた．各群で誤押下の頻度を比較したところ，作業記憶機能低群で最も多いことが示された（表 5.1.5）．

作業記憶機能が低下すると，課題遂行時に操作に必要な情報の保持機能が低下し，正しい情報を適切に保持できなくなる．今回の現像において，情報選択されるボタンは課題達成に有効と思われるボタンである．しかし，「番組」という語は生活の中で高い頻度で遭遇するが，「番組」と「表」の組合せは少ない．

その結果,「表」という語が作業記憶から消失し,「番組」という語が外部（この場合はリモコン）から入力されたとき,「番組表」以外のボタンであっても目標としているボタンであると評価された可能性が考えられる．この現像からは,作業記憶機能が低下すると操作に必要な情報を正しく覚え続けることができず,類似したボタンと混同してしまい，間違ったボタンを押してしまう可能性があることがわかる．

5.1.5　今後の展開

本節では，高齢者の情報機器の操作上の困難さの原因を探るために，高齢者の認知的インタフェースの操作に関わる認知的クリティカルパラメータを定義し，その認知的クリティカルパラメータの適用方法，適用例について述べた．この適用例であるデジタルテレビ操作実験では，CCE の観点からグルーピングされた高齢者群が，それぞれある程度固有の操作上の困難さを示すことが示された．そして，各群で固有に見られた操作上の困難さの原因について認知的クリティカルパラメータの観点から解釈を行ったところ，操作上の困難さの原因について，各認知機能低下から解釈することができた．このことから，デジタルテレビの操作上の困難さの原因の一つは，高齢者の個々の認知機能が加齢によって低下する認知機能の特性・低下によるものであると結論付けられ，認知的クリティカルパラメータの観点から高齢者の認知プロフィールを明らかにする方法が有効であることが確認できた．

以下では，高齢者の認知プロフィールから情報機器の操作上の困難さの原因を捉える研究の今後の展開について述べる．

(1)　認知的困難さのないインタフェースデザイン

情報機器の操作上の困難さの原因が明らかになった後には，その困難さを解消したインタフェースのデザインを提案するための方法論を確立する必要がある．困難さを解消したデザインは，高齢者の認知機能低下を補償することを目的に設計されたデザインとなると考えられる．そして，この補償デザインの設計は，認知的クリティカルパラメータである認知機能の機能的役割を十分に理解したデザイナーによって行われ，そのデザイナーの経験に基づいてデザインが考案されることになるだろう．しかし，デザイナーによって提案されたその補償デザインが有効であるかどうかは保証できていない．その有効性は，そのデザインが認知機能低下を補償するかどうかを検証する仮説検証型の研究（ユーザビリティテスト，操作実験）を通して確認する必要がある．このような手続きを踏んだデザインは，認知機能の低下を補償し，高齢者にとって使いやすい情報機器のデザイン指針として，実際の情報機器の開発場面で有効なものとなると考えられる．

(2)　長期の機器利用過程

今後の課題として，実際に機器が操作される場面に近い現実的な環境の中での情報機器の操作上の困難さに注目し，その困難さの原因を認知的クリティカルパラメータの観点から解釈が可能かを検討する必要がある．

現実の場面では，高齢者ユーザは，情報機器を自らの道具として主体的に利用できるようにならなければならない．これまでの機器操作の評価を行うユーザビリティテストでは，基本的にユーザが当該機器を初めて操作する状況を設定していた．このような状況は，実際の機器の利用の場面の一部分，特に機器を利用しはじめる過程の初期の段階の場面を部分的に取り上げていると考えられる．このように，部分的に場面を取り上げて機器操作上の困難さの原因を検討することも，情報機器のインタフェースデザインの向上を目指す場合には重要であると考えられる．しかし，短い時間の中で操作の困難さに焦点を当てるだけでは，現実的な環境の中での情報機器の利用における問題については十分にアプローチできないだろう．

今後は，実際の環境の中での長期の機器の利用過程を評価する長期ユーザビリティテストなどの方法［5.13］と認知的クリティカルパラメータの観点を融合し，長期の利用プロセスにいかなる認知機能が関与しているのか，また，その長期の利用プロセスでの使いにくさを生み出す要素はいかなるものなのかを認知的クリティカルパラメータの観点から明らかにする必要がある．

以上のような二つの展開によって，今後，認知的クリティカルパラメータの観点からより現実的で新しい「使いやすい認知的インタフェース」デザインの要素，方向性を見い出すことができると考えられる．認知的クリティカルパラメータの観点から高齢者の「使いやすさ」にアプローチする研究は始まったばかりであり，今後，方法論の精緻化とともにさらなる知見の積み上げが望まれる．

5.2　快楽消費における情報取得行動

5.2.1　高次化・多様化する消費者の欲求

(1)　消費者の行動を説明するロジック

これまでの消費者行動研究の多くは，消費者の問題解決の意図から生じる，消費者の購買に至る意思決定プロセスを明確することに主眼が置かれていた．例えば，冷蔵庫の中の卵がなくなってしまったので卵を買いに行く，あるいはテレビが 2011 年に地上デジタル放送になることによって地デジ対応のテレビを買い換えなければならない，といった消費者の行動を情報処理モデルで説明することである．これらは基本的に消費者にとって，現在または将来に起こる欠乏や不満・不安を解消しようとする合理的で計画的な行動である．この購買に至るプロセスを消費者行動の観点から説明し，これをマーケティングやブランド戦略に応用しようとするものである．

しかし現代社会においては，物質的な豊かさが満たされていなかった時代とは異なり，これまでの消費者の欠乏感を埋める問題解決を中心とした消費者行動だけでは説明がつきにくい対象も目立ってきている．例えば，話題のゲームソフトを購入するために徹夜で店頭に並んで待つことや，外国から輸入した毒蜘蛛をペットとして飼うなど，およそ興味・関心のない人にとっては共感しがたい消費者行動も存在する．徹夜して店頭で待つという消費者の心理は，そのものをいち早く手にいれて使ってみたいという純粋な消費動機以外にも，他人よりいち早く手に入れることで得られる優越感や，購入の際のお祭り騒ぎ的なイベントとして参加することに動機があり，メモリアルな消費マインドが働いているともいえる．また，およそペットとして似つかわしくない危険な生物を可愛がるのも，他人との差別化の意識や危険なものを取り扱える能力を実感する喜びや達成感といった，自己効力感が動機の一つになっているとも言えなくはない．私たちの多くが共感できる，人生の伴侶となる犬や猫をペットにする動機（寂しさを紛らわす，可愛らしさを享受するなど）とは大きく異なっている．

このように，消費者行動の動機やきっかけは複雑かつ不透明で，従来の消費者行動の意思決定プロセスを明らかにする情報処理モデルでは説明しにくいものがありそうだ．特に消費者の欲求が高次化・多様化した現代社会において，このような傾向がより顕著になっているといえる．

今日の消費者行動研究において，欲求の問題を解決する計画的な購買を前提とした消費者の意思決定プロセスを明らかにする情報処理パラダイムの考え方は，依然メインストリームである．しかしながら，近年，この考え方だけでは消費者行動の全容が説明できないことが多くの研究者により指摘されている［5.14］［5.15］［5.16］．

ここで，現在の消費者行動研究が抱える問題点について簡単にまとめると，以下のようになる．

・非計画購買が約７割を占める
・合理的ではない購買行動・消費行動が観測される
・これまでの研究が購買までの意思決定に偏っていた
・意思と行動が必ずしも一致しない

以上のような問題点を踏まえ，従来の情報処理モデルに消費者の感情や情動などの非合理的な要素を含め，より包括的にモデルを拡大させたポストモダンな研究や，消費者の「購買行動」ではなく「消費行動」に焦点を当て，その消費の意味を理解しようとする研究が盛んになってきている［5.14］［5.15］［5.16］．

このように，満たされた時代の消費者の行動について，消費経験の充分な理解は今日の重要な研究のテーマとなっている．

(2) 消費者行動研究における快楽消費

「いつも使っているシャンプーが残り少なくなったのでそれをまた購入する」といった合理的な消費者行動に対しては，「なぜそのような行動をするのか？」

といった理由や背景の説明を「商品の欠乏」という観点で捉えることができる．しかしながら，特定のプロ野球球団の主催試合をスタジアムでほぼ全試合を繰り返し観戦するといった行為は，そのプロ野球球団や野球が好きでない限り，何が欲求として欠乏しているのかが明らかではなく，共感しにくい部分があるのではないだろうか．

彼らがスタジアムに繰り出すのは，単にチケットが安く手に入ったとか，日常的に何か不足しているものを明示的に感じ，それを満たすためにスタジアムに足繁く通うといった単純明快なものではない．その意味では，スタジアムでの野球観戦をリピートする動機やその背景を，スタジアムでの消費経験に求めるのが妥当であろう．

このような事例を快楽消費（ヘドニックコンサプション）という概念で説明したのがホルブルックとハーシュマン［5.17］［5.18］である．彼らは，特にスポーツ観戦や芸術鑑賞といったテーマに対して，これまでの情報処理モデルとは異なる考え方を展開した．そこでは，商品・サービスの選択，購買までのプロセスを明らかにするのではなく，その後の商品・サービスの利用とそこで得られた経験（消費経験）に伴う様々な感情や空想といった部分に着目した研究が行われ，経験を享受した結果，そのときの快楽が欲求につながっているとした．

今日では，彼らの研究がスポーツ観戦や芸術鑑賞の研究の出発点であったこともあり，「快楽」に関する消費者行動研究は芸術や大衆文化などのエンターテイメント，スポーツやレジャーを対象とした研究と思われがちではあるが，堀内［5.19］は快楽を「主観的に望ましい感情を経験すること」と定義し，強い感情としての熱狂や面白さ，楽しさだけでなく，日常生活のささやかな喜びや気楽さも快楽の本質に含まれるとしている．これらの主張については堀内の著書に詳しい．

以降は，快楽消費といえるプロ野球観戦行動と，温泉旅行の観光行動における情報取得行動と消費経験について，CCE 調査を適用した事例について述べる．

5.2.2 プロ野球観戦における情報取得行動*1

(1) 消費経験に潜むリピートの要因

快楽消費では，商品・サービスの利用・使用に伴う経験が，顧客の満足度や今後の消費者行動に影響を与えていることを述べた．つまり，消費経験の過程でとられる行動の中に，好んで商品・サービスを再選択する要因があるものと推察される．

では，スタジアムにおけるプロ野球観戦では具体的にどのような消費経験がなされ，どのような要因が次の観戦意欲につながっているのだろうか．このような集客施設に反復して通う顧客を増やす課題は，プロ野球に限らず集客を収入源とするサービス産業全般にとって関心の高いテーマである．

そこで，観戦者向けサービス型の快楽消費の一つとして，北海道日本ハムファイターズの本拠地である札幌ドームにおける観戦行動について，CCE を適用した調査を実施した．この調査により，観戦者の情報取得行動と消費経験を明らかにすることで，そのリピート要因になるものを求めた．

(2) ファイターズファンのノンファンの構造化

プロ野球のスタジアム観戦者と一口に言っても，観戦に対する姿勢や観戦スタイル，ファンとしてのコミットメント（献身）レベルには様々な違いがある．同じファンを公言していても，スタジアム観戦に繰り返し足を運ぶ人とそうでない人がいる．彼らの間に，スタジアム観戦を楽しむという点において具体的にどのような違いがあるのだろうか．また，具体的にどのような要因がファイターズに対する感度の違いに影響したのだろうか．

平成 20 年度の調査結果（3.1 節を参照）を踏まえ，改めてファンの定義を見直すことを目的に，ファイターズファンとファイターズに関心のない人（ノンファン）を対象にインタビュー調査を実施し，表 5.2.1 と図 5.2.1 に示すように，スタジアム観戦の**アクティビティレベル**とファイターズに対する**コミットメントレベル**の軸で，ファンとノンファンを構造的に表現することを試みた

*1 本調査は，平成 21 年度経済産業省委託事業「IT とサービスの融合による新市場創出促進事業（サービス工学研究開発事業）」の一環として実施された．

表 5.2.1　ファンおよびノンファンの構造化と定義

大分類		小分類	説明
ファン	リピータ	コミットメントリピータ	札幌ドームでの主催されるほぼすべての試合を観戦する
		自己抑制リピータ	3連戦のうち1戦，あるいは1ヶ月のうち1戦のペースで観戦に訪れる．自己抑制する理由は様々．
		トライアルリピータ	参入が最近で，将来，自己抑制リピータ，コミットメントリピータになりうる観戦者．
	潜在リピータ	シーズナル観戦者	クライマックスシリーズや日本シリーズなど，盛り上がる試合に足を運ぶ，ファンを自認する観戦者．
		インビジブル観戦者	主に情報メディアを通じて楽しむ，ファンを自認する観戦者．
ノンファン		ノンコミットメント	ファイターズに肯定的でも否定的でもない者．
		野球観戦者	贔屓チームがなく，純粋にプロ野球楽しむ観戦者．
		他球団ファン	ファイターズ以外の球団のファン．

(球場観戦のクリティカルパラメータ).

まず，ファイターズファンを大きく分類すると，リピータ，潜在リピータの二つに分類できる．リピータは，現在スタジアム観戦をリピートしているファンである．このうち，コミットメントリピータは球団に対する献身度が高く，スタジアム観戦の回数が非常に多い．「時間を作ってでもスタジアムに通う」とするリピータである．自己抑制リピータは，気持ち的にはできる限りスタジアムで観戦したいが，経済的な理由や仕事・家庭の事情により観戦を制限している，あるいはせざるえない状態にあるリピータである．

潜在リピータは，将来，リピータとして見込める者である．スタジアム観戦の経験の有無に関わらず，通常はTVやラジオ，動画配信サービスで観戦を楽しんでいるファイターズファン，あるいはファイターズに中立的で特別な関心がない者も含まれる．

ノンファンの分類のうち，特定の贔屓チームを持たないで純粋にプロ野球観戦を楽しむ野球観戦者，ファイターズに否定的な人，あるいは他球団のファンは，ファイターズファンとしてリピート観戦を期待しにくい人たちである．

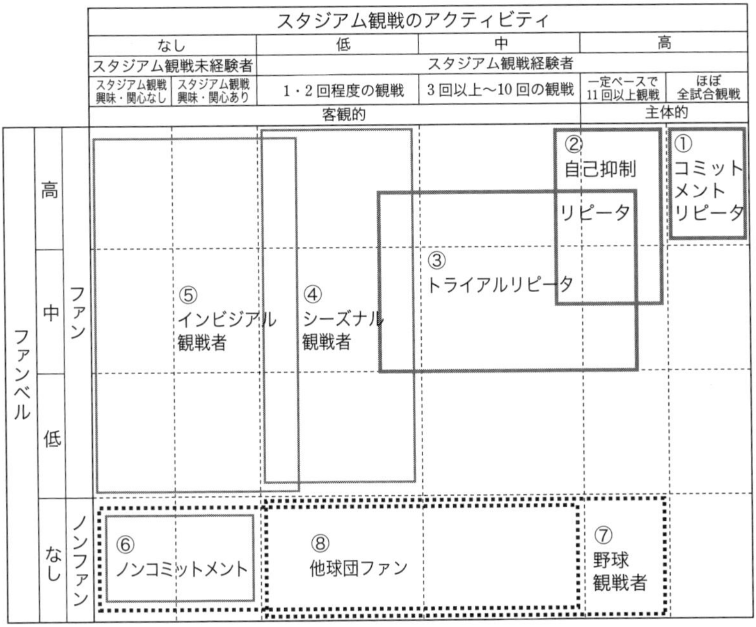

図 5.2.1 ファンおよびノンファンの構造化と定義

次にスタジアム観戦に対する姿勢で分類すると，積極的に自らスタジアム観戦へ行く「主体的観戦者」，知人や家族に誘われたり無料でチケットが入手できたときに行動する「客体的観戦者」の二つに分類される（3番目のクリティカルパラメータ）．

(3) スタジアム観戦時の情報取得行動を調べる

インタビュー調査から多様なファンの動態が確認されたが，これらの属性の観戦者が実際の観戦行動においてどのような消費経験，つまり情報取得行動を行うのかを，CCE の手続きに従って調査を実施した．この調査では，コミットメントリピータ，自己抑制リピータ，ノンコミットメントの3属性を対象に，2.3.2節で説明したスクリーニングアンケートとオーディションの手続きに従ってエリートモニタを抽出し，実際に試合をスタジアムで観戦をしてもらった．

なお，3.1節で説明した平成20年度の調査では，調査者がエリートモニタを

表5.2.2　エリートモニタ属性と観戦エリア

ファンステージ	内野席	外野席
コミットメント リピータ	3名1組	3名1組
自己抑制 リピータ	3名1組	3名1組
ノンコミットメント	3名1組	3名1組

表5.2.3　観戦調査の日程

	対戦相手と日程（2009年）	
1回目観戦	7月20日，21日，22日 千葉ロッテ3連戦	7月31日，8月1日，2日 ソフトバンク3連戦
2回目観戦	8月14日，15日，16日 埼玉西武3連戦	8月28日，29日，30日 ソフトバンク3連戦
3回目観戦	9月11日，12日，13日 千葉ロッテ3連戦	9月21日，22日，23日 埼玉西武3連戦

3名1組に編成し，調査者が指定した観戦座席で調査を実施した．本節で説明する平成21年度の調査では，できるだけ普段の観戦の様子を再現するために，エリートモニタの条件をいつも一緒に観戦座席が隣り合う3名1組の「観戦仲間」とした．また，調査における観戦座席も普段観戦している場所とした．

ただし，ノンコミットメント属性の者については，スタジアムでの観戦が初めてなので観戦仲間はいない．そこで，外野席観戦希望者と内野席観戦希望者とを分け，任意の3名1組を編成し，観戦をしてもらった．

エリートモニタの属性と観戦エリアの関係を表5.2.2に示す．なお，計6組のエリートモニタに，表5.2.3に示すような日程で，1組につき3回の観戦調査に参加してもらった．また，観戦調査後の回顧インタビューを3回実施した．

(4)　エリートモニタ属性の違いによる情報取得行動の違い

①　リピータの特徴

観戦者は，試合を観る以外にも様々な行動をとる．それらは，次の3種類に大別できる．

・トイレや飲食，喫煙など，生理的欲求を満たすための行動
・ゲームやショー，抽選会など，球団が提供するイベントへの参加
・観戦者の間で行われる情報のやり取り

調査の結果，これらの行動はファンレベルや観戦場所によって大きく異なることが明らかになった．まず，内野席観戦者に比べて外野席観戦者は離席する回数が多い．また，ファンレベルが高い観戦者ほど，離席中の時間の使い方が効率的で，イベントの参加や観戦者同士で行われる情報のやり取りが活発になる傾向がある．

外野席観戦者の多くは試合をじっくりと観るスタイルではなく，ファイターズの攻撃中には応援グッズを掲げ，ツインバットで拍子を取りながら応援歌を歌うことが活動の中心となっている．逆にファイターズの守備時には，応援・観戦以外の行動が見受けられる．特に，コミットメントリピータの場合は球場で知り合ったファンも多く，その人たちとの情報交換に多くの時間を費やす．例えば，飲食やトイレ休憩の移動中や喫煙所において，球場で知り合った顔馴染みのファンと次のような情報交換が行われる．

以下に，外野席リピータ観戦者の情報取得行動を列挙する．

a：試合の評価，選手の起用法，選手情報，他球場の経過など野球に関する情報

いわゆる「野球談義」であるが，球場で知り合ったファンとは挨拶代わりにやり取りされる会話である．他球場の経過は，バックスクリーンにある情報より，さらに細かい経過・情報をインターネットを通じて得ている．

b：ファン仲間で企画した応援ツアーに関する情報

気の合うファン同士で，ビジター試合や札幌ドーム以外でのファイターズ主催試合の応援ツアーが企画されることがある．そのときに利用する交通手段やスケジュール調整が行われる．スタジアムでのやり取りは，メールでのやり取りより意思疎通がとりやすいとの意見もあった．

c：写真やグッズの交換，関連する情報

ファン同士で，互いの趣味・嗜好性や贔屓の選手のインデックスが確認されている．それに関する写真やグッズの交換が行われ，相互援助のやり取りが見

受けられる．つまり，球場で知り合ったファン仲間で，誰がどのようなファンレベルでどの選手を応援しているかなどの情報は，ファン同士の間で認識されている．例えばファンではないが，自分がたまたま撮影できたM選手の写真をM選手のファンにプレゼントするなど，互いに写真やグッズ，情報などを供与し合っている．また，球団非公認応援グッズの入手方法，オリジナル応援グッズの自慢，遠征に応援に出るファンに自分の応援グッズを貸し出すなど，ファンの間で情報の交換やコミュニケーションが図られる．

d：観戦マナーや応援・観戦の仕方に関する情報

主に参入間もないファンレベルが低い仲間に対して，先輩のファンは，スタジアムでの応援の方法，観戦のしきたりやマナー，コツを指南する．球団側が提供するファンサービスへの参加方法や楽しみ方を教えたり，TV中継では体験できないスタジアム観戦ならではの見方や楽しみ方を教えたりする．例えば，早めにスタジアムに行くと先着順にキーホルダーやミニキャップなどのグッズが貰える，ベンチの中にいる選手を見ると選手同士の仲の良さが垣間見える，監督やコーチの動きを見て選手起用や試合展開を読めるようになると楽しさが倍増する，などである．

e：シリーズ戦チケット情報

ペナントレースでのチケット入手は容易であるが，優勝がかかるクライマックスシリーズや座席の管理主体が変更になる日本シリーズでは，リピータであってもチケットの入手は容易ではない．そこで，いつもの観戦仲間と観戦できるようチケットを大量におさえ，そのチケットがさばかれる．また，初心者のスタジアム観戦者に対して，座席の特徴や希望に沿うチケットの入手方法を教えたりする．

以上のように，外野席のコミットメントリピータは，スタジアム内における情報取得行動に多様性が認められる．もちろん，これらの情報取得行動はスタジアム外でも行われるが，スタジアム内でしか接触しない観戦仲間もおり，その関係は非常に活発で，なおかつお互いが助け合いの精神にあふれているのが特徴的である．

この活発な情報取得行動をする理由の一つとして，コミットメントリピータの多くが，ファイターズ観戦に関連する複数の観戦コミュニティに目的別に帰属していることが挙げられる．その観戦コミュニティを通じた人との繋がりが情報取得行動を活発化させ，その結果，観戦行動の満足度が向上し，帰属意識を満足させる居心地の良い空間が創り出される．これが，スタジアム観戦に再び足を運ばせる大きな要因となっている．

一方，外野席のコミットメントリピータに比べて内野席のコミットメントリピータは，スタジアム観戦のアクティビティの点でやや低い．

また，内外野の自己抑制リピータの情報取得行動については，他の観戦コミュニティとの接触が少なく，スタジアム内での情報取得行動はやや低くなる．内野席のコミットメントリピータと内外野の自己抑制リピータは，外野席に陣取るコミットメントリピータとは異なり，観戦中はファイターズの守備時でも試合を注視する傾向があり，他のファンとのコミュニケーションを目的とした離席行動は少ない．同行している観戦仲間との情報のやり取りが中心で，主にスタジアム外での情報取得行動が多く，球団サイトからの情報やマスコミ・メディアからの情報取得に熱心である．

② ノンコミットメントの観戦行動の特徴

いずれのエリートモニタも今回の調査で初めてスタジアム観戦を経験する者であるため，その観戦行動はリピータと比べて総じておとなしく，控えめであった．しかしながら，モニタによっては3回のスタジアム観戦を通じて徐々にその観戦行動が活発になりはじめ，ファイターズに対する見方や考え方に変化が認められた．

1回目の観戦ではトイレ以外の目的で離席をすることはなく，試合開始から試合終了までじっと観戦をしている．内野席を希望したノンコミットメント観戦者の中には，居眠りをしてしまう者もいた．外野席を希望したノンコミットメント観戦者は，周囲のリピート観戦者に合わせてファイターズ攻撃中は立ち上がって応援をしている人がほとんどであったが，座ったまま観戦するモニタもいた．

2回目や3回目の観戦では，「球場のどこで何が起こっているのか」を把握するために，相手チームの攻撃中や攻守交代の時間に球場内を歩いて確認する行動が観察された．このとき，飲食物を売店で購入する，ファイターズの応援グッズを見るなど，最初の観戦に比べるとリラックスし，スタジアム内で行われている事柄を知ろうとする行動が認められた．また，応援歌や応援の仕方を憶えるなど，試合観戦のアクティビティも高くなる傾向にあった．

インタビュー調査から，ファイターズに対するマインドシェアの割合は観戦回数が増えるにつれて高くなった．外野で観戦する人ほどこの傾向は顕著であり，また，エリートモニタ同士の会話のやり取りも活発で，ファイターズに対する態度や関与に観戦回数が影響することが明らかになった．

このように，少しずつ観戦のアクティビティや情報取得行動が高くなるものの，3回の観戦経験後に「今後，ファンとしてスタジアム観戦に訪れるか」と問われたとき，「訪れる」と回答したエリートモニタは6名中1名だけであった．また，スタジアム内で着目した情報や興味を惹いた対象，サービスイベントの認知や参加について詳しく調べると，リピータと比べて充分な情報が得られていないことが明らかになった．

なお，「訪れる」と回答した1名は，この調査中に偶然，スタジアム内でファンの知り合いと出会い，その出来事をきっかけにその知り合いから応援やチケットの取得方法などを指南されている．その結果，スタジアム観戦の意欲が高まり，実際に本調査後に行われる試合の観戦座席を予約していた．

(5)　おわりに

この調査でのノンコミットメント観戦者は互いに調査で初めて知り合った人たちであるため，観戦の楽しさや情報を共有しにくく，先述の1名を除いてスタジアム観戦への興味・関心の向上はわずかなものであった．また，ノンコミットメント観戦者の観戦姿勢は総じて客体的なもので，周囲のファンと同じようにレプリカユニフォームを着て，溶け込んで応援する行動は見られなかった．

このノンコミットメント観戦者の反応は，ある意味自明ではあるが，偶然スタジアム内でファンの知り合いに出会ったノンコミットメント観戦者の例や，リピータに成長するまでの観戦にまつわる仲間との関係や情報共有の実態と照らし合わせると，観戦同行者の存在がファンレベルを成長させる上でいかに重要かを再認識させられる結果となった.

これらの調査結果から，スタジアム観戦は観戦者が準拠する何らかのコミュニティ単位での消費行動であり，このコミュニティ単位で捉えた観戦意欲が一人ひとりの観戦者の心理や行動に大きな影響を与えることが示唆された．したがってスタジアム観戦者を増やすには，コミュニティを意識したサービス誘導が重要であり，また，スタジアム観戦者として定着させるにはコミュニティが活性化するような高い消費体験の提供が重要となる.

5.2.3 温泉地における旅行者の情報取得行動

(1) 癒しブームの中の温泉旅行

ここ10年ほど,「癒し」をキーワードとした消費がブームとなり，様々な商品やサービスが展開されてきた．いわゆる癒し系タレントやヒーリングミュージックなどが話題になったことは記憶に新しい．また,「癒し」の消費の対象はペットやアロマセラピー，ガーデニング，カフェ，ホテルなど，個人の日常生活や趣味，空間や場所といったところまで拡がってきている．ここで取り上げる温泉旅行もその一つであろう．今や「癒し」の消費は一過性のブームというよりは，すでに定着しているとも言えなくはない．なぜなら，明示的に「癒し」を掲げた商品・サービスだけが人を癒すものとして消費されているのではなく，どの手段で「癒し」を得るのかは人それぞれの嗜好性に合わせて消費されているからだ．気持ちを和ませたり日頃のストレスを解消することを意図しながら好きなことに没頭する，これが日本人の「癒し」の消費マインドとして意識的に形成されてきたと考えるのが妥当であろう.

温泉旅行もそうした時代の中で，温泉地の商品性やサービスのあり方が常に問われてきた．日本には全国に3,139箇所の温泉地がある（平成19年度現在）といわれており［5.20]，それぞれの温泉地の資源は個性と変化に富んでいる．湯治や保養目的のものから，周囲の豊かな観光資源を活用した大型レジャーを意識した温泉地など，その有り様は様々である．近年では，日本人のライフスタイルの多様化や「癒し」の消費ブームにともない，温泉旅行のスタイルも団体・慰安・歓楽的なものから個人・趣味・癒し的なものへと変化を遂げてきた.

その結果，大規模で有名な温泉地の客足が漸減する一方で，新たな時代に対応したサービスを展開する小規模な新興温泉地が人気を博すなど，温泉業界に地殻変動が起きており，温泉旅行者を集客するには情報と戦略が必要な時代となってきている．

(2)　閑散期にいかに客足を伸ばすか

ここでは，快楽消費の情報取得行動のもう一つの例として，集客サービスの例として3.2節でも紹介した，城崎温泉（兵庫県）での温泉旅行者の情報取得行動について詳細に述べる．3.2節では，城崎温泉の客足が伸びる蟹シーズン（11月初旬～3月末）でのCCE調査の概要と手続きを説明した．その後，我々は，城崎温泉の客足が鈍る非蟹シーズン（4月～11月初旬）においても同様の調査を実施した*2．

非蟹シーズンでは，城崎温泉の名物であるズワイガニ料理がないため，城崎温泉への客足が低調となる．そのため，蟹を欠くシーズンにいかに客足を伸ばすかが課題となっている．また，来訪者数の底上げをするために首都圏からの旅行者を呼び込みたいとしており，これらの来訪者が城崎温泉に何を期待して訪れ，何に満足して帰るのかを知ることが関心事の一つであった．

蟹シーズン調査でのエリートモニタ21組の居住地は，城崎温泉から比較的近い人たちで占められていた．そこで非蟹シーズンの調査では，エリートモニタ22組のうち10組を首都圏からの来訪者とし，調査を2009年9月14日～9月17日と2009年10月31日～11月3日の2回に分けて実施することにした．

(3)　蟹シーズンと非蟹シーズンの温泉訪問者像の違い

城崎温泉での旅行者の行動は様々であるが，彼らの行動を推察できるデータ（写真，旅のメモ，行動軌跡）と回顧インタビュー結果から，蟹シーズンの調査では温泉地の楽しみ方が四つのタイプに分かれることを明らかにした（図3.2.10を参照のこと）．

*2　本調査は，平成21年度経済産業省委託事業「ITとサービスの融合による新市場創出促進事業（サービス工学研究開発事業）」の一環として実施された．

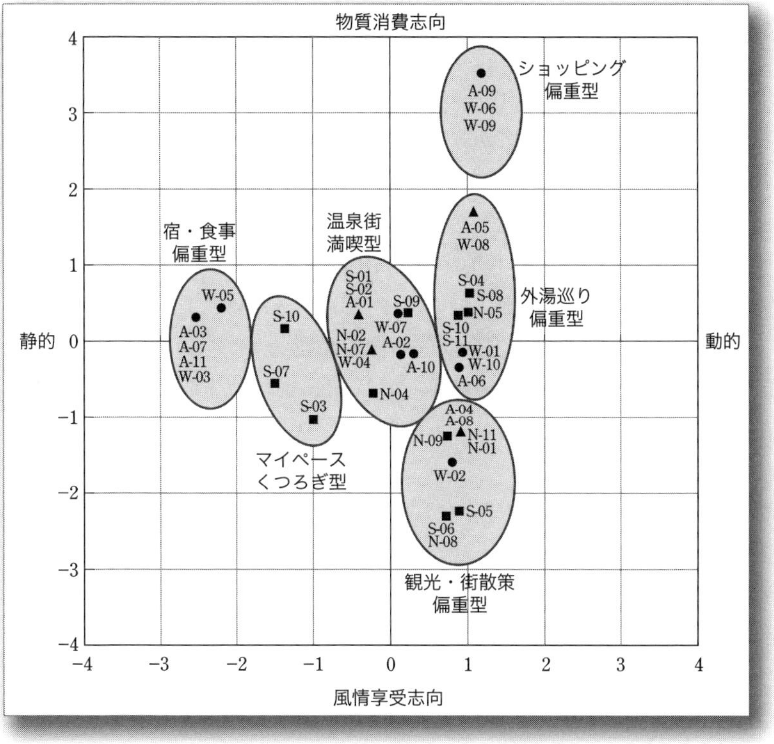

図 5.2.2　温泉地の楽しみ方の類型

図 5.2.2 は，蟹シーズンと非蟹シーズンのエリートモニタを布置し，温泉地での楽しみ方をあらためて類型化したものである．蟹シーズンのみの分析結果（図 3.2.10）と比較すると，その変化が読みとれる．

蟹シーズン調査では混沌としていたテーマパーク型が，より周遊観光や街散策に重きをおく「観光・街散策偏重型」，外湯巡りに執着する「外湯巡り偏重型」，温泉街に中での行動が中心となる「温泉街満喫型」の三つの類型に分かれた．また，蟹シーズンの「宿・食事偏重型」に近い「マイペースくつろぎ型」の旅行者が非蟹シーズンでは形成された．

非蟹シーズンの調査データの追加によってテーマパーク型が分かれた理由としては，いくつかの要因が考えられる．もちろん，単にモニタ数が倍増した影響もあるが，一つは9月と10月の季節・気候条件が良いため，旅行者の周遊範囲や楽しみ方に選択の幅が広がり，その類型がはっきりと際立ってきたことがあげられる．もう一つは，蟹シーズンのエリートモニタの21組が比較的城崎温泉から近い近畿圏や中国地方からの来訪者であったのに対し，非蟹シーズンのエリートモニタ22組のうち約半分の10組が首都圏からの来訪者であったことが影響している．この詳細については（6）で述べる．

(4)　非蟹シーズンにおける温泉訪問者像の類型

ここで，非蟹シーズン調査の結果，エリートモニタのアクティビティから新たに抽出された温泉旅行の楽しみ方の類型について説明をする．

①　マイペースくつろぎ型

城崎から近い京都府と兵庫県内からの来訪者で，県内外の旅行がてらに城崎温泉を訪れている．そのため，城崎温泉の外湯や街散策を目一杯楽しむというよりは城崎温泉は宿泊する場所であり，宿で過ごすことを中心に入浴や食事に時間をかけてのんびりと楽しんでいる．

この「マイペースくつろぎ型」の楽しみ方は，蟹シーズン調査で抽出された「宿・食事偏重型」とアクティビティが類似ており，空間上も近い関係にある．違いは，宿選びのときに食事を重視するかしないかである．

「宿・食事偏重型」では蟹料理の良し悪しも宿選びの基準として重要となるが，「マイペースくつろぎ型」の宿選びは，非蟹シーズンであるため，食事の内容よりも庭の雰囲気や宿の歴史など，より情緒的な面に関心がシフトしたといえそうだ．また，「宿・食事偏重型」と同じく，宿にかける費用は比較的高い．高級旅館に泊まることを検討したなど，高級旅館を考慮集合に入れる傾向がある．

②　温泉街満喫型

城崎温泉の街を巡りながら饅頭やスイーツを食べる，お土産を購入する，複数の外湯を利用するなど，温泉地にある施設や楽しみをバランスよく満喫している．城崎での時間を有効に活用するためか，チェックイン前に早くから城崎入りし，チェックアウト後は遅くに城崎を出るパターンが多い．情報収集に余念がなく，事前に収集した情報やガイドブックをもとに，城崎の隅々をあくせく動き回って楽しもうとする．

消費欲や体験欲が旺盛で，レジャー感覚やデパート感覚で街を散策し，気に入ったモノやサービスが見つかればそれを享受し，その際，価格はあまり気にしない．モノやサービスを消費することに慣れており，モノに対しては味や質にうるさく，サービスに対しては雰囲気やホスピタリティを重視する傾向がある．

③ 外湯巡り偏重型

この「外湯巡り偏重型」は，蟹シーズン調査で抽出された「温泉偏重型」とほぼ同じと考えられる．お土産店での買い物や食べ歩きといった街散策よりも，城崎温泉にある七つの外湯に入ることに時間を費やすタイプで，ほぼ外湯巡りのみが目的という旅行者もいる．無料の外湯チケットに魅力を感じて外湯を巡りはじめ，その後スタンプラリーなどに触発されてすべての外湯での入浴を制覇することが目的化する傾向がある．

宿選びについては，温泉宿の雰囲気や風情ではなく，充実した設備でかつ低価格なコストパフォーマンスを重視する傾向があり，公共の宿を選択する旅行者もいる．

④ 観光・街散策偏重型

外湯巡りも盛んではあるが，むしろ城崎温泉周辺の自然や風土に関する興味が高く，温泉街から少し足を伸ばして周辺の観光スポットを訪れている．また，城崎温泉の文化や歴史に対する興味も高く，街を「観察する」というスタイルでくまなく温泉街を散策している．例えば，彼らはお土産屋にも立ち寄るが，買い物が主目的ではなくその土地で売られている名産品や土地の物を見ながら風土や街の文化を感じとる楽しみ方をしており，「ショッピング偏重型」とは異なる．

地方暮らしにあこがれる旅行者やいろいろな地方の街を巡るのが好きな旅行者に多く，温泉地観光というより「旅」を好む傾向がある．

(5) 旅行者のアクティビティの決定要因とその構造

蟹シーズンと非蟹シーズンでの調査を通じて，温泉旅行の楽しみ方がいくつかのパターンで存在することが明らかになった．では，これらのアクティビティの違いはどのような要因の違いで引き起こされるのであろうか．

エリートモニタの行動観察と回顧インタビューにより明らかになった，アクティビティが決定される要因とその構造について以下に述べる．

①　動機ときっかけ

a：旅行者の温泉旅行に対する嗜好性と欲求

温泉旅行に対するこだわりや嗜好性は個人によって異なる．例えば，源泉のかけ流しにこだわる顧客もいれば，泉質はともかく露天風呂で温泉らしい風情があれば満足する顧客もいる．また，温泉そのものよりは温泉街や周辺の観光資源に興味・関心の高い顧客も存在する．

このうち，旅行で発生する欲求の枠組みは「気分転換」「威信の拡大」「役割の遂行・転換」「行動圏の拡大」「好奇心の増大」「同調模倣の願望」など，潜在欲求の顕在化［5.21］に該当する多様なパタンが認められた．

これらの欲求の枠組みをどの手段で具体的に解消できるかによって，そのときの情報取得やその後のアクティビティに影響を与える．

例えば，「役割の遂行・転換」は子連れの旅行者に多く認められる．親として子供に有名な史跡を見学させたい，和風旅館の畳の部屋や会席料理を体験させたいなど，訪問地を決める親が自身の旅行の興味・関心や嗜好性とは別に，親として子供をどこに連れていきたいかという観点で行動が決まることが多い．

b：同行者との関係性

家族や知人同士などグループで消費される旅行において，同行者の影響が大きいことがうかがえた．通常，グループを形成する個人個人の温泉旅行に対する嗜好性や欲求は異なる．このグループの中でどの人物が主導権を握るのかが，そのときの情報取得行動やその後のアクティビティに影響を与える．

②　インセンティブ

a：訪れる前の外部刺激

旅行先を決めるきっかけとなるのは，広告やテレビ番組，雑誌，インターネットなどのメディアが刺激となる．その他にも，インターネットや身近な人のクチコミ，同行者の薦めなどが刺激となりえる．

一旦，旅行先の温泉地が決まれば，旅行者はこれから訪れようとする土地に関連した情報を入手しようとする．この情報取得行動は，旅行を安全に楽しく満足度を高いものにしようとする上で欠かせない．

そのときの情報収集の広さや深さは旅行者の動因の強さによって様々であるが，旅行前の情報収集で受けた刺激が現地でのアクティビティの決定打になる場合がある．また，情報収集のきっかけは，宿を予約するときに関連付けられて行われることが多い．

b：現地で受ける外部刺激

旅行前に収集した情報だけでなく，現地で得られた情報によってアクティビティが変わることは誰でも経験することである．その情報源は，現地にあるパンフレット，ポスター，看板などの「広告」が介するものと，地元の人や宿の従業員など「人」がもたらす情報に分けられる．

また，他の旅行者がおいしそうにソフトクリームを食べている，楽しそうな工芸体験の様子を見たなど，ノンバーバルな情報が刺激になることもある．

③　葛藤の場

商品やサービスを購買するまでの意思決定プロセスの中で，旅行者が満たしたい欲求水準と，購買までに費やすリソース（時間，費用，手間など）や消費したことによるリスクとの葛藤が行われる．また，考慮集合が形成されている場合，収集した情報を元にこれらの比較が行われ，リスク回避による満足度の最大化が図られる．

④　攪乱要因

天候不良や同行者の体調不良，交通機関の渋滞・遅延に巻き込まれるなど，トラブルの発生により意図していた旅行行動を変更せざる得ない場面もある．

これら物理的・環境的な因子や人の因子によるトラブルが突発的に起こり，それがアクティビティに影響を与える要因を攪乱要因と呼ぶ．

(6)　首都圏からの旅行者と近畿圏からの旅行者の違い

どの要因が優位に働き，結果としてどのようなアクティビティパターンになるかは，旅行者の居住地の影響が大きい．

首都圏から城崎温泉までは，新幹線と在来特急を利用してもおよそ5~6時間は要する．近畿圏から訪れる旅行者と比べると，首都圏からの旅行者は，城崎温泉への旅行を手軽で身近なものと認識することはない．そのため，途中の京都や大阪・神戸方面の旅行を兼ねるエリートモニタも存在した．

近畿圏からの旅行者は，過去に数回来たことがある，あるいは海水浴に行くときに城崎温泉の傍を通過したことがあるなど，行こうと思えばいつでも行ける，蟹と外湯が有名な身近な温泉地という認識である．そのため，蟹料理が目当ての「宿・食事偏重型」や，降雪で観光や散策が面倒なので帰る電車の時間が来るまでお土産店で時間をつぶす「ショッピング偏重型」，城崎温泉は宿泊だけが目的の「マイペースくつろぎ型」などのアクティビティパターンが出現しやすい．

一方，もう二度とは来られないかもしれないという首都圏のエリートモニタの動機付けは，事前の情報取得行動を活発にさせる．事前に得た情報を頼りに，現場を確認するかのようなアクティビティが観察され，少々の攪乱要因が発生しても時間を有効に使って周遊をしていた．そのアクティビティは，近畿圏の旅行者に比べて動的で活発な傾向がある．

また，首都圏からの旅行者は，但馬地方の自然や風土，城崎温泉の歴史と風情，文学的な側面など，その土地固有の観光資源に興味・関心が高く，これに関連するアクティビティが高かった．一方，城崎温泉のセールスポイントである外湯のシステムや蟹シーズンのズワイガニ料理が名物であることを知っている旅行者は少なかった．これは，城崎温泉は「外湯」と「蟹料理」という，近畿圏の旅行者（特に大阪，神戸，姫路などの都市からの旅行者）の典型的なイメージとは異なるものであった．

(7)　遠方からの旅行者を集客するには

集客装置としての蟹料理に訴求が高いのは大阪府や兵庫県南部から来る旅行者が中心であり，首都圏や日本海側が近い兵庫県近県からの旅行者は，わざわざ城崎温泉に蟹料理を求めて来る理由は薄い．したがって，これらの旅行者には但馬地方の自然や風土，城崎温泉の歴史と風情，文学的な側面など固有の観光資源をより強調するとともに，1400年の歴史を持つ城崎温泉の魅力を表現する「らしさ」をフィジカルエビデンス（無形要素の有形化）としてアピールすることが望まれるであろう.

また，内湯が一般的な温泉旅行のモデルと比べると外湯のシステムは特殊であり，「外湯巡りが珍しく，得した感じで楽しかった」という印象と，「お風呂が外で不便で面倒だった」という印象は紙一重であった．したがって，一般的な温泉の楽しみ方，つまり内湯利用のモデルで訪れる旅行者に対して，外湯巡りの歴史や魅力をより効果的に伝えるとともに，内湯は「おまけ」ではなく，内湯も魅力的にアピールすることが必要不可欠であると思われる.

(8) アクティビティを促進させる情報の与え方

行動調査と回顧インタビューから主に六つのアクティビティパターンがあることがわかるとともに，城崎温泉の観光資源に対して旅行者は必ずしも十分な情報を持って旅行をしているのではないことがうかがえた．限られた時間の中で，旅行者がどの情報を元にどのような行動を選択するかは，そのときの情報のコンタクトポイントと情報の伝える内容が左右する.

現地で入手できる情報として，観光案内所や旅館内にあるパンフレットなど，観光スポットやサービスに関連する情報はたくさん提示されている．しかしながら，これらの情報に目を向けない旅行者もいる．特に，旅行行動に主体的ではない旅行者は，広告やパンフレットなどのプル (pull) 型の情報に感度が低いことがうかがえた.

そこで重要と考えられるのは，口頭でのプッシュ (push) 型の情報伝達であり，情報の内容は，近くに観光施設が「ある」ことを伝えるのではなく，観光施設で「何を体験できるのか」を伝えると，情報不足の旅行者や主体的でない旅行者のアクティビティに影響を与える.

エリートモニタの中でも，事前情報や現地で入手できるパンフレットよりも，旅館のスタッフや現地の人の情報に基づいたアクティビティの活性化が認められた．また，情報の伝え方も，例えば「水族館がある」という情報ではなく，「アジを釣ることができ，それを食べることができる水族館」という伝え方のほうが効果的である.

多くの人がすでに水族館を訪れた経験をしており，水族館がどのような施設であるかを過去の体験や記憶から容易に想像できる．前者の情報からエリートモニタが受ける印象は「地方にあるありふれた水族館」であり，後者の情報から受ける印象は「ぜひ子供に体験させたい，や自分が体験したい」などである．こういった内容の情報は，その後のアクティビティの変化や満足感の向上に繋がる．

(9)　おわりに

温泉地でのアクティビティの違いから，いくつかの温泉訪問者像が浮かび上がってきた．温泉旅行の消費形態は，プロ野球のスタジアム観戦と同じくコミュニティ単位によるグループ消費であり，そのアクティビティのパターンは旅行者グループの中の一人ひとりの動機やインセンティブ，関係性の相互作用で決定される．

旅行者のインセンティブについて述べると，各種情報メディアによる刺激が訪れる前のイメージ構築につながっており，旅行者のアクティビティはそのイメージを実体験として確認する作業として成り立っていることがうかがえた．また，過去に訪問した経験のある人からのクチコミの影響で行動選択がなされていることも確認できた．

次に，旅行者の動機をきっかけについて述べると，旅行者グループが親しく嗜好性が合う仲なのか，職場や学校などのイベントで設計されたグループなのかで，旅行の主体性や必要とする情報，アクティビティが異なると予想される．また，同じ「家族旅行者」でも，子供連れの若い夫婦と熟年夫婦では温泉旅行に対する嗜好と欲求の現れ方が異なるであろう．その他に，温泉地と旅行者の居住地との関係，つまり旅行にかかる移動時間やコストの大きさがアクティビティの活発度や内容に強く影響することがわかった．一般的に，移動時間やコストが大きいほどアクティビティは活発で，内容はその土地にしかない固有の観光資源に集中する．これは，効果的な集客プロモーションや具体的なサービスを展開する上で，温泉地から近い旅行者を対象とする場合と遠方からの旅行者を対象とする場合では，とるべき戦略が根本的に異なることを示唆している．

温泉地でもプロ野球のスタジアム観戦同様，熱心なリピータの獲得が望まれるが，調査の結果，温泉旅行の場合は少々事情が異なるようだ．湯治を目的とした旅行者はある特定の温泉地を繰り返し訪れると考えられるが，エリートモニタのほとんどは，ある特定の温泉地にリピートするのではなく目的地を変えた「温泉旅行」をリピートしている．

したがって，一度来訪した旅行者に再び来訪してもらうことも大事ではあるが，集客をより効果的するには，先述したような旅行者の特徴を理解した上で初めての来訪者をいかに多く誘導するかが重要となる．また，その来訪者を周囲の人への良き伝達者として仕立て上げるために，どのような消費体験を戦略的に提供すべきかといった仕組みづくりが鍵となりそうだ．

参考文献

[5.1] Suto, S., Kumada, T., Sato, T., Kitajima, M., Suzuki, Y., Motomiya, Y., and Kashimura, K. "Relationships between cognitive functions and usage of IT-based equipments", Cognitive aging conference, 2008

[5.2] e-life 戦略研究会「情報家電の市場化戦略に関する研究会 基本戦略報告書　e-Life イニシアティブ」, http://www.meti.go.jp/kohosys/press/0003917/411e-life.pdf, 2003

[5.3] 総務省「地上デジタルテレビ放送って何？，地上デジタルテレビ放送のご案内」, http://www.soumu.go.jp/main_sosiki/joho_tsusin/whatsnew/digital-broad/what.html, 2007.

[5.4] 総務省「65 歳以上人口は過去最高の 2431 万人―「敬老の日」にちなんで―（推計人口，労働力調査，就業構造基本調査，家計調査の結果から）」, http://www.stat.go.jp/data/topics/topics091.htm, 2007

[5.5] 南部美砂子・原田悦子・赤津裕子・沢島秀成・石本明生「複数の IT 機器との相互作用から見た高齢者の特性（1）：ATM と L モード　電話機のユーザビリティテストから」ヒューマンインタフェースシンポジウム，CD-ROM，2002

[5.6] 原田悦子・赤津裕子「「使いやすさ」とは何か：高齢化社会でのユニバーサルデザインから考える」原田悦子（編著），『使いやすさ』の認知科学，共立出版，119-138，2003

[5.7] Park, D. C., and Gutchess, A. H. "Cognitive aging and everyday life", In Park, D. C. & Schwarz, N (Eds.), "Cognitive Aging, A Primer", Philadelphia: Psychology Press, 217-232, 2000

[5.8] 須藤智・熊田孝恒「AIST 式認知加齢検査の妥当性の検討」, 日本心理学会第 73 回大会予稿集，642，2009

[5.9] Norman, D. A. "Cognitive engineering", In D. A. Norman, and S. W. Draper (Eds.),

"User centered system design: New perspectives on human-computer interaction", 32-65, Hillsdale, NJ: Lawrence Erlbaum Associates, 1986
［5.10］ 熊田孝恒・須藤智・日比優子「高齢者の注意・ワーキングメモリ・遂行機能と認知的インタフェース」心理学評論，363-378，2009
［5.11］ 熊田孝恒・北島宗雄・小木元・赤松幹之・山崎博「ユーザビリティ評価のための高齢者の注意・遂行機能評価テストの作成」第3回日本認知心理学会，2005
［5.12］ 鈴木義章・本宮志江・鹿志村香・須藤智・佐藤稔久・熊田孝恒・北島宗雄「高齢者の認知特性に適合した，情報家電等機器インタフェースのデザインに関する研究（1）」ヒューマンインタフェースシンポジウム'08，689-692，2008
［5.13］ Mori, K., and Harada, E. "Is learning a family matter?: Experimental study of social environmental effects on learning by older adults to use mobile phones", submitted
［5.14］ 清水聡『新しい消費者行動』千倉書房，1999
［5.15］ 杉本徹雄（編著）『消費者理解のための心理学』福村出版，1997
［5.16］ 新倉貴士『消費者の認知世界―ブランドマーケティング・パースペクティブ』千倉書房，2005
［5.17］ Holbrook, M. B., and Hirschman, E. C. "The Experiential Aspects of Consumption: Consumer Fantasies, Feelings, and Fun," Journal of Consumer Research, 19, 132-140, 1982
［5.18］ Hirschman, E. C., and Holbrook, M. B. "Hedonic Consumption: Emerging Concepts, Methods, and Propositions" Journal of Marketing, 46, 92-101, 1982
［5.19］ 堀内圭子『"快楽消費"する社会―消費者が求めているものはなにか』中公新書，2004
［5.20］ 環境省自然環境局「温泉の保護と利用―平成19年度温泉利用状況」http://www.env.go.jp/nature/onsen/data/riyou_h19.pdf
［5.21］ 前田勇『観光とサービスの心理学―観光行動学序説』学文社，1995

終章

今後の展望

本書では，複雑で扱いの難しい人間の日常的な行動選択について，そのプロセスをシミュレーションするモデルであるMHP/RTを説明し，我々がこれまでに様々な場で実施してきた生態行動調査を紹介した．これまでの調査の結果，個人と環境・集団との関係に固有な特性が見い出されてきている．さらに調査対象を拡大し，継続的にそれらの調査結果を材料として，統合的な分析を脳のモデルを参考に進めていくことになる．

これまでの調査を終えた段階で，二つの新たな発見があった．両者は関係したものではあるが特性の現れる階層が異なるので，それぞれ説明しておきたい．

一つは，個人の特性について注目すべきは理論的に「自律性」にあると前に記したが，それをさらに具体的な要素群に分解定義することが可能と思われることである．もう一つは，それらの個人特性に基づいて集団生態の環境の中で人が成長していく過程で，生物学でいうところの「棲み分け」が行われていると観察されることである．

(1)　集団生態内に置かれた個人生態の特徴

集団生態の中に個人が置かれたとき，個人は集団生態との相互作用をする中で自分自身の次の行動選択を行っている．相互作用をする主体として個人生態を考えたとき，これまで実施してきたCCE調査の結果から，個人の行動特性を決定付けていると考えられる三つの要素を推定することができた．

自律性：他者の認知から，それを組み入れた自己認知に至る段階において強い自己確認をしているかどうか（自律性の高低）により，他者との関係性

の認知構造に影響が出る

行動帯域指向性（好奇心・行動性）：認知領域を関係する他の領域に拡げるのかあるいは，さらに緻密にしていくのかの初期選択特性に関連

経験度・習熟度：構造化ミームとして長期記憶に格納されている内容が行動内容に影響を及ぼす

これらは，自身の集団での位置付けに影響を及ぼしていると推定される．そして，そのいずれかを変えることでポジションの変更が起きる．

(2)　集団生態内における棲み分け

前項の個人特性に基づいて，集団生態の中で人は成長していく．その過程において，生物学でいうところの「棲み分け」という現象が生じていると観察される．棲み分けは古来から生じ，カースト制度に代表される．現代のような教育手法・教育機器が無く，技能がもっと身体的であった時代では，技術を身に付けるためには固有の知識と訓練が要求され，それを継承的に維持するには固有で個別な集団が必要だからであろう．集団的行動が上手く運用されているとき，その内部では機能に応じた役割分化が生じている．そのほうが合理的だからだ．実際，多くの生物の生態で棲み分けは観察されており，個体生態の集合体としての集団生態でごく自然に生じるものである．その分化の数はかなり限られ，3～4 程度が多い．これも，脳の無意識的領域の潜在的処理能力に適合しており，妥当なものと推測される．

前述の三つの要素（自律性，行動帯域指向性，経験度・習熟度）が強い人の数が多いと，集団としての自律性も高くなる．そして，自律性の強い人間が生まれる条件として，以下の二つを挙げることができる．

- 早期に意識機能の活性が高まり，自律自動制御層から分離した活動が行われる．
- 意識活動での成功体験を早くに経験する．

生活環境の場の関係構造を統合的な形で外観を整理すると，図 6.1.1 となる．このような「棲み分け」は，複雑系であることによって起こる現象である．集

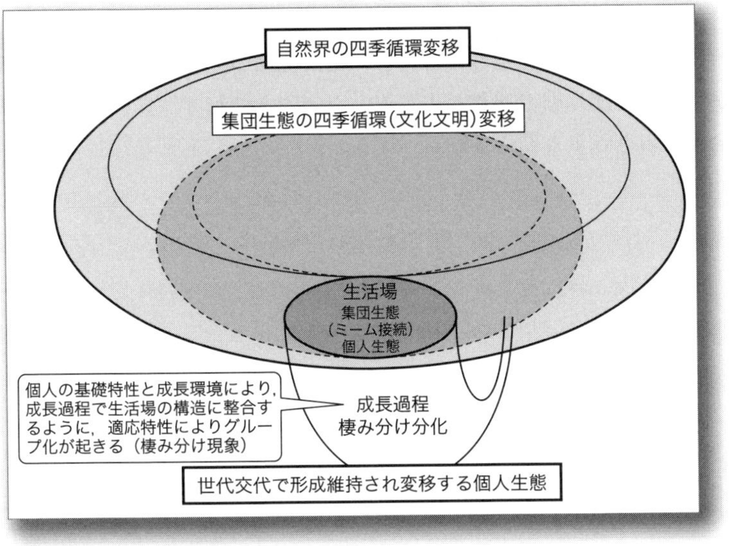

図 6.1.1　人の生活場の構造変移の外観

団生態の中に自身を置き，一方向に発展する時間軸上で生命活動を維持するとき，本書で説明してきたように異なる時空間特性をもつ自律システム（意識処理，知覚情報処理，自律自動制御処理，身体動作，記憶処理）がクロスする．

これは線形系では起きない．線形系は，棲み分けが確立し，集団生態と個人生態の関係が安定した状態に対応する．

個人生態，集団生態およびそれらの間の関係をより深く理解していくことが，個人個人の日常生活を満足なものにしていくために必要である．サービスを提供する側から見れば，サービス受容者に満足のいく生活を実現させることによる「集団と個人との全体的安定」に導くような，「ロングタームマーケティング」の基盤が築かれることになる．このとき，ドーパミン由来の満足感・幸福感を追求するサービスの提供から，セロトニン由来の満足感・幸福感を提供するサービスへの転換が可能となる．これは，強い刺激，一過性の刺激の提供から，刺激としては弱い，あるいはほとんど知覚されないが，安心感を誘導することによる満足感・幸福感の達成ということになる．

このような環境を構築することにより個人生態の変容が生じ，さらには，時間はかかるが集団生態の進化が生じる．このようにして，真にサスティナブルな社会が実現されると期待される．

巻末参考文献（本書の関連分野ごとに整理したもの）

＊を付した文献は第１章末の参考文献に収録

(1) 情報科学・ロボティクス

Albus, J. S. "Brains, Behaviour and Robotics" McGraw-Hill Inc., 1981（小杉幸夫・林巖・亀井宏行訳『ロボティクス　ニューロンから知能ロボットへ』啓学出版，1984）

Albus, J. S., and Meystel, A. "Intelligent Systems: Architecture, Designand Control", Wiley-Interscience, 2001

Bishop, C. M. "Pattern Recognition and Machine Learning（Information Science and Statistics）" Springer-Verlag, 2006

Brooks, R. A. "Flesh and Machines: How Robots Will Change Us" Vintage, 2003（五味隆志訳『ブルックスの知能ロボット論』オーム社，2006）

Carroll, J. M.（Ed.） "HCI Models, Theories, and Frameworks: Towardsa Multidisciplinary Science" Morgan Kaufmann Publishers, 2003

Hansen, B. "Operating system principles" Prentice Hall, 1973（田中穂積・真子ユリ子・有沢誠訳『オペレーティング・システムの原理』近代科学社，1976）

Hawkins, J., and Blakeslee, S. "On Intelligence" Owl Books, 2005（伊藤文英訳『考える脳考えるコンピューター』ランダムハウス講談社，2005）

Levine, H., and Rheingold, H. "Cognitive Connection Thought and Language in Man and Machine" Prentice Hall Trade, 1987（椋田直子訳『コンピュータ言語進化論―思考増幅装置を求める知的冒険の旅』アスキー，1988）

Mandelbrat, B. B. "The fractal geometry of nature" W. H. Freeman, 1983（広中平祐訳『フラクタル幾何学』日経サイエンス社，1984）

Simon, H. A. "The Sciences of the Artificial" The MIT Press, 1996（稲葉元吉・吉原英樹訳『システムの科学』パーソナルメディア，1999）

Turing, A. M. "Computing machinery and intelligence. Mind," 59, 433–460. Computing Machinery and intelligence, 1950

(2) 人工知能・認知科学

Card, S. K., Moran, T. P., and Newell, A. "The Psychology of Human-Computer Interaction" Lawrence Erlbaum Assoc. Inc., 1983*

Mildner V. "The Cognitive Neuroscience of Human Communication" Lawrence Erlbaum Assoc. Inc., 2007

Minsky, M. “The Society of Mind” Simon & Schuster, 1988（『心の社会』安西祐一郎（訳），産業図書，1990）

Newell, A. “Unified Theories of Cognition” Harvard University Press, 1994*

Peuquet, D. J. “Representations of Space and Time” The Guilford Press, 2002

(3) 神経科学

Bear, M. F., Connors, B. W., and Paradiso, M. A. “Neuroscience: Exploring the Brain” Lippincott Williams & Wilkins, 2006（加藤宏司・後藤薫・藤井聡・山崎良彦訳『神経科学—脳の探求』西村書店，2007）

Bloom, F. E., Nelson, C. A., and Lazerson, A. “Brain, Mind and Behavior” W. H. Freeman & Co Ltd; 3rd Revised edition 版，2006（久保田競・中村克樹訳『新・脳の探検（上下巻）』講談社，1987）

Carlson, N. R. “Physiology of Behavior” Allyn & Bacon; 10 版，2009（中村克樹・泰羅雅登訳『神経科学テキスト 脳と行動』丸善；第 2 版，2007）

Damasio, A. R. “Looking for Spinoza: Joy, Sorrow, and the Feeling Brain” Vintage; New edition 版，2004（田中三彦訳『感じる脳』ダイヤモンド社，2005）

Koch, C. “The Quest for Consciousness: A Neurobiological Approach” Roberts & Co, 2004（土谷尚嗣・金子良太訳『意識の探求 神経科学からのアプローチ〈上下巻〉』岩波書店，2006）

McLeod, P., Rolls, E. T., and Plunkett K. “Introduction to Connectionist Modelling of Cognitive Processes” Oxford University Press on Demand, 1998（深谷澄男・伊藤尚枝・斎藤詞・喜田安哲・向井敦子訳『認知過程のコネクショニスト・モデル』北樹出版，2005）

Rang, H. P., Dale, M. M., Ritter, J. M., and Flower, R. J. “Rang & Dale's Pharmacology” Churchill Livingstone, 2007

Spitzer, M. M. “Geist im Netz” Spektrum Akademischer Verlag, 2000（村井俊哉・山岸洋訳『脳 回路網のなかの精神—ニューラルネットが描く地図』新曜社，2001）

理化学研究所脳科学総合研究センター『脳研究の最前線（上下巻）』講談社，2007

(4) 言語学

Corballis, M. C. “From Hand to Mouth: The Origins of Language” Princeton University Press, 2003（大久保街亜訳『言葉は身振りから進化した—進化心理学が探る言語の起源』勁草書房，2008）*

Kucera, H., W. Nelson Francis, W. N., and Carroll, J. B. “Computational Analysis of Present Day American English” Brown University Press, 1967

Smith, N., and Wilson, D. "Modern Linguistics-The Results of Chomsky's Revolution" Penguin (Non-Classics), 1991（今井邦彦訳『現代言語学 チョムスキー革命からの展開』新曜社，1996）

辻幸夫（編集）『ことばの認知科学事典』大修館書店，2001

(5) 複雑系

Jantsch, E. "The Self-Organizing Universe" Pergamon, 1980（芹沢高志・内田美恵訳『自己組織化する宇宙—自然・生命・社会の創発的パラダイム』工作舎，1986）

Kauffman, S. A. "Investigations" Oxford University Press, 2002（河野至恩訳『カウフマン，生命と宇宙を語る—複雑系からみた進化の仕組み』日本経済新聞社，2002）

Mainzer, K. "Thinking in Complexity" Springer-Verlag, 1994（中村量空訳『複雑系思考』シュプリンガー・フェアラーク東京，1997）

Prigogine, I. "The End of Certainty: Time, Chaos, and the New Laws of Nature" Free Press, 1997（安孫子誠也・谷口佳津宏訳『確実性の終焉—時間と量子論，二つのパラドクスの解決』みすず書房，1997）*

Prigogine, I., and Kondepudi, D. "Thermodynamique: Des moteurs thermiques aux structures dissipatives" 1999（妹尾学・岩元和敏訳『現代熱力学—熱機関から散逸構造へ』朝倉書店，2001）*

Prigogine, I., and Stengers, I. "Order out of Chaos-Man's new Dialogue with Nature" Flamingo, 1985（伏見康治・伏見譲・松枝秀明訳『混沌からの秩序』みすず書房，1987）*

(6) 心理・行動科学・文化人類学

Aunger, R. (Editor) "Darwinizing Culture: The Status of Memeticsas a Science" Oxford University Press, 2001（佐倉統・巌谷薫・鈴木崇史・坪井りん訳『産業図書』岩波書店，2004）*

Baron-Cohen, S. "The Essential Difference: Male and Female Brains and the Truth about Autism" Basic Books; Reprint 版，2002（三宅真砂子訳『共感する女脳，システム化する男脳』NHK 出版，2005）

Bjorklund, D. F., and Pellegrini, A. D. "Origins of Human Nature: EvolutionaryDevelopmental Psychology" Amer Psychological Assn, 2001（松井愛奈・松井由佳・無藤隆訳『進化発達心理学—ヒトの本性の起源』新曜社，2008）

Chaudhuri, A. "Emotion and Reason in Consumer Behavior" Butterworth-Heinemann, 2006

Fetterman, D. M. "Ethnography: Step-by-Step (Applied Social Research Methods)"

Sage Publications Inc., 2009*
Marcus, G. “The Birth of Mind” Basic Books; Reprint 版, 2004（大隅典子訳『心を生みだす遺伝子』岩波書店, 2010）
Marcus, G. “Kluge: The Haphazard Evolution of the Human Mind” Mariner Books; Reprint 版, 2009（鍛原多惠子訳『脳はあり合わせの材料から生まれた それでもヒトの「アタマ」がうまく機能するわけ』早川書房, 2009）
Morris, D. “The Nature of Happiness” Little Books, 2004（横田一久訳『「裸のサル」の幸福論』新潮社, 2005）*
Reed, E. S. “Encountering the World: toward an ecological psychology” Oxford University Press on Demand, 1996（細田直也訳, 佐々木正人監修『アフォーダンスの心理学―生態心理学への道』新曜社, 2000）
Zuk, M. “Sexual Selections: What We Can and Can't Learn About Sex from Animals” University of California Press; Newedition 版, 2003（佐藤恵子訳『性淘汰―ヒトは動物の性から何を学べるのか』白揚社, 2008）
茂呂雄二（編著）『実践のエスノグラフィ（状況論的アプローチ）』金子書房, 2001*

(7) 生命科学・進化科学

Barton, N. H., Briggs, D. E. G., Eisen, J. A., Goldstein, D. B., and Nipam H. Patel, N. H. “Evolution” Cold Spring Harbor Laboratory Press, 2007（宮田隆・星山大介監訳『進化―分子・個体・生態系』メディカルサイエンスインターナショナル, 2009）*
Hall, B. K. “Evolutionary Developmental Biology” Springer, 1999（倉谷滋訳『進化発生学―ボディプランと動物の起源』工作舎, 2001）*
Maturana, H. R., and Varela, F. J. “Autopoiesis and Cognition: The Realization of the Living” Springer, 1991（河本英夫訳『オートポイエーシス 生命システムとはなにか』国文社, 1991）*
Odling-Smee, F. J., Laland, K. N., and Feldman, M. W. “Niche Construction: The Neglected Process in Evolution” Princeton University Press, 2003（佐倉統・山下篤子・徳永幸彦訳『ニッチ構築―忘れられていた進化過程』共立出版, 2007）*
Strogatz, S. “SYNC: The Emerging Science of Spontaneous Order” Hyperion, 2003（長尾力訳『シンク なぜ自然はシンクロしたがるのか』早川書房, 2005）

(8) 哲学

Dennett, D. C. “Consciousness Explained” The Penguin Press, 1991（山口泰司訳『解明される意識』青土社, 1997）
Dennett, D. C. “Darwin's Dangerous Idea: Evolution and the Meanings of Life” Simon &

Schuster, 1996（山口泰司・大崎博・斎藤孝・石川幹人・久保田俊彦訳『ダーウィンの危険な思想―生命の意味と進化』青土社，2000）

(9) その他

Dosse, F. “Histoire du structuralisme” LGF-Livre de Poche, 1995（仲沢紀雄訳『構造主義の歴史〈上下巻〉』国文社，1999）

Greene, B. “The Elegant Universe: Superstrings, Hidden Dimensions, and the Quest for the Ultimate Theory” Vintage; Reissue 版，2000（林一・林大訳『エレガントな宇宙 超ひも理論がすべてを解明する』草思社，2001）

Randall, L. “Warped Passages: Unraveling the Mysteries of the Universe's Hidden Dimensions” Ecco, 2005（向山信治・塩原通緒訳『ワープする宇宙―5 次元時空の謎を解く』日本放送出版協会，2007）

Simon, H. A. “Administrative Behavior（4th Edition）” The Free Press, 1997（桑田耕太郎・西脇暢子・高柳美香・高尾義明・二村敏子訳『新版 経営行動―経営組織における意思決定過程の研究』ダイヤモンド社，2009）

索　引

【編著者紹介】

北島宗雄（きたじま・むねお）

工学博士，独立行政法人産業技術総合研究所サービス工学研究センター．通商産業省工業技術院製品科学研究所，生命工学工業技術研究所，産業技術総合研究所人間福祉医工学研究部門を経て，2008 年 4 月より現職．
主な著書に，『サービス工学入門』（分担執筆，東京大学出版会），『生命体自律活動協調場理論：幸福感に満ちた社会であるために―自律システム間の相互コミュニケーション（改訂版）―』（共著，オンブック），『脳の自律システムの仕組みと性質：行動の基準は効率から幸福・満足へ―時間制約下での動的人間行動モデル―』（共著，オンブック），『人間計測ハンドブック』（分担執筆，朝倉書店），『人間工学ハンドブック』（分担執筆，朝倉書店），『新デザインハンドブック』（分担執筆，朝倉書店），『インタラクティブシステムデザイン』（監訳，ピアソン・エデュケーション），『Vers un modèle de recherche d'information basé sur la compréhension』（第 10 章，Hermes Science Publications），『Handbook of Latent Semantic Analysis』（第 18 章，Lawrence Erlbaum Associates），『The 2nd edition of the International Encyclopedia of Ergonomics and Human Factors』（第 216 章，CRC Press），『Human Interfaces: Questions of method and practice in Cognitive Technology』（第 17 章，Elsevier）など．

内藤　耕（ないとう・こう）

工学博士，独立行政法人産業技術総合研究所サービス工学研究センター．金属鉱業事業団（現在の石油天然ガス・金属鉱物資源機構），世界銀行グループ（ワシントン DC）を経て産業技術総合研究所へ．2008 年 4 月より現職．サービス産業生産性協議会業務革新フォーラム推進委員会委員，日本小売業協会流通業サービス生産性研究会コーディネーター，日本スーパーマーケット協会店舗オペレーション業務改善研究会コーディネーター等を務める．
主な著書に，『「産業科学技術」の哲学』（共著，東京大学出版会），『イノベーション創出の方法論―革新を促す土壌とマネジメント』（共著，工業調査会），『サービス工学入門』（編著，東京大学出版会），『江戸・キューバに学ぶ“真”の持続型社会：資源制約を環境サービスで乗り越えろ！』（共著，日刊工業新聞社），『サービス産業進化論』（共著，生産性出版），『サービス産業生産性向上入門―実例でよく分かる！』（日刊工業新聞社），『「最強のサービス」の教科書』（講談社現代新書）など．

【著者紹介】（五十音順）

河原純一郎（かわはら・じゅんいちろう）
産業技術総合研究所ヒューマンライフテクノロジー研究部門認知行動システム研究グループ

熊田孝恒（くまだ・たかつね）
産業技術総合研究所ヒューマンライフテクノロジー研究部門認知行動システム研究グループ

新村猛（しんむら・たけし）
がんこフードサービス株式会社
産業技術総合研究所サービス工学研究センター

須藤智（すとう・さとる）
静岡大学大学教育センター

竹中毅（たけなか・たけし）
産業技術総合研究所サービス工学研究センター

田平博嗣（たひら・ひろつぐ）
株式会社 U'eyes Design ユーザエクスペリエンス研究所
相模女子大学

豊田誠（とよた・まこと）
T Method

永井聖剛（ながい・まさよし）
産業技術総合研究所ヒューマンライフテクノロジー研究部門認知行動システム研究グループ

西崎友規子（にしざき・ゆきこ）
日産自動車株式会社総合研究所モビリティ・サービス研究所

消費者行動の科学　サービス工学のための理論と実践

2010年10月20日　第1版1刷発行　　ISBN 978-4-501-54850-6 C3004

編　著　北島宗雄，内藤耕

発行所　学校法人 東京電機大学
東京電機大学出版局
〒101-8457　東京都千代田区神田錦町 2-2
Tel. 03-5280-3433（営業） 03-5280-3422（編集）
Fax. 03-5280-3563　振替口座 00160-5-71715
http://www.tdupress.jp/

印刷：（株）精興社　　製本：渡辺製本（株）　　装丁：福田和雄
落丁・乱丁本はお取り替えいたします。　　Printed in Japan